MUY SENSIBLES

MARÍA MORAÑO

Muy sensibles

**Una hoja de ruta de autoconocimiento
para personas con alta sensibilidad**

URANO

Argentina – Chile – Colombia – España
Estados Unidos – México – Perú – Uruguay

1.ª edición Agosto 2023

ISBN: 978-84-18714-03-0
E-ISBN: 978-84-19497-05-5
Despósito legal: B-11.551-2023

Fotocomposición: Ediciones Urano, S.A.U.

Impreso por: Rodesa, S.A. – Polígono Industrial San Miguel
Parcelas E7-E8 – 31132 Villatuerta (Navarra)

Impreso en España – *Printed in Spain*

ÍNDICE

«Si tratamos a las personas tal y como son las haremos
peores de lo que son.
Pero si las tratamos como si fueran lo que deberían
ser las llevaremos a donde tienen que ser llevadas».

Johann Wolfgang Von Goethe

PREFACIO

Te doy la bienvenida a este *tour* en barco. Toma asiento, escoge una butaca que te resulte agradable, en la que te sientas cómoda y la visión del paisaje marítimo y del cielo claro sobre tu cabeza sea casi completa. Y digo casi, porque, si no alcanzas a ver alguna parte, me convertiré en una prolongación de tu mirada, seré el catalejo que te sirve, el instrumento que puedes usar para observar más allá.

Ve ligera de equipaje, no necesitarás mucho. Si sientes calor, podrás desprenderte de lo que te sobre. Si el frío sobreviene, espero convertirme en ese cobijo temporal, y mostrarte la forma de tejer la «mantita» que podrás utilizar en momentos similares.

Quizás intuyas que en este barco no estás sola, y tienes razón. Quiero creer que, en la distancia, existe una red de mujeres que, en este espacio temporal, o en otro diferente, se sumergirán en las páginas de este libro; que en determinadas ocasiones será abismo y en otras, certeza; que vivirán, sufrirán, disfrutarán, gozarán, encontrarán alivio y consuelo… en distintos lugares, en diferentes momentos.

Como en todos los lugares, lo primero es presentarse. Puede que ya me conozcas un poco y por eso hayas elegido concretamente esta lectura, o puede que hayas encontrado esta obra por pura casualidad y, por mera curiosidad, te hayas adentrado en ella. Sea como sea, no está de más recordar por qué me dedico a acompañar desde la psicología a mujeres altamente sensibles con el propósito de que saquen el máximo partido a sus potencialidades y qué me llevó a cambiar el rumbo de mi vida.

Me llamo María Moraño Martínez y soy psicóloga sanitaria. Si alguien me preguntara por mis más intensas pasiones, le confesaría que, desde siempre, han sido la lectura y la escritura, porque me conectan con las dos necesidades y los deseos más importantes de mi vida: por un lado, me evaden de la multitud de estímulos que me rodean y me abruman, y me ofrecen un espacio exclusivo para mí; por el otro, me nutren de información, de conocimientos y de saberes que me permiten realizar mi trabajo cada día un poquito mejor. Recuerdo con ternura, y con un poco de añoranza, esas tardes de mi infancia, después de terminar los deberes escolares, cuando observaba desde la ventana del salón de mi pequeño piso familiar al resto de niños y niñas jugando en la calle. En esos momentos, yo elegía un libro de mi estantería y pasaba el tiempo, hasta la hora de la cena, en su exclusiva compañía. No es que me incomodara la compañía de otras personas, sino que más bien en grupo me sentía extraña y algo fuera de lugar, por lo que siempre preferí una unión especial y un vínculo estrecho, alguien con quien poder interaccionar en un espacio de seguridad y tranquilidad, donde no sentirme juzgada y donde todo fuera recíproco, lo que se solía llamar *una mejor amiga*, preferiblemente, de mayor edad, para conversar sobre temas más profundos y trascendentales.

Aun así, la soledad, en mi caso, ha sido en muchos momentos buscada y plenamente disfrutada, para poder llenarla con estas actividades que solo podía realizar desde la individualidad. Me llenaba de tranquilidad y me sentía satisfecha, me permitía desconectar de los sentimientos acumulados a lo largo del día, pues siempre me ha ocurrido algo que hoy me atreveré a confesar en abierto: he creado un muro a la hora de abrirme y exponer mi parcela más privada, que ha sido muy intensa y muy voluble. Y descubrí que podía, por una parte, olvidar durante un tiempo mis sensaciones abrumadoras a través de la lectura imbuyéndome en las historias ajenas que otras personas habían creado y, por otra, canalizar mis emociones por medio de la escritura, que sin yo saberlo se convirtió en un «método catártico»: recurriendo al boli y al papel liberaba mis alegrías, mis tristezas, mis miedos, mis temores, mis deseos. Estas, la lectura y la escritura, han sido dos herramientas fundamentales a lo largo de mi existencia, a las que he tenido que acogerme en multitud de ocasiones y que, literalmente, me han salvado la vida. Creo que más de una de mis lectoras se puede sentir un poquito identificada con este sentir mío.

Con respecto a mi profesión, la psicología, te cuento que empecé mi andadura hace aproximadamente 15 años, justo uno después de licenciarme en la Universidad de Granada, pero no faltaría a la verdad si te dijera que esto viene de lejos pues, desde que tengo uso de razón, recuerdo cómo mis amigas me llamaban por teléfono por las tardes, después de las clases, para relatarme sus inquietudes y lo que en esos momentos eran sus mayores problemas. Reconozco que siempre fui buena «escuchadora», y no tanto abriendo mis emociones al exterior. Muy para adentro con lo mío, muy para afuera con lo de los demás. Me sentía honrada de ser la persona elegida como «confesora», pero, cuando terminaba la conversación y les ofrecía el esperado consejo, ¡estaba tan cansada! Mi capacidad de poner límites era muy escasa, prácticamente nula, y así fui viviendo a lo largo de los años con amigas y compañeras, porque fui educada en un colegio religioso femenino. Me refugiaba, para paliar las consecuencias derivadas de esta sobreestimulación mal dirigida, en las tardes de lectura solitaria, en mis deberes que siempre siempre, terminaba, pero en los que empleaba muchísimo tiempo, y en acompañar a mis referentes adultos femeninos en sus tareas cotidianas. En todo momento haciendo lo correcto, lo que estaba mandado, ¡me dolía tanto que me regañaran!

Esta rigidez, este intentar adaptarme incesantemente a lo que se esperaba de mí, me llevó a sufrir mi primera crisis psicológica a los 10 años, un trastorno obsesivo compulsivo que me hizo padecer durante bastante tiempo y que aprendí a gestionar con ayuda de una buena psicoterapeuta a la que guardo mucho cariño y con la que, aún hoy, mantengo contacto. En ese momento, supe cuál era mi vocación, y fue un sentimiento que se ha mantenido a lo largo de los años. Te estoy hablando de casi 30 años enfocada en ese objetivo. Te mentiría si te dijera que no he tenido momentos de duda, porque así ha sido. Te explico por qué, y me remonto a mis inicios: debido a que solo a través de las letras era capaz de expresar mis emociones, con apenas 6 años empecé a confeccionar una pequeña carpeta de cartón azul, de las antiguas, forrada con un plástico transparente en el que venían grabadas unas figuras de Mickey Mouse, y que se puso de moda en mi barrio allá por mediados de los 80. Allí recopilé un buen inventario de mis poemas y textos. ¡Qué tesoro aquella carpeta!

Por este motivo, porque las letras me ayudaban en gran medida a encontrarme a mí misma y me hacían desconectar de las miserias del mundo, he tenido vacilaciones sobre lo que quería hacer en la vida y adónde quería dirigirme, y en ciertos momentos barajé la idea de dedicarme al periodismo o a la literatura. También porque se me revelaban infinidad de estímulos y alicientes que me apasionaban. En esos momentos, para nada baladíes desde el punto de vista de la responsabilidad que suponía el enfrentarme a varios senderos y tener que elegir, tuve que detenerme a reflexionar concienzudamente sobre mis prioridades, acerca de qué quería realmente para mi futuro, qué me faltaría si tomaba la decisión de escoger esos otros caminos y renunciar a mi horizonte, y entendí que no deseaba desvincularme de lo que me aportaría la psicología: un trasfondo espiritual, un amplio entendimiento del propio yo, una capacidad efectiva de ayuda al prójimo. En definitiva, una vida alineada con mis valores.

Así que, tras estudiar Psicología, que me costó sudor y lágrimas porque me sacó de mi zona de confort, de mi ciudad, de mi familia, de mi pequeño círculo, para vivir durante 5 años en una nueva localidad con otros horarios, otras costumbres, nuevas relaciones… (¡qué dura fue esa época!), comencé a trabajar en el ámbito social, con diferentes colectivos de personas. Mi primer contacto con la profesión fue con adicciones y con la enfermedad mental. ¡Cuánto aprendí de aquellos tiempos, qué compañerismo, qué colaboración! Aún hoy conservo grandes amistades de aquel período. Recuerdo que disfrutaba mucho en los grupos de terapia al observar los progresos y el apoyo entre las personas que asistían. Me llenaba el alma impartir formación. En este centro diseñé y dirigí, durante dos años, mi primer proyecto de atención y acompañamiento a personas vulnerables. Tras esta experiencia vinieron más, en este mismo sector y en otros, con mujeres de todas las edades, adolescentes, menores, familias en conflicto, etc. Una gozada esta vivencia profesional, de corazón.

Aun así, mi patrón de conducta siguió latente, y se transformó a lo largo de los años, con otras máscaras, con otras caretas: con el mismo fondo. La ansiedad, el estrés, el perfeccionismo rígido, la necesidad de saberme incluida y de ser aceptada, el agotamiento físico y emocional por no saber gestionar los tiempos disponibles y querer abarcar demasiado, el dejarme para el último lugar por complacer al resto, la dificultad para establecer límites saludables, el alto nivel de empatía ante el dolor ajeno, el sentimiento de carencia y de no encajar con el resto del mundo... han sido la base de toda mi problemática vital. Fíjate que, aproximadamente en mi segunda década, sufrí un bloqueo en mi capacidad para escribir; simplemente, no podía. Me sentía en una nebulosa, ante el típico «folio en blanco», con multitud de ideas que no sabía cómo hacer aterrizar, incapaz, frustrada. Esta ineficacia traía consigo muchos matices, entre ellos, un sentimiento enorme de inferioridad, de haber malogrado «ese don». Pero también una sensación de falta de luz, de ausencia de perspectiva, de pérdida de horizonte, de vacío existencial. Me ha costado muchos años retomar la escritura, sentarme frente al papel, reconocerme, aceptarme como la misma persona que siempre había sido, igual pero diferente, con más aristas fruto del paso del tiempo, con más cicatrices y con más arrugas, y también con más experiencia. Sin vergüenza y con la cabeza alta. Hoy lo veo, lo reconozco, lo acepto, lo agradezco y lo bendigo, porque me hace estar presente, encauzada y en paz.

El pasado invierno de 2021 se presentó verdaderamente duro para mí. Mis horarios de trabajo fueron agotadores, muy intensos, con largos desplazamientos desde casa; el clima que se respiraba entre la población usuaria del servicio que atendía, de alta conflictividad y de baja apertura al cambio; el poco tiempo dedicado al autocuidado; la falta de límites... se reunieron tantos factores que el cuerpo me estuvo enviando señales un mes tras otro, día a día, en forma de síntomas físicos muy evidentes. Era necesario calcular una nueva ruta. Y empecé a darle vueltas a la cabeza sobre si aquello de la alta sensibilidad no tendría más sentido para mí que una simple nomenclatura que conocí hace tiempo y que dejé en el cajón. Y decidí sacar de nuevo el «equipo de buceo» para sumergirme en las profundidades de esta ilusión mía que hoy se ha convertido en un proyecto tangible. Comencé a estudiar profundamente la materia y recibí la «Capacitación completa con la doctora. Elaine Aron de la Highly Sensitive Person Foundation para trabajar con personas altamente sensibles (HSP)», de la que me siento tremendamente orgullosa.

He tenido oportunidad de probar muchos campos laborales, y te contaré un secreto: es fabuloso poder acompañar y ayudar a personas que quieren comprometerse con su bienestar y su crecimiento, pero es abrumador y muy extenuante cuando no es así. Y en este punto del camino puedo afirmar con rotundidad que, tras el último grito de la vida, tengo muy claro lo que quiero y cómo lo quiero, y estoy segura de que, si tú estás aquí, es porque sientes algún tipo de afinidad con lo que te estoy contando.

Me pongo a tu disposición para mostrarte mi transitar, el proceso que yo he seguido, las piedras que me han hecho tropezar, para que tú las esquives o las patees. Para que brotes de tus profundidades como una flor de loto.

¿Te subes a mi barco?

Eres bienvenida.

¿CÓMO USAR ESTE LIBRO?
¿QUÉ PUEDO ESPERAR DE ÉL?

La ambición de una escritora, su ilusión más sublime, es que, cuando un libro cae en las manos de un/a lector/a, sea degustado con ímpetu hasta el final. Que las noches se conviertan en días, que nos despierte el trinar de los gorriones por la mañana, sin haber pegado ojo, que el sol dé paso a la luna y así, hasta que la historia finaliza y cierras la última página, preludio de ese pequeño duelo que todas las lectoras empedernidas conocemos tan bien.

Si esta obra fuera una novela, no tendría más instrucciones de uso que esta: prepara una taza de té, acomódate en tu sofá preferido y disfruta de la lectura, en el orden establecido. Pero este manual no está incluido en esa categoría. Es un libro a caballo entre el ensayo y la psicoeducación, y debe servir para lo que sea que tú necesites, en este momento o en el futuro, y para eso ha sido creado.

Lo ideal es que puedas ir leyéndolo en el orden en que está estructurado, pero todas sabemos que las circunstancias que nos rodean no siempre son las más favorables y que el tiempo, a veces, apremia.

Así, si lo que necesitas es hacer un recorrido por la investigación sobre la alta sensibilidad, desde el primer momento en que se comenzó a hablar del concepto y hasta la época actual, conocer a las personas que se han dedicado a trabajar para que el término llegue hasta nuestros días, te aconsejo que te centres en el capítulo «Introducción. Teorías de la alta sensibilidad».

Si quieres conocer en profundidad los pilares de la sensibilidad de procesamiento sensorial que la doctora Elaine Aron estableció, cómo se manifiestan en la vida diaria y cómo pueden evolucionar, desde habitarnos en una posición neutra hasta convertirse en un síntoma problemático, tu capítulo es el número 1. «Autoconocimiento y autodescubrimiento».

Si ya tienes conocimientos sobre la dimensión de la alta sensibilidad, pero te gustaría saber cómo gestionarla en tu caso para conseguir encontrarte mejor contigo misma, te recomiendo el capítulo 2. «Cómo gestionar mi alta sensibilidad y conseguir sentirme mejor». Dentro de este apartado, que es especialmente amplio, podrás detenerte en conceptos interesantes como el autocuidado, las relaciones sociales y el ámbito laboral.

Presta especial atención al apartado «Autocuidado» si quieres conocer con más detalle cómo fomentar la autoestima, cómo ajustar tu estilo de vida para que sea más acorde a tus necesidades, la forma de gestionar las emociones, de ayudar a los demás sin que te vaya la vida en ello, cómo recibir críticas sin hundirte y la manera de practicar la autocompasión. Mi consejo es que prepares bolígrafo y cuaderno, porque el manual va acompañado de muchos ejercicios. Si quieres extraer el máximo jugo a la naranja sería excelente que, a medida que avances en la lectura, también lo hagas en el trabajo personal.

Por otro lado, si tu interés radica en estos momentos en mejorar tus interacciones con tus personas más cercanas, encontrar nuevos grupos de amigos/as más afines, conservar las relaciones que ya tienes, afianzarlas incluso, resolver dificultades y conflictos... dirígete, sin duda, al apartado dedicado a las relaciones sociales.

Si tus obstáculos se centran más en los aspectos laborales, en encontrar un trabajo que te llene y te satisfaga, en mejorar las relaciones con tus compañeros/as de trabajo, en sentirte más escuchada y tenida en cuenta en estos espacios, en tu deseo de hacerte oír y solicitar lo que necesitas, te recomiendo el apartado específico del ámbito laboral.

Si lo que quieres es encontrar el modo de consolidar lo que ya llevas practicando un tiempo, de manera que te permita vivir conforme a un equilibrio, sin sobreestimularte, sin dejar de lado los buenos hábitos ya comenzados, mirando siempre hacia tu horizonte vital y en consonancia con tus propios valores, dirígete al punto 3. «Afianzamiento y horizonte vital. Consolidación de lo aprendido para que los cambios sean perdurables en el tiempo».

Si quieres saber a quiénes les debo todo mi trabajo y la persona que soy hoy, puedes leer los «Agradecimientos». Soy consciente de que faltan muchos nombres; también de que no cabría en un libro entero toda la gratitud que quisiera manifestar, y de que el espacio físico me obliga a ser medianamente concisa.

Y si tienes curiosidad por conocer las bases que han fundamentado esta obra que tienes entre tus manos, en qué me he basado para escribir este libro, puedes dirigirte a la «Bibliografía» consultada.

Por último, si tienes interés en escribirme para contarme tu opinión, darme tu *feedback*, tu crítica constructiva también, puedes escribirme a: maria@psicosensibles.com; te contestaré personalmente.

P. D. 1: A lo largo del manual comprobarás que, para apoyar las explicaciones, expongo diferentes historias de mujeres con nombres propios. Aunque el contenido parte de una base real, en ninguno de los casos hay correspondencia efectiva con persona alguna, viva o muerta, que haya habitado el planeta Tierra. En resumen, los nombres no son reales; las vivencias, exactamente tampoco. Las que se refieren a mí, por supuesto que sí.

P. D .2 : Verás que hablo aleatoriamente de «personas altamente sensibles», «personas PAS», «personas muy sensibles» o «sensibilidad de procesamiento sensorial». La elección de una expresión u otra se debe, simplemente, a la forma y el estilo del texto y, en todos los casos, estoy haciendo referencia al mismo concepto.

P. D. 3: Bajo ningún concepto este libro pretende sustituir a una terapia psicológica y no debe utilizarse de tal manera. Si consideras que necesitas ayuda más individualizada, mi sugerencia es que acudas directamente a un/a profesional de la salud mental. Te puedo orientar en la búsqueda de alguien cerca de ti.

Muchas gracias por estar aquí y ojalá que el viaje sea agradable.

INTRODUCCIÓN
Teorías de la alta sensibilidad
(*Environmental sensitivity*)

Aunque mi trabajo y la profundización de todo lo que aplico está basado en los planteamientos de la doctora Elaine Aron y su esposo, Arthur Aron, de cuyas investigaciones realizadas a partir de la década de 1990 he aprendido el funcionamiento del cerebro altamente sensible y por quienes me encuentro acreditada para intervenir psicológicamente con personas con alto procesamiento sensorial, es de justicia que aquí exponga las diversas teorías que han colaborado en la definición del rasgo que hoy nos ocupa. Sin estos trabajos, de todos y cada uno de los equipos, no sería posible seguir avanzando para normalizar lo que, en muchos casos, casi parecería patológico; entender que formamos parte de un continuo y que, ajustando en algunos momentos ciertos aspectos del entorno, y en otros realizando un trabajo de crecimiento y conocimiento personal —o una mezcla de ambos—, podemos vivir en armonía en este mundo en que nacimos, porque es así como está configurado, para que solamente un pequeño porcentaje sea altamente sensible, básicamente por cuestiones naturales.

Lo que tienen en común todas estas teorías, es que hay ciertos individuos, una pequeña minoría en todos los casos, que se muestran especialmente sensibles ante lo que experimentan, ante lo que perciben. A partir de aquí, cada uno tiene sus peculiaridades, y trataré de explicarlas de modo sencillo, pero riguroso, en el siguiente apartado:

Orígenes del término

Las primeras investigaciones sobre lo que hoy conocemos como alta sensibilidad se remontan a hace más de un siglo, a finales del siglo XIX y mediados del XX, cuando el médico, psiquiatra y psicólogo suizo Carl Gustav Jung (1875-1961) realizó sus trabajos sobre lo que él denominó «sensibilidad innata». Sin embargo, Jung igualó «sensibilidad» con «introversión», lo que posteriormente se comprobó que no tenía por qué ser equivalente. Su definición de tales términos se basaba en una tendencia particular a preferir comparar experiencias previas antes que lanzarse a explorar el ambiente. De manera generalista, cuando hablamos de introversión, tendemos a pensar en una «introversión social», y en este caso, estaríamos olvidando a un porcentaje de personas altamente sensibles que no son introvertidas; en concreto, se estima que el 30 % de las personas PAS lo son. Esto lo veremos con más detalle un poco más adelante.

La **introversión** y la **sensibilidad** son conceptos independientes, y del resultado de las investigaciones posteriores se desprende que la sensibilidad parece ser innata, mientras que la introversión es el resultado de varias causas: la sensibilidad puede ser una de ellas, pero no la única ni la principal. También influye en gran medida el ambiente, lo que aprendemos, especialmente, en las etapas más tempranas de la vida.

Sensibilidad de procesamiento sensorial (Aron y Aron, 1997)

En 1991, la doctora Elaine Aron y su marido, el doctor Arthur Aron, comenzaron a estudiar el rasgo de temperamento innato de la alta sensibilidad. Algo más tarde, hacia el año 1997, se acuñó el término, que a nivel científico se reconoce como sensibilidad de procesamiento sensorial (*Sensory processing sensitivity*, SPS). Sus principales aportaciones, que son de tremenda importancia, se resumen en los siguientes conceptos:

- La alta sensibilidad es un **rasgo innato** del temperamento, en ningún caso una enfermedad o patología.
- Está presente en un porcentaje de entre el 15 y el 20 % de la población (investigaciones posteriores hablan de hasta un 30 %). Esto significa que, aproximadamente, entre el 70 y el 80 % de las personas que nos rodean, son menos sensibles.
- Es una categoría innata, y no solo pertenece a la especie humana. Se encuentra presente en más de 100 especies de animales, según los estudios de Wolf *et al.* (2008), entre ellas, moscas, peces, perros, gatos, caballos, monos, etc. La estrategia básica que siguen estos animales y que es común a los humanos PAS es «observar antes de actuar». Esta tendencia está presente tanto en el sistema inmunológico del sujeto, como en el sistema nervioso central.
- Una persona altamente sensible **no es lo mismo que una persona tímida**. Es cierto que las personas altamente sensibles tienden a detenerse y escrutar el ambiente para desarrollar una estrategia, en lugar de lanzarse a la acción de manera impulsiva. Esto ha podido conducir, de forma

errónea, a que se las categorice como tímidos/as, y nada más lejos de la realidad. La timidez es una característica aprendida, en contraposición con la sensibilidad, que es un rasgo con el que se nace. Sin tener en cuenta este concepto dejaríamos de lado, como explicamos más arriba, a un porcentaje de personas sensibles que son más extrovertidas. En concreto, de ese 20% - 30% del total que componen las personas PAS, un 70% lo componen individuos introvertidos, y un 30%, extrovertidos.

- Las personas altamente sensibles muestran problemas a lo largo de su vida cuando han tenido **dificultades en su primera infancia,** y esto, a su vez, los hace más propensos a padecer en la edad adulta depresión y ansiedad, o a mostrar timidez. Sin embargo, cuando las personas muy sensibles tuvieron una infancia positiva, los estudios no señalan más problemas que en el resto. De ahí la importancia de una «bondad de ajuste» en las primeras etapas. La bondad de ajuste fue definida por A. Thomas y S. Chess como un equilibrio entre el estilo educativo y de crianza de los padres y el temperamento del/de la niño/a, lo que conllevaría un desarrollo óptimo y un funcionamiento adaptativo en el futuro del menor.

- Sobre la importancia del **impacto de la cultura** es importante hacer un breve inciso, y es que no todas las comunidades, no todos los pueblos, aceptan y asimilan de la misma manera el rasgo altamente sensible. Por ejemplo, en el momento en que se realizó la investigación a la que hacemos referencia, en China estaba muy bien considerado el rasgo de la sensibilidad; sin embargo, en Canadá sucedía todo lo contrario. Esto provoca en las personas PAS un deterioro en el autoconcepto, donde se le reprime su sensibilidad, quedando ligado al lugar en que se ha desarrollado.

Cada persona altamente sensible será diferente. No sería posible encontrar dos personas PAS iguales, aunque compartiesen rasgos similares. Eso es lo que nos hace únicas y no meros robots o máquinas, el que a pesar de poder identificar a alguien con algún modelo de personalidad, a pesar de autoidentificarnos llegado el momento con una estructura determinada, seamos seres tan completos, tan repletos de matices, de historias, de momentos, de vivencias… que resulte quimérico intentar encajar a la perfección con un patrón estándar cerrado.

Aun así, para facilitar la organización mental y la correcta comunicación entre las personas, Elaine Aron nos explica que podemos agrupar algunos signos en una serie de **categorías o pilares**. Para recordarlos con mayor comodidad, nos sugiere hacer uso del acrónimo DOES que, según las siglas en inglés, significa D: *Depth of Processing*; O: *Overstimulation*; E: *Emotional responsivity/empathy*; S: *Sensitive to subtleties*. Pero, claro, esto teniendo en cuenta que sepamos inglés. De lo contrario, a continuación están las traducciones al español (profundidad de procesamiento, sobreestimulación, intensidad emocional y sensibilidad sensorial), con su significado más detallado en los párrafos que siguen:

Profundidad de procesamiento. Este concepto se resume en la tendencia a procesar con mayor profundidad la información que llega del medio, a reflexionar, a conectar unas ideas con otras. Aquí va implícito el gusto por el aprendizaje, por vernos inmersas en algo que nos apasiona y de lo que queremos saber más, por conocerlo todo. Nos preocupamos por el sentido de la vida, la forma en que el mundo está conformado, las injusticias sociales.

De forma natural, al absorber tanta cantidad de información, es lógico que necesitemos «digerirla», «masticarla» de alguna manera, «procesarla», y este proceso «digestivo» necesita su tiempo. Es por eso que solemos ser más cautelosas al tomar decisiones, porque nos gusta contar con todas las alternativas posibles, con toda la información necesaria.

A veces somos conscientes de estos cursos de acción y otras veces no, es algo natural, somos así. Con esto no estoy queriendo transmitir que un rasgo determinado nos lleve invariablemente por un camino concreto «porque sí», sin que podamos intervenir de ninguna manera. En absoluto. Es simplemente una tendencia que debemos conocer, pero existen formas de trabajar y de modificar lo que no nos funciona; lo veremos en apartados posteriores.

Respecto a la evidencia científica de este pilar, he de aclarar que ha sido corroborado en investigaciones de varios autores que explican que diversas áreas del cerebro de los sujetos altamente sensibles que participaban en las mismas se han visto más activadas que las de las personas no tan sensibles cuando realizaban determinadas actividades que les habían sido asignadas. Por tanto, la biología y el sistema nervioso central cumplen una función importante en la alta sensibilidad.

Sobreestimulación. Cuando se recibe una cantidad alta de estimulación, es más probable que se produzca una «sobreestimulación». Esta sobreestimulación provoca malestar e incomodidad, además de que la dosis de información que puede retener un cerebro cuando está sobreestimulado se ve notablemente mermada, produciendo en la persona desorientación, efecto «memoria en blanco» y, por ende, incapacidad para expresarse de forma fluida. Dicho esto, imaginemos el impacto que produce *a posteriori*, para la confianza en una misma y para el autoconcepto, vivir (y revivir) circunstancias en las que no podemos comunicar lo que previamente teníamos previsto, porque nos saturamos. Cuando tengamos que enfrentarnos a una situación similar en el futuro, nuestro cerebro, que está programado para recordar eventos parecidos y actuar en consecuencia, recordará la sensación que experimentó y, seguramente, si no conoce el motivo por el que ha reaccionado de esta manera, cómo funciona el rasgo y cómo sacarle partido a sus particularidades, probablemente tenderá a evitar enfrentarse a lo que teme y, con el paso del tiempo, las situaciones se expandirán cada vez más, llegando, en el peor de los casos, a quedar la persona reducida a un círculo extremadamente limitado.

Lo que ocurre a nivel físico es una *activación del sistema nervioso simpático*, el que se encarga de la respuesta de lucha o de huida, y sus síntomas se pueden resumir como aumento de la presión cardíaca, pulso acelerado, sudor frío, incremento del tamaño de las pupilas, disminución de la actividad digestiva, etc. Esto puede suceder cuando somos observadas al realizar una tarea, cuando entablamos contacto con una persona o grupo por primera vez, cuando tenemos que exponernos a hablar en público o grabar un vídeo para colgarlo en las redes sociales (y a este último ejemplo le doy mucha importancia, porque es algo que me está tocando vivir muy de lleno y que, no lo negaré, me causa verdadera sobreestimulación, entre otras cuestiones que abordaremos llegado el momento).

Es importante resaltar que una sobreestimulación dilatada en el tiempo puede resultar muy perjudicial. Pensemos en un organismo en permanente estado de alerta. Esto se puede mantener un tiempo, pero a la larga aflorarán complicaciones, incluso enfermedades. Cuando el cortisol está presente en un individuo durante un período de tiempo extenso se producen alteraciones relacionadas con el sueño, el apetito, la ansiedad, el control, la depresión, el estrés, el agotamiento, etc.

Por lo general, cuando los niveles de sobreestimulación no han alcanzado límites «patológicos», por llamarlos de alguna manera, suele ser muy positivo y muy beneficioso un período de descanso, que permita desconectar de la estimulación y volver a recargar energía.

Intensidad emocional. Se refiere a respuestas emocionales más fuertes que las que tendrían la mayoría de las personas en una situación similar. Estas emociones pueden ser tanto positivas como negativas. En este punto es de vital importancia resaltar la diferencia existente entre personas altamente sensibles con vivencias infantiles traumáticas y aquellas que se han desarrollado en ambientes favorables para su desarrollo emocional. Las segundas tendrán más capacidad de resiliencia, de reponerse ante la adversidad y volver a expresar emociones positivas que las personas que se vieron expuestas a experiencias vitales infantiles con familias disfuncionales o a otras situaciones traumáticas.

Por otra parte, una persona altamente sensible suele reaccionar fundamentalmente ante las emociones de los demás, y aquí es donde entran en juego las llamadas *neuronas espejo*, un cierto tipo de neuronas que parecen estar relacionadas con comportamientos de empatía, de imitación, de aprendizaje de las habilidades sociales… y que se encuentran muy presentes en las personas PAS.

A veces, nuestras reacciones emocionales pueden parecer exageradas si se desconoce que la persona es altamente sensible. ¡Ojo!, que en ocasiones quizás estemos mostrando un extremo algo desregulado, que no nos posibilita un equilibrio posterior en un corto período de tiempo, y una persona muy sensible puede llegar a padecer, por ejemplo, algún problema del estado de ánimo. Lo que no implica, en ningún caso, que ser PAS sea directamente proporcional con la posibilidad de sufrir un trastorno psicológico en algún momento de la vida.

Sensibilidad sensorial. Recibimos información de todos los órganos de los sentidos, y solemos tenerlos más desarrollados que las personas no PAS. Esto no quiere decir que tengamos «mejor vista» o «mejor olfato» a nivel del órgano. Es algo más profundo, más en la categoría de procesamiento de los estímulos. Cuando Elaine Aron lo explica, hace referencia a que una persona PAS puede tener mucha sensibilidad sensorial hacia aquello que recibe por el canal visual («ser muy observadora», «distinguir sutilezas»), a pesar de necesitar gafas. He utilizado su propio ejemplo porque me parece muy clarificador, y creo que con él se puede llegar a comprender con mucha más exactitud a qué nos estamos refiriendo.

En este pilar se incluyen una mayor sensibilidad a la temperatura, a la contaminación acústica, al dolor, una amplia conciencia de olores, de los cambios meteorológicos, molestias con determinados tejidos, texturas, etiquetas, costuras, etc. También solemos necesitar menos cantidad de dosis de medicación para alcanzar el efecto deseado, y la cafeína, los estimulantes en general, nos producen síntomas en ocasiones desagradables.

Todo esto ha constituido una primera aproximación; un poco más adelante encontrarás un apartado dedicado íntegramente y con mucho más detalle a los cuatro pilares que componen la alta sensibilidad (el punto 1. «Autoconocimiento y autodescubrimiento»). Podrás estudiar cómo se manifiestan en la vida diaria y cómo pueden evolucionar, desde habitarnos en una posición neutra, hasta convertirse en un síntoma problemático.

Teoría de la susceptibilidad diferencial tanto a entornos positivos como negativos (Belsky, 1997; Belsky y Pluess, 2009)

La teoría de la susceptibilidad diferencial surgió en el año 1997 de la mano de Jay Belsky. Belsky es un psicólogo infantil estadounidense y allí, en EE. UU., ejerce como profesor de Desarrollo Humano. Es bastante reconocido por sus investigaciones relacionadas con el desarrollo infantil y la familia. Su teoría vinculada a la alta sensibilidad se enfocó en los bebés.

Básicamente, nos viene a explicar que nuestra condición genética nos «obliga» en cierta medida a que la siguiente regla se cumpla:

«A mayor sensibilidad, más influencia del medio ambiente».

¿Pero qué característica significativa aporta esta teoría? Pues que no solo los factores negativos del medio condicionan la repercusión posterior en la persona sensible, sino que también lo harán los aspectos positivos. Y un punto extra: las personas más sensibles se benefician más que las menos sensibles de los estímulos positivos.

Esto viene a marcar un anclaje importante y que es de vital relevancia que tengamos en cuenta. Ciertamente, nos afecta en gran medida la podredumbre que nos rodea y, al mismo tiempo, somos capaces de disfrutar enormemente con pequeños detalles agradables y de ensalzar al máximo las emociones positivas. Incluso valoramos en mayor medida un espacio favorecedor y positivo.

Piensa si esto te ha ocurrido en alguna ocasión. ¿Te has sentido profundamente agradecida cuando has sido bien tratada, cuando el ambiente que te rodeaba lo has experimentado cargado de comprensión, y la energía que se respiraba era de compañerismo y ayuda? Por mi parte, así sucede en muchas circunstancias de mi vida cotidiana, y la sensación residual que queda a veces es inexplicable por medio de las palabras.

Sensibilidad biológica al contexto (Boyce y Ellis, 2011)

Esta teoría parte de los trabajos de Thomas Boyce y Bruce Ellis. Estos autores enfocaron sus investigaciones sobre la alta sensibilidad en las reacciones fisiológicas de estrés que padecían los niños y niñas. Te cuento un poco.

Nos explican que suceden diferencias fisiológicas en la reactividad a los estímulos del medio, fruto de tensiones ambientales en edad temprana. Estas diferencias fisiológicas fueron medidas en términos de presión arterial, producción de la hormona cortisol (o hidrocortisona, también llamada «hormona del estrés»), capacidad de reacción del sistema inmune de la persona en cuestión, etc.

Parece que la sensibilidad al estrés podría ser uno de los puntos clave que determinase la vulnerabilidad en la infancia. Sin embargo, como contrapartida, cuando en el primer ambiente en el que interactúa la persona confluyen el apoyo y el cuidado, los niños y niñas se mostrarían más serenos/as y equilibrados/as, también en el futuro.

En este caso, los autores también hacen referencia a las diferencias entre las reacciones a los estímulos negativos frente a los positivos de los niños y niñas altamente sensibles. En el primero de los casos, intuimos cuál será el resultado: a peor ambiente, peores rendimientos. Por el contrario, cuando el medio es positivo, los menores más sensibles se benefician de mejores respuestas frente al estrés.

Extrapolando estos resultados a otros contextos y a otras edades, parece posible suponer que un buen contexto terapéutico y de apoyo, donde primen la aceptación de la persona, la escucha activa, etc. —todos los elementos que, en teoría, deberían estar presentes en un espacio de esta magnitud, aunque la realidad no siempre sea tan idílica—, traería consigo efectos parecidos a los que se detallan en relación con los menores: cuando el ambiente es favorable, las personas altamente sensibles tienden a responder de una forma diferencialmente positiva frente a lo que las rodea.

Sensibilidad ambiental (últimos hallazgos)

La investigación sigue avanzando, y hoy día son muchas las universidades que dedican sus esfuerzos y sus recursos a explorar aspectos científicos que nos ofrezcan respuestas válidas sobre la alta sensibilidad.

Los últimos avances encontrados han permitido combinar las tres últimas teorías (sensibilidad de procesamiento sensorial, susceptibilidad diferencial y sensibilidad biológica al contexto) en una sola y única, que incluye muchas de las características de los descubrimientos previos. Así, el marco general ha quedado definido bajo el título de «sensibilidad ambiental», y ha conseguido depurar algunos detalles que, para el caso que nos ocupa, son bastante relevantes.

- Se ha comprobado que la sensibilidad está distribuida a lo largo de un continuo, de manera que todas las personas somos más o menos sensibles, dependiendo del punto hasta el que lleguemos: [...] «todos son sensibles hasta cierto punto, y algunos son más sensibles que otros [...]» (Pluess, 2021).

- Hasta el momento habíamos dividido a las personas en dos categorías: PAS (20%) y no PAS (80%). Sin embargo, trabajos más recientes (Lionetti *et al.*, 2018; Pluess *et al.*, 2017) clasifican la sensibilidad en tres partes: alta (30%), media (40%) y baja (30%). Para facilitar el aprendizaje memorístico y como auténtica metáfora *per se* se utilizan las siguientes imágenes mentales: las personas con alta sensibilidad, las «orquídeas», van a necesitar unas condiciones muy concretas para prosperar, mucho mimo, mucha delicadeza y, cuando florezcan, serán maravillosas. Las personas de baja sensibilidad, los «dientes de león», van a ser capaces de crecer en cualquier circunstancia, no necesitan condiciones especiales para desarrollarse. Por último, las personas moderadamente sensibles, los «tulipanes», serán una mezcla de los anteriores.

- La biología, tal y como ya intuíamos, constituye una pieza primordial en la sensibilidad de procesamiento sensorial. Los genes y algunas vías y estructuras del cerebro, juegan un papel muy importante y los datos que proporcionan distintos estudios realizados así lo confirman. De forma breve, expondré a continuación algunos neurotransmisores y regiones neuronales cuya relación con la alta sensibilidad se ha podido confirmar:
  - Serotonina (5HT) y dopamina (DA), (relacionadas con el estado de ánimo y la motivación, respectivamente).
  - Lóbulos parietal (zona media y posterior), temporal y occipito-temporal izquierda, (vinculados con la atención y el procesamiento de lo visual).

- Corteza insular, circunvolución frontal inferior (IFG) y circunvolución angular (AG), (asociadas con la conciencia y el entorno interno y externo, la integración sensorial, la empatía, la imitación y la intuición).
- Corteza cingulada (su función tiene que ver con la coordinación de la atención y la conciencia).
- Área premotora (involucrada en la toma de decisiones, la planificación y el autocontrol).
- Corteza prefrontal (implicada en la planificación, organización y autorregulación).
- Hipocampo, área entorrinal e hipotálamo (zonas relacionadas con la memoria, la emoción, la temperatura corporal, el equilibrio hormonal y el pensamiento reflexivo).
- Amígdala (considerada un sistema evaluador del ambiente para determinar el valor de los estímulos y generar respuestas emocionales adecuadas; además, está implicada en la consolidación de recuerdos de componente emocional elevado, ya sea positivo o negativo).
- Eje hipotálamo-hipófisis-suprarrenal (sistema en el que están involucradas diversas estructuras, como el hipotálamo, la hipófisis y las glándulas suprarrenales. Relacionado con la adaptación a las demandas del medio, con el estrés, con la motivación, con el sistema de sueño-vigilia. Se ha comprobado que existe en la sensibilidad de procesamiento sensorial una especial reacción a las subidas y bajadas de azúcar en sangre, así como a la sensación de hambre).

Sin pretender otro objetivo en este espacio que hacer referencia a diferentes regiones y vías implicadas en el espectro que nos concierne, remitimos, para ampliar información sobre bases neurobiológicas, a revisar los trabajos realizados en esta línea por la Dra. Acevedo.

En mi humilde opinión, queda medianamente resumido el modo en que se encuentra en el momento actual la investigación relacionada con la sensibilidad y seguiremos trabajando para que en los próximos años podamos encontrar respuestas a las muchas cuestiones que todavía hoy son incógnitas. Para eso estamos en este camino.

Cómo influye el género en la alta sensibilidad

Según los estudios realizados por la doctora Aron, existe el mismo porcentaje de mujeres que de hombres altamente sensibles, todos ellos repartidos por el mundo. Sin embargo, las dificultades que uno y otro género presentan se muestran, como cabía suponer, distintas.

Los hombres pueden haber experimentado, siendo niños, sentimientos de humillación y de rechazo ante conductas de llanto, por poner un ejemplo. Si han sentido la necesidad de expresar sus emociones, no han podido hacerlo de esta manera, pues de haber actuado en esa línea se les hubiera categorizado de «nenazas», de homosexuales (con palabras soeces y que denotan un menosprecio.). En definitiva, si la cultura tiende a reprimir las necesidades emocionales, los niños actúan en consecuencia y aprenden a ser más similares, mediante un proceso de imitación, a los modelos de «hombre» con que cuentan a su alrededor. Pensemos que una persona altamente sensible no se suele sentir cómoda en un espacio competitivo. A los hombres se les premia por serlo y, por consiguiente, se les rechaza cuanto más se alejan de la norma. Se produce entonces una conducta de lucha por parte de los hombres sensibles en contra de su propia sensibilidad, y lo hacen para encajar en el mundo y para no desafiar los estereotipos que la sociedad les impone. ¿Nos imaginamos las dificultades que puede tener un niño PAS en el desarrollo de su personalidad, en la expresión de sus emociones y de sus necesidades cuando se le cohíbe o se le invalida? ¿Qué obstáculos se encontrará en el camino un hombre que percibe el mundo a través de una mirada sensible? Puede que algunos lleguen a desarrollar trastornos del estado de ánimo, problemas emocionales, un fuerte rechazo hacia sí mismos, aislamiento, o una rebeldía y una agresividad que, a simple vista, no encajarían con el prototipo de una persona sensible. Esto nos puede despistar, pero no dejan de ser formas que tenemos los seres humanos de adaptarnos, «mecanismos de defensa», como dirían algunas corrientes psicológicas, roles, personajes y actuaciones para sobrevivir y evitar ahogarnos.

¿Cómo debe ser un hombre según los mandatos culturales? Creo que todas coincidiremos, en mayor o menor medida, en que algunos de los apelativos podrían ser: seguro, agresivo, dominante, fuerte, ganador, dedicado a su trabajo (ámbito productivo), sabio, protector... En contraposición, las mujeres nos conformaríamos con lo que queda: sensible, tierna, abnegada, dedicada a su familia (ámbito reproductivo), delicada, amorosa, en segundo plano... Básicamente, ser sensible se ha igualado a la categoría de mujer, porque tenemos que estar disponibles para ayudar a los demás y captar lo que necesitan, sin límites, y cuando somos muy sensibles se nos tiende a ver como poco capaces para enfrentarnos a la vida, molestas o, incluso, histriónicas.

Si, ya de por sí, ser personas altamente sensibles nos coloca en muchos momentos en una posición de desventaja social por el hecho de sentirnos tremendamente incomprendidas, consideradas extrañas, ajenas al fluir de la mayoría, etc., cuando a esto le agregamos el plus de mujer, nuestra posición queda relegada a los márgenes. He de advertir que yo estoy dispuesta a trabajar muy mucho para aportar mi pequeño granito de arena, para ofrecer el valor que esté en mi mano en pro de que este rasgo maravilloso que nos caracteriza, sumado al hecho de ser mujer, lo cual es una bendición de la naturaleza, nos convierta en seres completos y satisfechos con nuestra vida y con nuestra misión.

Por qué me dedico a acompañar a mujeres

Es de sobra conocida por las personas que me rodean mi inclinación por las causas sociales. Siempre me he sentido curiosamente atraída por un sentido de la justicia que me susurraba que debía, de alguna manera, inmiscuirme y aportar valor al mundo. Es un sentimiento que ha estado presente desde siempre. Hace unos años (bastantes) comencé a vislumbrar que, a pesar de mis fantasías ideales y mis deseos de que todo fuese como soñaba cuando era niña, en realidad este mundo en el que vivimos se encuentra dolorosamente herido.

Mi madre, la pobre, había tratado de protegerme de situaciones dolorosas, y solo me mostró una versión edulcorada de la existencia. Me contaba cuentos, me compraba libros, me ponía dibujos animados tiernos y, como yo no salía apenas a la calle, pues todo se mantenía bajo control. Pero fui creciendo, como cualquier niña, y me fui dando de bruces con detalles desagradables que no entendía y que no me atrevía ni siquiera a verbalizar. Recordemos que siempre fui reservada y lo de hablar, como que no. Mejor darle vueltas al coco…

Más adelante, ya casi adulta, comencé a investigar, a informarme, a formarme, y entendí uno de los motivos fundamentales por los cuales este mundo no alzaba el vuelo. Te lo explico mejor haciendo uso de una metáfora: un ave tiene un pico, dos ojos, dos patas y dos alas (no soy bióloga, pero básicamente, esa es la estructura). A los humanos nos fascina la funcionalidad que le otorgan esas alas, que le permiten volar. Pero, para que esa ave pueda alzar el vuelo, es imprescindible que se ayude de ambas extremidades. Si una de ellas permanece atada a una cuerda, jamás podrá cumplir con su cometido. Ahora imagina que esa ave es una extensión del mundo en el que vivimos. Su limitación con las alas es uno de los problemas más importantes que observo en esta realidad que nos ha tocado vivir: si una de sus «alas» no termina de extenderse, no logra alzar el vuelo, el «pájaro» no puede planear.

Imagino que podrás entender la simbología.

Las mujeres constituimos la mitad de la población mundial (quizás algún punto porcentual más). Como mínimo, el 50%. Para que el mundo funcione, mujeres y hombres debemos ser completamente libres de poder elegir nuestras opciones de vida, y hacerlo con seguridad y sin miedo, y esto, desgraciadamente y por mucho que algunos sectores con intereses sospechosos intenten hacernos creer lo contrario, todavía no ha sucedido. Nos queda mucho trabajo por delante, aunque es importante no desmerecer todo lo que en más de dos siglos de lucha feminista se ha conseguido, porque, ciertamente, todo lo que tenemos, los derechos y libertades de que podemos hacer uso y disfrute como mujeres, se lo debemos a las feministas. A las feministas del pasado y también a las del presente, a las que nos abrieron las puertas de la inmensa cantidad de oportunidades de las que hoy podemos disfrutar, y a las que se siguen jugando sus carreras, su tranquilidad, su estabilidad y, en última instancia, sus vidas, por escribir un futuro en el que no sea preciso hablar de igualdad.

Aunque no pretendo en este momento escribir un tratado o ensayo con un enfoque de género, sí que entiendo que este matiz debe hallarse intrínseco en cada uno de mis trabajos, de mis escritos, de mis intervenciones y de mis formaciones, porque de lo contrario estaría actuando en contra de lo que soy y de mis valores. Me declaro abiertamente feminista, porque creo en la posibilidad de un mundo en el que todas las personas sean tratadas con plena igualdad de oportunidades, y porque una intervención psicológica (en este caso en concreto, y en todos los demás también) que no tenga en cuenta que hemos sido educadas y condicionadas bajo los mandatos del patriarcado, está condenada al más absoluto fracaso.

Amén.

1

AUTOCONOCIMIENTO Y AUTODESCUBRIMIENTO

Es posible que acabes de ser consciente de tu naturaleza altamente sensible, o quizás ya lo sepas desde hace tiempo. Sea como fuere, lo que probablemente sea cierto es que no terminas de sentirte bien y en paz con todo lo que este rasgo implica y que no avanzas en la dirección que te gustaría o, incluso, que no sabes qué camino sería el más apropiado para ti.

¿Por qué dedico un punto del manual a autoconocernos y autodescubrirnos? Te lo explico con el siguiente ejemplo:

Darnos permiso para imaginarlo. Darle forma.

Cuando preparamos un viaje, seguimos unos pasos. En primer lugar, ideamos el sitio donde nos gustaría pasar unos días, lo visualizamos en la mente. Quizás hemos visto un anuncio en internet o en la televisión, o hemos pasado por una agencia de viajes y nos ha fascinado una fotografía de un determinado lugar. A lo mejor teníamos un par de días libres, nada más, y hemos decidido que, en lugar de quedarnos en casa como siempre, bien podríamos buscar un alojamiento asequible y marcharnos a disfrutar de ese deseado tiempo libre. Y tras pensarlo y buscar distintas alternativas, encontramos el lugar ideal y el hotelito con vistas al mar que hará nuestras delicias durante las siguientes dos jornadas que se aproximan.

Estrategia. Acondicionamiento de las circunstancias

Con muchísima ilusión, y algo de nerviosismo, preparamos nuestra maleta. Antes, por supuesto, ya hemos indagado la temperatura que nos acompañará en esta nueva localidad, e incluimos prendas acordes para no pasar ni frío ni calor. Introducimos algo más —un paraguas por si acaso, pues nunca se sabe qué puede ocurrir; unas zapatillas de deporte («¿y si se me estropean los zapatos que llevo?»)—, además de esos «amuletos» que se convierten en imprescindibles y que vienen casi anexos cada día: en unos casos puede ser nuestro diario, en otros un libro que estemos leyendo, un cuaderno de dibujo... cada una elige.

«Que no falte todo lo necesario», nos decimos.

El día previo revisamos el coche, llenamos el depósito de gasolina, comprobamos que el agua y el aceite tengan los niveles adecuados y que las ruedas estén en su punto justo de presión. Y nos vamos a la cama soñando con el maravilloso viaje que nos espera. A la mañana siguiente, suena el despertador y comienza la jornada. Una ducha y un desayuno frugal, verificar que nada se nos olvida, que cerramos las ventanas y echamos la llave de casa y, por fin, nos lanzamos a nuestra miniaventura.

Primeras dificultades. La importancia de saber quién soy, dónde estoy, qué quiero

Bajamos al garaje, arrancamos nuestro vehículo, introducimos en el GPS el lugar al que deseamos llegar y, de repente, el artilugio nos solicita el lugar de origen. ¿Por qué demonios me pide el lugar de origen, si yo intento introducir el lugar de destino? Evidentemente, cualquiera, de forma inmediata, podría proporcionar esa información a la aplicación, pero trasladando esta especie de metáfora a la vida diaria, trataré de lanzar unas preguntas que ayuden a la reflexión:

- ¿Qué es más importante, de dónde se parte o a dónde se quiere llegar?

_____

_____

_____

_____

- ¿Puedo caminar sin saber dónde me encuentro, quién soy, por qué hago lo que hago?

_____

_____

_____

_____

- ¿Puedo caminar sin saber hacia dónde voy?

_____

_____

_____

_____

Mi recomendación es que dediques un tiempo a reflexionar acerca de estas preguntas antes de continuar.

Te contaré algo, y es que, a pesar de que nuestra tendencia suele llevarnos a querer consumir más y más información, este patrón de ingerir datos exclusivamente sin ponerlos en práctica no genera nin-gún cambio a nivel real, por lo que, si de verdad quieres y sientes en tu interior la verdadera necesidad de progresar, te invito ferviente-mente a que dejes de ser sujeta pasiva y comiences a ser activa en los pequeños detalles. Por ejemplo, busca un cuaderno para anotar tus respuestas a las preguntas anteriores, así como todas las conclusiones a las que vayas llegando en lo sucesivo. Te servirá para mucho, y cuando finalice este proceso de autoconocimiento personal en que pueden convertirse la lectura y el trabajo de este libro, te aseguro que se convertirá en un auténtico GPS, una hoja de ruta a la que siempre podrás volver para comprobar tus emociones, tus avances, tus planes, tus deseos, tus objetivos y tus metas.

Para aquí y ahora, y no sigas leyendo antes de actuar.
¿Tienes el cuaderno? ¿Tienes el bolígrafo?

Bien, en ese caso, busca un espacio tranquilo y responde a las tres preguntas anteriores y a las que encontrarás a conti-nuación:

- ¿Conozco el rasgo de la alta sensibilidad?

_____

_____

_____

_____

- ¿Qué me define como mujer altamente sensible?

_____

_____

_____

_____

- ¿Cómo influye en mi vida ser PAS?

  _____

  _____

  _____

  _____

- ¿Qué es lo que más me gusta de ser muy sensible?

  _____

  _____

  _____

  _____

- ¿Y lo que menos?

  _____

  _____

  _____

  _____

- ¿Cuáles de estos aspectos me dificultan mi vida diaria y me hacen sufrir?

  _____

  _____

  _____

  _____

- ¿Qué me gustaría cambiar?

  _____

  _____

  _____

  _____

- ¿En qué medida es importante, para una mujer altamente sensible, el autoconocimiento?

  _____

  _____

  _____

  _____

- ¿Cómo será un día normal en mi vida, cuando haya conseguido solucionar mi problema?

  _____

  _____

  _____

  _____

- ¿Qué ocurriría si mañana me despertase y hubiera dejado de ser altamente sensible? ¿En qué detalles percibiría que ya no lo soy? ¿Alguien más se daría cuenta? ¿Qué me diría? ¿Qué haría esta persona? ¿Cómo se comportaría conmigo? ¿Y yo con él/ella? ¿Qué sería lo positivo de la experiencia? ¿Habría algo negativo?

  _____

  _____

  _____

  _____

Estas son cuestiones que, con toda probabilidad, cuando te detengas a reflexionar, te pueden ofrecer mucha información sobre ti, sobre lo que quieres y lo que necesitas. Porque el lenguaje cumple una función sustancial, y es que cuando somos capaces de poner en palabras lo que sucede en nuestro interior, comenzamos a colocar los cimientos de la realidad. Iremos paso a paso.

El autoconocimiento es la capacidad de mirar dentro de mí y reconocerme como persona individual que se diferencia de los demás. Me confiere una identidad, me ayuda a comprenderme, a reconocer mis defectos, mis cualidades, mis miedos, lo que quiero y lo que no quiero, mis valores, mis patrones de funcionamiento.

En el punto anterior, cuando hablábamos de las teorías de la alta sensibilidad, nos detuvimos a analizar los cuatro pilares que, según Elaine Aron, se debían cumplir en su totalidad para concluir que una persona compartía el rasgo. En aquel momento los vislumbramos desde la distancia; ahora lo haremos desde dentro, desde tus propias vivencias y experiencias.

¿Qué objetivos buscamos con esto?

- Que puedas entender perfectamente y en primera persona en qué consiste cada uno de estos pilares.
- Que los examines con detenimiento y así reconozcas qué aspectos positivos tienen en tu vida.
- Que analices cómo se presentan en su cara «negativa» cuando te provocan síntomas desagradables, y de qué modo te afectan y pueden llegar a provocarte problemas si desconoces la forma en que se gestionan.
- Que anticipes las maneras en que se presentan las dificultades más comunes para las personas PAS.

Y si yo, María, soy altamente sensible y también sufro por cuestiones similares a las tuyas, ¿con qué potestad me posiciono en este lugar de acompañamiento y apoyo? Me voy a permitir la licencia de utilizar una adaptación de la metáfora de los dos escaladores, de K. G. Wilson, y M. C. Luciano en su libro *Terapia de aceptación y compromiso (ACT). Un tratamiento conductual orientado a los valores.*

Metáfora de los escaladores

Imagina que tú y yo somos dos escaladoras y cada una está subiendo su montaña particular, que está separada por un gran valle. Desde mi posición, puedo ver un camino por el que tú puedes subir a tu montaña, porque estoy situada en un punto que me permite visualizar cosas que no pueden verse desde donde tú te encuentras. Igual ocurre en este proceso de acompañamiento y crecimiento personal. Es tuyo, y yo tengo perspectiva. Ahora piensa en la posibilidad de que fuera al revés, ¿y si el proceso fuera mío? ¿Qué puedes decirme sobre la montaña que yo estoy subiendo? Ciertamente, desde mi posición yo no puedo ver ciertas cosas, pero quizás tú observas una senda más apropiada para llegar a mi cima. La ventaja que yo poseo en este acompañamiento no se basa en mi superioridad intelectual ni experiencial, ni en mi fortaleza. Es, simplemente, una cuestión de perspectiva. Por otro lado, hay aspectos de tu montaña que yo no puedo saber, asuntos de vital relevancia, y tendré que confiar en lo que tú me digas. Por ejemplo, saber si la montaña que estás intentando escalar es o no la correcta es una cuestión de valores. Esto significa que solo tú puedes responder a ella. Por otro lado, respecto a la parte de tu camino que yo puedo ver, aunque yo pueda asesorarte y aconsejarte, eso es lo único que puedo hacer, ya que no puedo escalarla por ti. Por tanto, te corresponde a ti la tarea más importante y la más difícil. Eres la protagonista de tu historia.

- ¿Qué te sugiere esta metáfora?

_____

_____

_____

_____

- ¿Ha surgido en ti algún punto de vista diferente después de leerla?

_____

_____

_____

_____

- ¿Cómo te percibes?

_____

_____

_____

_____

- ¿Cómo me percibes?

_____

_____

_____

_____

1.1. NAVEGANDO POR LAS PROFUNDIDADES DE LOS CUATRO PILARES

Algunas personas me han realizado preguntas de este tipo: «¿Es imprescindible que un/a psicólogo/a o psiquiatra me "diagnostique"?

¿Cómo puedo saber con seguridad si soy altamente sensible? ¿Por qué no aparece la alta sensibilidad en el *Manual diagnóstico y estadístico de los trastornos mentales* (más conocido como DSM-5)?».

En primer lugar, nadie debe ser diagnosticado, porque el diagnóstico se aplica a las personas enfermas. Diagnóstico indica enfermedad, patología, y la alta sensibilidad es simplemente, de entrada, un rasgo de la personalidad. Sin embargo, en ocasiones una gestión pobre de determinadas situaciones vividas, una mala regulación de las propias emociones, así como otros factores, pueden provocar en una persona PAS otros problemas que sí pueden requerir un diagnóstico.

Por tanto, el autodefinirse como altamente sensible estaría ligado a cumplir con los cuatro pilares que a continuación desgranamos. Vamos a ello, pilar a pilar:

1.1.A. Profundidad de procesamiento

Se puede decir que la profundidad de procesamiento es un punto clave para determinar que una persona es altamente sensible. Incluso más que una gran intensidad emocional o una excelente empatía, lejos de lo que cabría esperar. Por lo general y de manera popular, dada la nomenclatura del término (*alta sensibilidad*) se tiende a pensar que lo emocional es lo único relevante para declarar que un individuo forma parte de esta categoría. Sin embargo, tal y como nos muestran los datos resultantes de las múltiples investigaciones llevadas a cabo por la doctora Aron y su equipo, así como por el resto de personas que la han sucedido después aportando referencias de notable valor para nuestra comunidad PAS y para la ciencia en general, podemos afirmar con rotundidad que un criterio imprescindible para denominarse *altamente sensible* es el que la persona reflexione en profundidad acerca de la información que le llega desde diferentes frentes, dando como resultado unos pensamientos muy complejos y unos sentimientos muy intensos.

Es complicado hacer aterrizar esta idea, porque «no se ve», no es tangible. No podemos visualizar a bote pronto cómo una persona enlaza en su cerebro una idea con otra y cómo busca respuestas a todos los interrogantes que se le plantean, o cómo trata de buscar en su mente la forma de ayudar para que el mundo sea un lugar mejor. Al menos de momento. Quizás, en el futuro, se inventen unas supergafas que, al colocártelas, permitan a quien las lleve distinguir, a modo de rayos X, lo que sucede dentro del cerebro, cómo interaccionan nuestras neuronas. Me imagino una escena parecida a esa serie de dibujos animados de mi infancia, quizás también de la tuya, donde nos mostraban los intríngulis del cuerpo humano y cómo funcionaban las células, en equipo, para enfrentarse a las enfermedades que se presentaban. Qué pasada, ¿verdad?

Pero, de momento, el procesamiento profundo de la información no puede ser visto. Lo siento. Bajemos a la tierra. Se rompió la burbuja, ¡plof! Solo nos queda aprender formas diferentes de identificar estas acciones mentales. La buena noticia es que ¡para eso estamos aquí!

Del 1 al 7, siendo 1 «totalmente en desacuerdo» y 7 «totalmente de acuerdo», trata de responder a estas cuestiones basándote en lo que te sucede **la mayor parte del tiempo**.

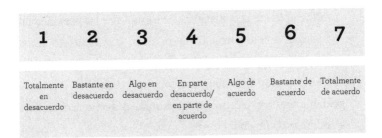

1	2	3	4	5	6	7
Totalmente en desacuerdo	Bastante en desacuerdo	Algo en desacuerdo	En parte desacuerdo/ en parte de acuerdo	Algo de acuerdo	Bastante de acuerdo	Totalmente de acuerdo

- ¿Te descubres dándole vueltas, de forma recurrente, al modo en que discurren tu vida o el mundo?

- ¿Eres una persona creativa desde siempre, que disfruta del arte en sus diversas manifestaciones?

- ¿Sueles sugerir soluciones ingeniosas a los problemas que se presentan?

- Por norma general, ¿te detienes a reflexionar antes de hablar y/o actuar?

- ¿Frecuentemente piensas que, de seguir las cosas por *este* camino, terminarán por *aquel*? (Puedes introducir la variable que desees, tanto en la palabra «este» como en la palabra «aquel». Es tu vida y tú sabes mejor que nadie cómo funciona).

- ¿Usualmente tratas de reflexionar sobre el porqué de las normas de la ética, de la filosofía, de la moral de un determinado lugar, en lugar de ajustarte a ellas sin cuestionarlas de ningún modo?

- Por norma general, ¿te demoras mucho tiempo antes de tomar decisiones importantes? ¿Te paras a pensar en todos los detalles, en las repercusiones de esas decisiones o en lo que ocurrirá a largo plazo?

- ¿Tiendes a darles más vueltas que otras personas (lo que llamaríamos *rumiar*), a acontecimientos que te han afectado emocionalmente?

- ¿Te preocupa mucho el sufrimiento de los sectores más vulnerables de la población, por ejemplo de las personas sin recursos o con vivencias traumáticas, o el maltrato a que son sometidos, en muchos casos, los animales?

- ¿Te consideras, de cualquier forma, una persona espiritual o que busca el crecimiento personal, así como respuestas a dilemas de la vida?

- ¿Sueles, de manera habitual, percatarte de las necesidades de las personas con las que te relacionas e intuyes cómo puedes actuar para ayudarlas?

Las preguntas anteriores reflejan fielmente cómo funciona este primer indicador. A mayor puntuación, mayor correspondencia con el rasgo. Responderlas de manera honesta te ofrecerá una excelente radiografía de ti misma, así que te animo, como siempre, a que antes de continuar avanzando te detengas, cojas papel y bolígrafo, y comiences el trabajo personal.

Una vez que hayas terminado de responder a estas preguntas, puedes continuar con lo que viene, porque te voy a enseñar la forma en que este pilar se puede mostrar desfavorable cuando se desequilibra.

¿Cuándo surgen las dificultades?

Hemos explicado previamente que las personas PAS solemos necesitar más tiempo que el resto cuando hemos de tomar una decisión importante. Y es que nos sentimos casi impelidas a contar con todos los pormenores, con todas las posibilidades, a reunir un gran compendio de datos. Cuando ya hemos recopilado lo necesario, nos encontramos más preparadas para decidir. Pero, a veces, ni por esas, somos capaces de dar el paso a la acción. Y nos quedamos en nuestra mente, en nuestra zona de confort, porque eso se nos da mucho mejor (recordemos que nos viene dado «de fábrica») y no hemos de ejercer ningún empeño adicional. El esfuerzo llega cuando tenemos que salir de la cueva, empezar a caminar, y ahí esta característica, que tiene unas particularidades especialmente buenas en unos aspectos, nos dificulta la vida en otros: a veces no nos sentimos aptas para tomar decisiones por nosotras mismas. Además, en nuestra cabeza se despliega un número muy elevado de posibilidades, de matices que nos hacen desviarnos y perdernos en la arboleda de la incertidumbre.

En este caso, me detengo a recordar algunos detalles que solemos olvidar: a pesar de que tomamos decisiones con mayor lentitud, nuestras resoluciones suelen tener resultados favorables, somos muy buenas en esta materia. Y no quiero que te lo creas porque te lo digo yo. Regálate unos minutos para hacer un recorrido vital por el itinerario de tus decisiones, piensa cuántas de ellas han resultado apropiadas, y cuántas, perjudiciales. Seguramente habrá más porcentaje de las primeras que de las segundas.

Otra circunstancia que puede darse es que esté interviniendo un elemento de *hiperexigencia*. Y me explico un poco mejor. En ocasiones tendemos a compararnos con la mayoría de las personas, con lo que hace el resto, sin tener en cuenta que nuestra configuración neurobiológica es diferente, ni mejor ni peor, solo diferente, y que nuestras acciones no podrán ser comparadas en los mismos niveles ni a ritmos similares. Por ponerte un ejemplo mío y no inventar ninguno con el riesgo de que no se ajuste a un individuo real, te cuento que, realizando recientemente un proceso de desarrollo personal y profesional en grupo con el que comencé muy ilusionada y muy motivada, hacia la mitad del mismo sentí que mis compañeras/os avanzaban a un ritmo que para mí era impensable. La mayoría podía transitar espacios para los que yo no me sentía, ni por asomo, preparada, y eso me llegó a frustrar enormemente. Tenía mucha esperanza y confianza en lo que quería conseguir, pero determinadas acciones requerían de mí más planificación, muchísimo más ensayo, y no lanzarme directamente al vacío con el consiguiente riesgo de fracaso y de las consecuencias fatales que podrían derivarse.

Por último, otros de los problemas que se puede presentar en la profundidad de procesamiento podría ser el autoidentificarse o autodefinirse como «un bicho raro», con el sentimiento de no encajar en el mundo o de que las conversaciones que mantienen los demás nos parezcan anodinas, carentes de fundamento, poco interesantes. Estos pensamientos nos pueden hacer alejarnos de las personas, no interactuar, no participar y, en consecuencia, puede producirse el fenómeno que en psicología se conoce como de la «profecía autocumplida». Por si te suena, pero no sabes con exactitud qué significa, o no has oído nunca hablar de él, te cuento un poco de qué va.

La profecía autocumplida o «efecto Pigmalión» se basa en un mito griego: el artista (Pigmalión) se enamora de su creación (Galatea). Tal era el trato que el escultor le profería, los cuidados que le otorgaba, el mimo con el que la trataba, que la escultura llegó a convertirse en una persona de carne y hueso. *A posteriori*, a finales de la década de 1960, y tomando como base este mito clásico, el psicólogo Robert Rosenthal y la pedagoga Lenore Jacobson dan forma a su teoría de la profecía autocumplida, enmarcada en el ámbito escolar. Explican que los resultados del alumnado dependen en gran medida de la forma en que los/as niños/as son tratados por el profesorado, de cuánto los adultos crean en ellas/os, de en qué grado se les motive. Como cabe suponer, este efecto tiene repercusión en todas las etapas vitales, y por ello ha sido estudiado en otras esferas, por ejemplo, la profesional y la social. Así, podemos inspeccionar los estudios del sociólogo estadounidense Robert King Merton, que son bastante interesantes. No me detendré mucho más en los orígenes, solo destacaré que él se apoyó previamente en el teorema de otro colega compatriota, el sociólogo William Isaac Thomas, que anticipó que, si las personas entendían una situación como real, así serían sus consecuencias. En definitiva, y para no desviarnos demasiado en los intríngulis del pasado te diré que Merton explicaba la profecía autocumplida como una interpretación errónea de una situación determinada que conduce a la persona a comportarse de manera ajustable a sus expectativas, es decir, que lo que finalmente sucede es que esa falsa concepción se convertirá en realidad. Este concepto ha sido muy tenido en cuenta cuando se han estudiado estados ansioso-depresivos, porque tendemos a dejarnos llevar más por esquemas mentales negativos. Por ejemplo, si pienso que no voy a ser capaz de enfrentarme a mi jefe, que me quedaré sin palabras, sin voz, sin energía, seguramente iré predispuesta y nerviosa en ese momento y mis acciones confirmarán mis temores. Aun así, la profecía autocumplida también funciona para esquemas mentales positivos. Si tengo confianza en que, a pesar de las dificultades y del esfuerzo, podré conseguir ese objetivo que me he propuesto de terminar de escribir los capítulos que le faltan a mi manuscrito, o de hacer ejercicio a diario, o de (_____) —introduce a tu gusto—... mi comportamiento también se alineará para confirmar mi predisposición inicial.

Una vez que hemos entendido el significado y el alcance de la profecía autocumplida, creo que es de vital importancia tomarla en consideración en nuestro caso.

1.1.B. Sobreestimulación

¿A qué nos referimos cuando hablamos de *estimulación*? La estimulación se puede definir como el resultado del elemento que hace que el sistema nervioso se active. Esta activación, esta estimulación, a veces procede del exterior de nuestro organismo, en forma de luces, sonidos, olores, etc., y otras tantas del interior del mismo, en forma de señales de hambre, sed, dolor, o a través de pensamientos, creencias y sentimientos.

Como decíamos, si la estimulación es demasiado elevada, más de lo que nuestro sistema nervioso central es capaz de procesar, redunda en una alta probabilidad de sobreestimulación: es algo directamente proporcional. En consecuencia, esta sobreestimulación nos producirá malestar, incomodidad, bajo rendimiento, confusión, escasez de vocabulario, etc. Este fenómeno le ocurre a todas las personas, no solo a nosotras. Sin embargo, a las PAS nos afecta con mucha más prontitud y con efectos más potentes.

Llegadas a este punto, es importante comprender diferentes matices. Por ejemplo, existen diferencias en la forma en que se percibe un estímulo y, con ello, en cómo nos afecta: puede variar en intensidad, duración, complejidad, en lo inesperada y sorpresiva que se presente la situación. Quizás, visto así, puede parecer un poco farragoso, pero puede que lo veamos más claro con un ejemplo:

Escena 1 (deseo). Llegas a casa después de una jornada de trabajo y has recorrido el largo camino de regreso a pie. Treinta grados a la sombra, sin una fuente en todo el trayecto, y ninguna tienda abierta para comprar una botella de agua. Te diriges presurosa al frigorífico, después de arrojar el bolso en el sofá, y agarras con deseo la maravillosa botella de agua. El líquido elixir, fresquito, fluye por tu garganta y refresca tu organismo. Qué satisfacción. Hasta aquí todo OK.

Gracias, genio de la lámpara, te puedes marchar,
mi deseo ha sido cumplido.

Escena 2 (sorpresa). Imagina que, de repente, escuchas un extraño sonido —bastante sospechoso, todo hay que decirlo— a tu espalda. Tu corazón se acelera y giras la cabeza muy lentamente, tratando de desentrañar lo que sucede. Intuyes una figura oscura, más alta y fornida que tú, y te das la vuelta completamente para comprobar que un señor enchaquetado con el ceño fruncido te apunta directamente con un arma. Te quedas sin habla y él, con voz grave y arrogante, te advierte que, si quieres continuar con vida, debes seguir bebiendo agua. Tú te quedas en *shock*, no entiendes nada, ¡qué absurdo todo! Permaneces quieta, paralizada, intentando procesar lo que está pasando, hasta que el Señor de Negro, exasperado, te repite la orden, esta vez un poco más agresivo. Entonces obedeces y comienzas a beber.

No vayamos a morir por no beber un poco más de la maldita botella.

Escena 3 (sobreestimulación). Al principio, aunque ya no necesitas más agua, pues te saciaste hace pocos minutos, tampoco te importa beber un poco más, pero a medida que sigues ingiriendo líquido, tu organismo se va «sobresaturando». Por otro lado, y para más inri, debido a que para nada esperabas que se produjera este incidente, y la situación es tan tremendamente extraña y complicada que no alcanzas a comprender lo que está ocurriendo, tu cuerpo habrá empezado a mostrar señales de alarma (respiración acelerada, sudoración, paralización del proceso digestivo, posibles náuseas, tensión muscular, etc.).

Bueno… evidentemente la situación es absurda, y podría parecer un conjunto de escenas de una película de serie B, de esas que emiten los domingos en la sobremesa. Mis disculpas. Como guionista, soy pésima.

Aunque mi idea primordial era exponer un ejemplo en el que la sobreestimulación fuera debida exclusivamente a estímulos no condicionados por elementos que pudieran confundirse con el miedo, en este caso no lo he logrado al introducir al Señor de

Negro y su carga emocional negativa. (*Pero es que se coló en mi cerebro, no fui yo, a veces los personajes adquieren su propia vida y toman el control de la narración… Eso sí, te prometo que la situación no llegó a mayores y, cuando bebiste un poco de más agua se marchó, no intentó torturarte obligándote a ingerir cientos de litros. Palabrita. Supongo que sería una especie de broma macabra. Le diré que no tiene gracia*).

Intentaré arreglarlo pidiéndote que pienses que es un episodio fantástico que solo sirve para explicar el fenómeno del H^2O: un poco de agua es necesaria y satisfactoria. A más agua y cuanto más prolongada sea su ingestión, mayor probabilidad de llegar a sobresaturar y ser perjudicial para el individuo, especialmente para la persona altamente sensible, cuyos receptores de sensibilidad tienen un umbral más bajo, son más sutiles a la hora de percibir la estimulación. Si te ha parecido interesante el ejemplo, o divertido, o estúpido tal vez, también puede servir como recordatorio caricaturesco para ejemplificar cómo una situación inesperada llega a sobreestimular, aunque en principio el elemento en sí no cumpla las características necesarias para tal fin.

Ahora te lanzo unas cuestiones relacionadas con este pilar en el que estamos sumergidas. Del 1 al 7, siendo 1 «totalmente en desacuerdo» y 7 «totalmente de acuerdo», trata de responder a estas preguntas basándote en lo que te sucede durante **la mayor parte del tiempo**.

1	2	3	4	5	6	7
Totalmente en desacuerdo	Bastante en desacuerdo	Algo en desacuerdo	En parte desacuerdo/ en parte de acuerdo	Algo de acuerdo	Bastante de acuerdo	Totalmente de acuerdo

- ¿Sientes que el corazón se te acelera, que las palmas de las manos te sudan o que tu cuerpo tiembla en situaciones en las que te percibes observada?
- Si tienes que hablar ante un grupo de personas, ¿te sientes incapaz, con problemas para expresarte, como si no te saliera la voz de la garganta o tu mente se quedase en blanco, a pesar de que en tu fuero interno sabes que estás ampliamente preparada para lo que quieres transmitir?
- En una primera cita con un individuo que recientemente has conocido, ¿sientes que tu cuerpo reacciona de forma alterada, nerviosa, desagradable, y piensas que la persona lo notará?
- ¿Te suelen desagradar los deportes de equipo en los que el foco está centrado en la competitividad?
- Después de una jornada intensa, ya sea laboral, de ocio, familiar, un viaje... ¿te sientes muy cansada y necesitas reponer fuerzas y descansar, con mayor intensidad que el resto de personas que han participado de la misma situación?
- Cuando estás en grupo, ¿tiendes a permanecer en silencio, escuchando lo que el resto aporta? ¿Por qué exactamente?
- ¿Percibes muchos matices en las situaciones que te rodean, en los ambientes, en los espacios, en las interacciones verbales?
- ¿Te saturas si tienes que permanecer largo tiempo en un lugar ruidoso o lleno de luces, de personas o de objetos?

¿Es la sobreestimulación prima hermana del miedo?

Antes de terminar este apartado y pasar al siguiente, quisiera detenerme en un aspecto relevante: cómo distinguir la «activación» (estimulación) del miedo. Puede suceder que, al procesar una determinada estimulación por encima de un nivel determinado, nuestro sistema nervioso se sobreestimule, produciendo síntomas parecidos al miedo. Sin embargo, hay que tener en cuenta que también producen estimulación otras emociones, como, por ejemplo, la alegría, el enfado, la ira, el asco... Aunque sí es cierto que, en concreto, con el miedo, al provocar síntomas más intensos y desagradables, las consecuencias se pueden llegar a agravar.

Esta confusión puede llegar a ser problemática a largo plazo, y te explico por qué con un ejemplo: si interpretamos nuestras palpitaciones, nuestra sudoración o nuestra dificultad para respirar, como que estamos experimentando miedo, nuestra tendencia habitual será, en primer lugar, hacia la *huida* y, en segundo lugar, hacia la *evitación* en futuras ocasiones similares. Trataremos de escapar de la situación desagradable —pies en polvorosa—, y procuraremos por todos los medios evitar volver a encontrarnos con ella. El simple recuerdo será suficiente.

Por el contrario, si conocemos nuestro modo de funcionamiento e identificamos el origen de nuestras reacciones fisiológicas, que nuestro sistema nervioso responde con mucha más facilidad y en bastante menos tiempo que el de la mayoría, y que la activación que estamos experimentando se puede parecer al miedo, pero puede ser exclusivamente eso, estimulación biológica, en este caso nuestra adaptabilidad al medio será más fructífera y los posibles problemas derivados, mucho menores.

Y ojo, que no digo que sea malo en sí tener miedo, el miedo es una emoción que cumple una función adaptativa y seguro que en alguna circunstancia nos sirve de utilidad. Seguro que te vienen a la mente algunos momentos en los que te ha servido experimentar miedo. A lo que me refiero es que, si nos conocemos muy bien, podremos identificar cuándo nuestros síntomas se deben al miedo, y cuándo, a la sobreactivación, y con ello, evitar posibles futuros problemas.

¿Cuándo surgen las dificultades?

- Cuando la sobreestimulación se convierte en algo «habitual» en la rutina de la vida de la persona sobreviene el estrés, el agotamiento, esa sensación que —estoy segura— habrás experimentado en alguna ocasión, en la que sientes ganas de gritar al mundo: «¡No puedo más!». Las repercusiones del estrés son de sobra conocidas: mal rendimiento en lo laboral, en lo familiar, en lo personal y, por supuesto, aparición de enfermedades físicas de las que, en muchos casos, no parece haber una causa que las provoque. Comienza entonces una batalla, un ir y venir por consultorios médicos, por asesorías, por diferentes profesionales que puedan ayudarte a devolver el equilibrio a tu vida, sin darte cuenta que el origen de muchos de tus males es una mala gestión de tu alta sensibilidad. No te culpes, es un rasgo conocido desde hace relativamente poco tiempo y que aún no tiene mucha difusión a nivel popular. Ni siquiera en la comunidad médica y psicológica. Por supuesto, hablo de forma generalista, no quisiera ofender a nadie, pero estamos todavía en pañales en cuanto al conocimiento de la neurodivergencia. Es incluso habitual que muchos profesionales confundan la sintomatología que presenta una persona PAS sobreestimulada con un trastorno de ansiedad o con un trauma, y esto no siempre es verdad. Sí lo es en algunos casos, no voy a decir lo contrario, pero no en todos. En una gran mayoría de ellos basta con un conocimiento de cómo funciona el rasgo y un trabajo personal de autodescubrimiento y/o autoconocimiento.

- Por otro lado, pueden surgir problemas a la hora de enfocar y afrontar situaciones vitales que requieran cambios. Estos cambios no tienen por qué relegarse a aspectos negativos (por ejemplo, pérdida de una pareja, de un trabajo o duelos en general), sino que otras transiciones positivas también generan estimulación de alto nivel que es complicado gestionar, porque nos obligan a actuar rápido, y nuestra tendencia es a detenernos, pensar, ver alternativas, sopesarlas, etc. Si debemos adaptarnos a este fluir de la vida, como evidentemente así ocurre, pues estamos inmersas en una comunidad con una gran mayoría menos sensible, tendremos que responder rápidamente y esta necesidad se puede convertir en una fuente de malestar. Como ejemplos de cambios positivos que pueden provocar estos efectos se me ocurren estos: hacer un viaje que nos gusta mucho, aunque el solo hecho de pensar en todo lo que conlleva ya nos estimula sobremanera; cambiar a un trabajo mejor con un puesto de mayor categoría que el que veníamos ostentando; pensar en formar una familia; dejar nuestro antiguo trabajo para montar nuestra propia empresa, más alineada con nuestros valores; mudarnos a una casa mejor (este es uno de los top 10), etc.

- Otra dificultad que suele presentarse deriva del arrepentimiento por cuestiones del pasado, por no haber tomado tal decisión o haber decidido caminar por determinado sendero en lugar de por el contrario, y del convencimiento de que mis elecciones me llevaron a fracasar. Es difícil para una persona PAS tomar una determinación de cierta magnitud y, cuando toma las riendas, normalmente habrá tenido en cuenta todo el abanico de opciones. En el futuro, las situaciones pasadas se contemplan con una perspectiva diferente, y el nudo emocional que se vive en el momento ya no es tan fuerte, con lo que tendemos a enjuiciar lo que hicimos antes según la situación del presente. Sin embargo, voy a hacer un ruego en este momento y voy a apelar a la autocompasión por tu «yo» del pasado. Me gustaría que te visualizases bajo un prisma más benevolente, y ahora que sabes mucho más sobre tu temperamento y tu personalidad, te pido que te permitas comprender el porqué de muchas de tus acciones pasadas. Quizás viviste momentos de intensa estimulación por la novedad de lo que sucedía, porque no podías procesar tantos elementos como captaba tu cerebro, porque no contabas con suficiente apoyo familiar o social, o te sentiste humillada en tu trabajo y no supiste cómo enfocarlo, qué sé yo. Tú seguro que lo sabes mejor que yo y esta es tu oportunidad de redimirte.

1.1.C. Intensidad emocional

Este pilar suele ser el más fácil de poner en práctica, al contrario de lo que mencionábamos respecto al procesamiento de la información, ¿te acuerdas? La intensidad emocional se puede resumir como la tendencia a reaccionar más emocionalmente que el resto ante las circunstancias de la vida. No solo en cuanto a lo negativo, también en lo positivo.

Te sugiero que pienses si, por norma general **durante la mayor parte del tiempo**, estas cuestiones (o parecidas) se repiten en tu vida y responde basándote en esta escala del 1 al 7, siendo 1 «totalmente en desacuerdo» y 7 «totalmente de acuerdo».

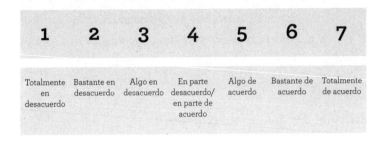

1	2	3	4	5	6	7
Totalmente en desacuerdo	Bastante en desacuerdo	Algo en desacuerdo	En parte desacuerdo/ en parte de acuerdo	Algo de acuerdo	Bastante de acuerdo	Totalmente de acuerdo

- ¿Te preocupas mucho y sientes una intensa piedad ante los seres más desfavorecidos?
- ¿Buscas la forma de ayudar a tus semejantes?
- ¿Tiendes a experimentar emociones más fuertes que el resto de personas?
- ¿Te han llegado a tachar de «exagerada», «dramática», o adjetivos similares?
- ¿Te has sentido ridícula o extraña cuando, en alguna circunstancia, te has emocionado mucho, has mostrado tu alegría, tu motivación o tu ilusión, y la gente te ha mirado de modo «raro»?
- ¿Te has sentido tremendamente agradecida, incluso se te han saltado las lágrimas, cuando alguien te ha prestado su ayuda, su apoyo, su atención?
- ¿Sueles llorar con mucha facilidad?
- ¿Te sientes en sintonía con las emociones de la persona que tienes frente a ti, como si entendieras perfectamente cómo se siente?

A riesgo de resultar repetitiva, te pido que te concedas el tiempo que sea necesario para pensar en estos interrogantes, dando un repaso a tu trayectoria vital. No hay prisa. Piensa que es un regalo y que te lo mereces.

Aunque, tal como venimos repitiendo desde el principio de este proceso, la emocionalidad no es algo exclusivo de las personas PAS, en nuestro caso se presenta de modo mucho más vivaz y potente.

¿Cuándo surgen las dificultades?

Cuando las emociones se descontrolan y no somos capaces de gestionarlas podemos decir que las características de este pilar se pueden convertir en negativas. Se puede afirmar con rotundidad que existen muchas personas altamente sensibles que, si conocieran cómo funciona su rasgo, si entendieran sus propias reacciones y el engranaje de las emociones, no serían diagnosticadas con etiquetas relacionadas con trastornos de ansiedad o depresión. Es cierto que un porcentaje de personas PAS desarrolla trastornos psicológicos o psiquiátricos porque hay emociones que, si no se saben regular, producen ansiedad o estados emocionales negativos, y esto a la larga se convierte en algo problemático y más crónico. Aun así, muchas de las personas que dicen sufrir algún trastorno solo están viviendo una mala gestión de su rasgo PAS. Por eso dedicaremos más adelante un apartado en exclusiva a la gestión emocional.

Afirma la doctora Elaine Aron algo que se puede traducir como que debemos convertirnos en «auténticas expertas de nuestras propias emociones». Por eso, en este punto solo me detendré a puntualizar los problemas que pueden surgir, para que estemos atentas, pues el trabajo en sí vendrá más adelante.

En ocasiones, somos catalogadas de excesivas o desproporcionadas, pero esas calificaciones tienden a proporcionarlas personas que ven el mundo de modo distinto. Nosotras, que nos inclinamos por ajustarnos a lo que la mayoría entiende por adecuado, caemos en el error de creernos indignas o inconvenientes, y cuando ese pensamiento se apodera de nosotras, llegan las cavilaciones, la tendencia a darle vueltas y vueltas a la cabeza y a retroalimentar lo que pensamos, por lo que le conferimos auténtica validez. Otras veces, es probable que presentemos una especie de supresión de nuestras emociones, con el propósito de evitar descontrolarnos, porque ya nos han dicho que eso está mal, que es malo, y que no se debe. *Nos las tragamos sin masticar.*

A estas alturas, podemos comprender con bastante claridad cómo el hecho de visualizarnos a nosotras mismas a través del filtro que establece la mayoría nos produce sensaciones, cuanto menos, de vergüenza, de rechazo, de asco, de desprecio, de tristeza o, en último término, de autocompasión.

Percibir de repente con mucha claridad aquello que antes no se advertía, aunque se produzca como un proceso natural, puede llevarnos a experimentar melancolía, resentimiento, culpa, por no haber sido capaces de entenderlo antes. Sin embargo, hoy quiero felicitarte por encontrarte aquí en este preciso momento, porque eso indica que te has puesto las gafas que te permiten vislumbrar ese rayo de luz, esa puerta abierta, ese catalizador. Míralo con detenimiento, obsérvalo, analízalo, porque será la palanca que te impulse para comenzar a transitar la vida plena que quieres y que mereces.

1.1.D. Sensibilidad sensorial

Tal y como exponíamos unas páginas atrás, la sensibilidad sensorial surge del procesamiento a nivel cerebral de los estímulos, más que de lo que sucede en los órganos de los sentidos. Por eso una persona puede ser muy observadora, captar los cambios producidos en casa de sus familiares desde la última vez que los visitó, percibir el estado emocional de la persona con la que se encuentra y, al mismo tiempo, tener limitaciones en lo referente a la agudeza de sus órganos sensoriales.

Suele ser habitual que las personas altamente sensibles tengan más desarrollada, por decirlo de alguna manera, la entrada de información por más de uno de los sentidos, por ejemplo, el olfato, el gusto, el oído, etc.

Así que, para comenzar a analizar este pilar, reflexionaremos sobre algunas cuestiones. Como venimos haciendo, utiliza la escala del 1 al 7, siendo 1 «totalmente en desacuerdo» y 7 «totalmente de acuerdo», y responde basándote en lo que te sucede durante **la mayor parte del tiempo.**

1	2	3	4	5	6	7
Totalmente en desacuerdo	Bastante en desacuerdo	Algo en desacuerdo	En parte desacuerdo/ en parte de acuerdo	Algo de acuerdo	Bastante de acuerdo	Totalmente de acuerdo

- ¿Eres capaz de percibir un olor antes que la mayoría de las personas que te rodean?
- ¿Te percatas de cada pequeño detalle en los espacios físicos a los que acudes?
- ¿Adviertes cómo se siente la persona que tienes a tu lado cuando interaccionas con ella?
- ¿Distingues rápidamente cualquier cambio que alguien haya realizado en su aspecto físico?

- Cuando una persona está a tu lado y se siente enferma, ¿te percatas antes de que te lo diga?
- ¿Te afectan los medicamentos? ¿Necesitas poca cantidad para percibir el efecto deseado?
- ¿Eres una persona muy «sensible a las temperaturas»? Es decir, si te sientes incómoda cuando el frío sobrepasa cierto rango, pero también cuando el calor supera unos grados determinados, llegando a manifestar más incomodidad que el resto de personas.
- ¿Te molestan las etiquetas de la ropa, las costuras, las prendas ajustadas o los zapatos?
- ¿Te incomodan el ruido o la música a un volumen alto?
- ¿Necesitas trabajar/vivir en un espacio donde existan orden y pulcritud?
- ¿Te relaja la naturaleza o pasar tiempo con los animales?
- Respecto a tu infancia, ¿tus padres o las personas que te cuidaron te han contado si te molestaban las texturas nuevas, la arena de la playa, el contacto con el césped o tocar alimentos que no conocías? ¿Te fastidiaba que te peinasen?
- Haciendo un recorrido vital, ¿recuerdas haber sufrido dolores físicos fuertes u otras enfermedades (por ejemplo, dolores musculares, articulares, menstruales, alergias, etc.) cuya causa orgánica no pudo ser encontrada?

¿Cuándo surgen las dificultades?

En este caso, los inconvenientes aparecen cuando la persona percibe que su sensibilidad no es normal y que necesita «modificarla», momento en que realiza intentos de cambio en esa línea que, evidentemente, resultarán infructuosos y redundarán en una mayor frustración. Además, en ocasiones pueden surgir problemas al relacionarnos con otras personas, en el sentido de lo que hablábamos en el apartado «Intensidad emocional». La mayoría no entiende nuestra forma de sentir y de percibir porque no lo experimenta igual. Existe aún un gran desconocimiento del rasgo y, ante ciertas reacciones nuestras, quienes nos rodean pueden llegar a pensar que se trata de una exageración y categorizarnos de «teatreras» o desmedidas en nuestras formas. Sin embargo, y como ya vamos advirtiendo conforme nos vamos haciendo cada vez más especialistas en nosotras mismas, nada más lejos de la realidad.

Cuando acontece una etapa muy estresante para una persona PAS, las sensibilidades sensoriales se exacerban. Es una forma más de expresar las emociones hacia el exterior, sobre todo cuando no se cuenta con mayores habilidades o herramientas, o cuando no se dispone de la suficiente claridad mental como para establecer estrategias que permitan poner orden en la vida.

El presente trabajo tiene varios objetivos, entre ellos dos principales: por un lado, trato de ofrecer una explicación de por qué nos sucede lo que nos sucede y, por otro, intento mostrar de una forma sencilla (que para nada es fácil) cómo barajar las cartas con las que contamos para que la partida que es nuestra vida sea lo más favorable para nosotras.

¿Te apetece jugar una partida de brisca?

(Esta partida va por vosotros, abuelitos).

2

CÓMO GESTIONAR MI ALTA SENSIBILIDAD Y CONSEGUIR SENTIRME MEJOR

En este punto realizaremos un trabajo intensivo y una potenciación de tus características personales como PAS. Para ello, dividiremos el entrenamiento en tres grandes apartados: el primero consistirá en el **autocuidado,** que a su vez contará con tres secciones: la *autoestima, cómo ajustar el estilo de vida* y la *gestión emocional.* El segundo lo dedicaremos a las **relaciones sociales** y todo lo que ello conlleva. Este punto se subdividirá en dos apartados más: *cómo establecer mejores relaciones con los demás* y *cómo mejorar las relaciones a largo plazo, en el terreno de la pareja, de las amistades o de la familia.* Por último, el tercer punto lo dedicaremos al ámbito **de lo laboral,** del trabajo, y nos detendremos a analizar dos epígrafes: *cómo encontrar mi elección vocacional,* y *cómo elegir un buen ambiente de trabajo, al tiempo que me adapto a lo que no puedo cambiar y trato de ajustar las contingencias para sentirme lo más cómoda y satisfecha posible.*

¡Uf! Un enorme trabajo por delante que, ciertamente, genera un poco de vértigo así desde la distancia, pero estarás de acuerdo conmigo en que es todo un viaje alucinante. No te preocupes, que estoy aquí para acompañarte y no soltarte la mano. ¿Navegamos?

2.1. AUTOCUIDADO

Cuando comienzo una formación o un proceso terapéutico, antes de empezar a tratar conceptos de envergadura, suelo recordar que el crecimiento personal se asemeja a la construcción de una vivienda, o de un edificio. Nuestra inclinación, como seres humanos, tiende a desear vislumbrar cambios rápidos, soluciones veloces, pero, como con cualquier asunto que merezca la pena, la espera es imprescindible. No me refiero a una espera vacua, intrascendente, sino todo lo contrario, una espera fértil.

El crecimiento personal puede ser similar a una gestación. A ninguna mujer se le ocurre pensar que, al día siguiente de quedarse embarazada, pueda dar a luz a su bebé. Las mujeres gestantes disfrutan del proceso, admiran cómo crece su vientre, se regocijan de cada pequeño avance que van percibiendo, una pequeña patadita, un mínimo movimiento, cualquier cambio que nos haga percibir que el bebé continúa su proceso de formación, que está viviendo y creciendo, que es bienvenido y aclamado. Y por supuesto que el curso es duro, para unas mujeres más que para otras, pues en esto también influyen las circunstancias y las posibilidades con que cada una cuente, no podemos negarlo. Jamás lo vivirá de la misma manera una mujer que esté respaldada por una red de apoyo y con suficientes medios materiales, que otra que viva su embarazo en solitario y con medios económicos escasos, o fuera de su país de origen, o víctima de una red de trata de personas, o de abusos físicos o sexuales, o aquejada por la enfermedad… Existen múltiples variables que pueden afectar el proceso y el resultado de cómo se vive una circunstancia vital, y no es posible cerrar o tapar los ojos ante esta realidad.

Sin embargo, el germen de lo que intento transmitir en este punto es que, para todas y cada una de nosotras, esta transformación requiere tiempo. Lo asumimos, lo aceptamos y lo vivimos con esperanza y con ilusión. Porque no puede ser de otra manera. No sería posible si elimináramos al tiempo de la ecuación.

Retomando el ejemplo de la construcción, intenta visualizar que vas a construir tu vivienda desde el primer paso. En primer lugar se debe estudiar el terreno, hacer mil mediciones, trasladar al papel (o al ordenador) lo que queremos llevar a la realidad (imagino que el proceso será algo parecido, pero desconozco los detalles técnicos del oficio de la arquitectura). Posteriormente, se colocan los primeros cimientos, los ladrillos, la electricidad, la fontanería. Estas bases no se percibirán una vez terminada la obra, pero sin ellas la construcción se desvanecería a las primeras de cambio. Como en el cuento de *Los tres cerditos*, cuando llegaba el viento. La casa debe asentarse en cimientos fuertes, para que cuando el huracán y los vaivenes de la vida hagan acto de presencia, no produzcan demasiados destrozos y se pueda mantener en pie. Pese a las dificultades. Una vez acabada toda la estructura podemos pensar cómo queremos decorar las paredes, si con pintura tradicional o empapelándolas, si con técnicas clásicas o con otras más vanguardistas. Quizás deseemos hojear alguna revista de decoración antes de decidirnos por los muebles y cortinas que la habitarán, y que le otorgarán calidez y ambiente de hogar. Ya terminada, es una obra completa y preciosa y, sobre todo, nuestra. Con un gran trabajo detrás, con un tiempo y un esfuerzo imprescindibles. Sin ellos todo lo demás se desvanece, no existe la posibilidad.

Por todo lo anterior, te pido que permitas que tu proceso de crecimiento personal se construya como una gestación, o como la construcción de un edificio, lo que más te guste. Tú eliges. Piensa qué elementos necesitas para llevarlo a término.

- ¿Quizás encontrar un tiempo a la semana exclusivamente para tu ocio?
- ¿Comprometerte con contactar todos los días con tal persona e interaccionar con ella, de la forma que sea?
- ¿Desconectar del trabajo a las 18 horas, hasta el día siguiente?
- ¿Esforzarte por levantarte media hora antes y así hacer eso para lo que no te queda tiempo a lo largo del día?

Piensa en el universo de posibilidades que tienes frente a ti, y en que puedes confeccionar un menú, *casi*, a la carta. Y digo *casi* con verdadera intención, haciendo otra vez referencia a algo que hablábamos al principio, porque considero que contiene un gran fundamento que no debemos ni podemos obviar: no todo el mundo cuenta con las mejores opciones, y no es lo mismo haber nacido en Luxemburgo que en Burundi. Por el simple hecho de haber nacido, los habitantes de Luxemburgo, el país considerado como el más rico del mundo en el año 2020, ya poseerán en su abanico de realidades múltiples alternativas a las que no tendrán acceso los individuos del segundo grupo, los habitantes de Burundi, el país más pobre del mundo. Y partiendo de esa base, que es extrema pero real, podemos entender cómo se conforma la realidad. Eso no quiere decir que no podamos sobreponernos a las situaciones, aunque nuestra realidad sea difícil en algunos momentos. Para eso existe, por ejemplo, la ciencia psicológica y todo lo que nos enseña, y para eso estamos nosotras aquí. Pero no cabe duda de que no todo el mundo parte de la misma base, ni de las mismas oportunidades, ni puede conseguirlo todo. Por tanto, no es justo que así se promulgue.

Sin embargo, tú estás aquí, y eso significa que tienes en tu mano una parte importante del motor que podrá redirigir el rumbo de este navío que es tu vida. De modo que me tomo la libertad de partir de la premisa, y así espero que tú también lo hagas, puesto que hay una parte que está en tu mano cambiar, y de esa te vas a encargar, con ayuda de ciertas herramientas, como por ejemplo, una brújula, un mapa, el horizonte, un edificio que intuyas a lo lejos y te sirva de referente, un botiquín de emergencias, que nunca se sabe si se va a necesitar… cualquier cosa puede aparecer a partir de ahora. Permanece atenta a lo que viene, y quédate con lo que te beneficie y te sirva.

A continuación, encontrarás una metáfora adaptada del libro de K. G. Wilson, y M. C. Luciano, *Terapia de aceptación y compromiso (ACT)*, que considero de mucha utilidad. Te pido que te tomes unos minutos para leerla con detenimiento y mucha atención, con la conciencia plenamente enfocada en lo que los párrafos pretenden transmitirte.

Metáfora del jardín

Supón que tienes un jardín precioso y que lo adoras. Te encanta cuidar tus plantas y eres la única persona que puede hacerlo. Estas plantas representan las cosas que tú quieres en tu vida, de modo que, ¿cuáles son las plantas de tu jardín?, ¿cómo ves las plantas como experta jardinera?, ¿están frondosas?, ¿tienen flores?, ¿huelen bien?, ¿cuidas las que más amas tal como quieres cuidarlas?

Es verdad que no siempre brotan las flores en el sitio que tú deseas y en el momento que te gustaría; otras veces se marchitan, a pesar de los muchos cuidados que les dedicas. ¿Cómo las estás cuidando?, ¿qué se interpone en tu camino para el cuidado que les proporcionas?, ¿es posible que estés gastando tu vida en una sola planta de tu jardín?

También sabes que en los jardines crecen malas hierbas. Tú las cortas, las arrancas en cuanto las ves, porque no las quieres tener allí, pues afean el aspecto global. Todo vuelve a lucir como a ti te gusta, pero el resultado no dura mucho tiempo: enseguida nacen por uno y otro rincón, y entonces tienes que volver a empezar de nuevo, convirtiéndose en un trabajo interminable. ¿Es esta tu experiencia con tu problema? ¿Cuando surge (coloca aquí el problema que consideres: pensamientos negativos, ansiedad, malestar, sufrimiento...) abandonas el cuidado de tu jardín para ocuparte de ese problema que ha acontecido y que afea y es muy desagradable?

No obstante, las malas hierbas a veces favorecen el crecimiento de otras plantas, bien porque proporcionan espacio para que otras crezcan, bien porque hacen surcos. ¿Puede que esa mala hierba tenga algún valor para tu jardín? A veces las plantas bonitas también tienen partes que no gustan, pero que sirven, como sucede con el rosal y las espinas. ¿Qué te sugiere esto?

¿Puedes ver tus plantas y las áreas de tu jardín donde aún no hay semillas? Algunas están mustias y otras, frondosas. Piensa en tus plantas, si las cuidas como quieres cuidarlas, si estás satisfecha con el cuidado que les ofreces, si las cuidas de acuerdo con lo que valoras en tu vida...

El trabajo de crecimiento personal es como plantar una nueva semilla que tendremos que hacer crecer con el trabajo compartido: tú serás la protagonista, y yo estaré ahí para apoyarte y guiarte si fuera necesario. Esta nueva planta la alimentaremos hasta que tú poseas la habilidad suficiente cuidando las demás plantas, es decir, las cosas importantes de tu vida, como tú quieras cuidarlas.

Y, superimportante, cualquier jardinera sabe que el crecimiento de sus plantas no depende de su estado de ánimo, sino que cada planta requiere un cuidado sistemático y apropiado y, a pesar de ello, nadie puede garantizar el resultado completo de la flor. Quizás nos gustaría que el cuidado de una planta diese a luz un determinado número de flores blancas con un tamaño preciso, en un tiempo concreto. Pero la jardinera sabe que la planta puede ofrecer flores distintas, más pequeñas y que desprendan un olor diferente o menos agradable, o quizás más. Es decir, no es algo que la jardinera experta pueda controlar. La cuestión final es si, a pesar de ello, valora el cuidado de esas plantas.

En definitiva, las cosas, las personas a las que queremos en nuestra vida se parecen a las plantas de un jardín. A veces la jardinera quizá se impaciente si la planta tarda en crecer o lo que crece le parece insustancial. Si la jardinera se enfada, la arranca de cuajo y planta otra semilla, nunca llegará a ver cómo crece, y su vida girará en torno a plantar semillas sin vivir el momento del crecimiento. Otra opción que hay que valorar es seguir cuidando las plantas con lo que sea que ofrezcan en cada momento.

Es importante recordar que yo, como terapeuta, nunca podré plantar semillas en tu jardín, ni decirte qué semillas son las mejores y cómo crecerían mejor. Nunca podré cuidar de tus plantas. Solo tú podrás hacerlo.

Y ahora te pregunto, por un minuto, ¿podrías dejar de centrarte en la planta que te molesta?, ¿estarías dispuesta, aun con cualquier pensamiento sobre esa planta que no quieres, a hablar de las otras plantas de tu jardín, de cómo están?, e incluso, ¿estarías dispuesta a hacer algo con ellas, a cuidarlas sin ganas?

¿Qué hay entre tú y el cuidado de tus plantas? ¿Qué te impide cuidarlas ya?

Las metáforas son ejercicios muy útiles y muy potentes en psicología, especialmente en la terapia de aceptación y compromiso (ACT). Te aconsejo que reflexiones sobre ella el tiempo que sea necesario, porque poner en claro ciertas bases relevantes nos coloca en una posición de ventaja para continuar avanzando.

Ahora te hago la siguiente propuesta. Pregúntate:

- ¿Qué áreas de mi vida tengo que trabajar y potenciar para sentir que voy por el sendero adecuado?

_____

_____

_____

_____

- ¿En qué partes me siento satisfecha y cuáles pienso que deberían mejorar porque me hacen sentir desdichada?

_____

_____

_____

_____

Esto nos servirá para continuar haciendo más de lo que es útil y para desechar lo que nos aleja de nuestros objetivos. ¡Ojo!, no me refiero a evitar de manera transitoria la emoción negativa que nos provoca, sino a enfocar mi vida hacia el camino que me llevará a la satisfacción y a la plenitud.

Y este es el punto en el que empiezo a hablar de los **valores**.

¿Qué son los valores? Pues, básicamente, se trata de direcciones vitales, libremente elegidas y con sentido, que guían y motivan nuestras acciones y que se conforman como escenario de comportamiento. Vaya parrafada, ¿verdad? Mira, para que te resulte más clarificador y comiences a trabajar los susodichos valores, te invito a realizar un ejercicio.

En primer lugar, escoge un área importante de tu vida y que en este momento sea dificultosa para ti o consideres que necesita de tu especial atención. Pueden ser, por ejemplo, el trabajo, la familia, la pareja, las amistades, el propio autocuidado, el uso del tiempo libre… permítete ser creativa y utilizar el área con la que sientas una mayor afinidad.

Utiliza una hoja o un cuaderno bonito para escribir, sin detenerte demasiado a pensar, y anota lo que surja en tu mente cuando te pongas en situación y respondas a la siguiente pregunta.

Imagina que estás en la cumbre, casi tocando las estrellas, y ves un catalejo a tu lado. Te acercas a él para observar a través de la lente, y lo que descubres tras el objetivo es una imagen de ti misma, convertida en tu persona ideal, la que te gustaría ser. ¿Qué estás haciendo?

Una vez lo tengas por escrito, estarás más cerca de discernir entre los comportamientos que te acercan a tus valores y lo que estás sintiendo o pensando, algo que puedes continuar sintiendo y pensando siempre que tengas claro hacia dónde quieres transitar. Los valores, en resumen, guían nuestra conducta. Cabe resaltar que, una vez que seamos capaces de enfocarnos en la dirección de las acciones y poner distancia a lo que llamamos *eventos internos* (sentimientos, pensamientos), estos malestares irán desapareciendo paulatinamente y dejarán de importunarnos.

Te pongo otro ejemplo que, si ya me conoces, a lo mejor te suena, pero creo que puede ser muy aclaratorio. Se trata del ejemplo de la cafetería.

Imagina que estás en una cafetería con una amiga que te quiere contar algo muy importante. De repente, comienza a llenarse de gente y hay mucho ruido alrededor. Personas que se sientan en mesas aledañas, camareras y camareros que van y vienen en su caminar apresurado y su servicio continuo de bebidas. ¿Te pones en contexto? Bien, pues tu amiga sigue hablando y tú, muy interesada en conocer lo que le sucede, intentas prestar atención a su diálogo, centrándote lo máximo posible en su dicción y en el sonido de su voz, y excluyendo el resto de acústica, con el objetivo de comprender el mensaje.

Esta es la clave

Tú tienes un **objetivo** (comprender lo que tu amiga quiere decirte) y, **aunque te sientes** abrumada, incluso molesta, por el exceso de ruido que te impide escucharla con naturalidad (pensamientos y sentimientos), enfocas tus **acciones** para conseguir tu **meta** (no luchas contra tus pensamientos y sentimientos, les haces espacio).

Estos sentires que te voy a detallar proceden de las vivencias personales de mujeres reales. A ver qué te parecen:

- *Me siento agotada física y emocionalmente, porque quiero abarcar mucho.*
- *Determinados tejidos me molestan, me pinchan y afectan a mi estado emocional.*
- *Tengo un exceso de empatía, me cuesta olvidar y dejar atrás las situaciones dolorosas ajenas.*
- *Tengo un extraño sentimiento de no pertenencia al grupo, de no encajar.*
- *Me abrumo y me frustro porque me surgen numerosos «proyectos» o «ideas» que no termino de concretar.*
- *Percibo una sensación de confusión mental: al absorber tanta información es como si mi cerebro se colapsara, no puedo expresarme con claridad y termino dispersándome.*
- *Me siento como un bicho raro.*

- *No puedo seguir «el ritmo» de actividades del resto. Siento que necesito más descanso y desconexión para recargarme nuevamente y, al mismo tiempo, me siento culpable y vaga, o pienso que hay algo que falla en mí.*
- *Suelo complacer a los demás; lo que yo quiera o necesite vendrá después.*
- *Siento una especie de desequilibrio entre el exceso y la falta de energía. A lo largo del día, a veces me percibo llena de energía y me cargo de tareas. Después, viene el declive.*
- *Tiendo a relacionarme con personas que no me respetan ni me valoran.*

¿Te sientes identificada con estas vivencias, tanto de tu presente como de tu pasado? Sigue leyendo, que aquí hay para rato.

Una pirámide cuyo autor se debate entre el «más» y el «slow» (¿sabes a quién me refiero?)

Ahora vengo a hablarte de un personaje histórico que, casi con total seguridad conoces o, al menos, parte de sus postulados. Se trata de Abraham Maslow (de ahí el chiste malo del título) y su **pirámide de las necesidades humanas**. Pero, ¿qué relación guarda la pirámide de las necesidades humanas de Maslow con los valores? Retomemos su teoría desde el principio, así lo entenderemos mejor.

Este señor norteamericano, que vivió en la primera mitad del siglo XX, comenzó a teorizar por aquel entonces sobre la «motivación» humana. Tuvo mucha trascendencia en su época, y su influencia se ha extendido hasta nuestros días, tal es su relevancia para el comportamiento y la psicología. En concreto, enuncia que las necesidades humanas están jerarquizadas en cinco grandes apartados, y que conforme se van cubriendo los más elementales, se va ascendiendo de categoría, hasta conseguir alcanzar la cúspide. Es importante resaltar que el último eslabón está reservado para un porcentaje muy elitista de la población, y que la inmensa mayoría, la gente de «a pie», nos vamos moviendo entre el tercero y el cuarto. A continuación te recuerdo las diferentes necesidades, y cómo las detalló Maslow.

- *Necesidades básicas o fisiológicas.* Estas necesidades tienen mucho que ver con mantenerse con vida. Por ejemplo, la posibilidad de tener todos los días un plato en la mesa, poder dormir, beber, no pasar frío, evitar el dolor, etc. Si estas no se hallan cubiertas, no es posible preocuparse por nada más. Nuestra única motivación es, valga la redundancia, la pura supervivencia.

- *Necesidades de seguridad y protección.* Cuando las anteriores están satisfechas y estamos seguras de que nuestra vida no corre un peligro físico real, podemos plantearnos pensar en estas. Por ejemplo, nos preocupamos por si no podremos hacer frente al pago del alquiler o de la hipoteca; si la casa en la que vivimos cuenta con recursos suficientes para habitarla con comodidad y sin sobresaltos; si podremos acudir al médico en caso de enfermar, y qué recursos utilizaremos para tal fin; a quién podemos recurrir para pedir trabajo extra y así sacar un sobresueldo que nos permita pagar las facturas y no terminar el mes, literalmente, ahogadas, etc.

- *Necesidades sociales.* Si seguimos enumerando necesidades, y las fisiológicas y de seguridad no nos inquietan porque se encuentran cubiertas, nuestra motivación surge de lo relacionado con el área social. Como hemos mencionado anteriormente, en esta necesidad, y en la siguiente, es donde nos «enquistamos» la mayoría. Se trata de la necesidad de encontrar pareja, amigos, amigas, compañeros, compañeras, etc. En definitiva, de «formar parte de algo», de la aceptación, de no sentirse fuera de este mundo, de no ser considerados «bichos raros». Seguro que te suena, porque a mí me hace hasta pupa.

- *Necesidades de estima o reconocimiento.* Este punto hace referencia a dos tipos de necesidades: por un lado, la de sentirse capaz de algo (o de mucho), sentirse competente, sentirse libre, y por otro, a esa necesidad de que sean los demás quienes reconozcan nuestra valía, nuestra competencia, nuestro estatus.

- *Necesidades de autorrealización.* Es la última necesidad de la jerarquía y la más difícil de alcanzar. Solo se consigue una vez que se han superado el resto de escalafones previos, por lo que solo un porcentaje mínimo de personas logrará ascender hasta esta cima. Una persona se halla autorrealizada cuando ha encontrado el sentido de su vida, ha logrado el éxito más grande que pueda desear.

Pirámide de las Necesidades de Maslow

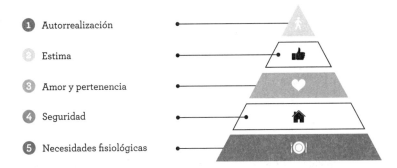

1 Autorrealización

2 Estima

3 Amor y pertenencia

4 Seguridad

5 Necesidades fisiológicas

Te propongo un ejercicio.

Analiza tu vida según la pirámide de Maslow. Comienza re-
llenando desde las necesidades básicas; es decir, si este apartado
lo tienes cubierto, explica en qué medida, qué te gustaría completar o qué necesitarías mejorar, qué aspectos requieren de mayor
atención, etc. Y así ve subiendo hasta las necesidades de autorrealización.

MI CONTEXTO (la realidad que voy a analizar):			
	¿Está cubierta esta necesidad? ¿En qué medida?	¿Qué me gustaría mejorar?	¿A qué necesito prestarle atención?
Necesidades básicas o fisiológicas			
Necesidades de seguridad y protección			
Necesidades sociales			
Necesidades de estima o reconocimiento			
Necesidades de autorrealización			
¿Qué posibles soluciones se me ocurren? (lluvia de ideas)			

El caso de Maribel

Para hacerlo más sencillo, te lo ejemplifico con la historia de Maribel. Maribel tiene 32 años, está soltera, tiene una hija pequeña de 5 años a la que cría en solitario y se encuentra en búsqueda activa de empleo. No cuenta con ingresos estables, solo lo que va ganando con trabajos puntuales y precarios. A veces la contratan por un período de uno o dos meses como limpiadora de una empresa, para hacer sustituciones de manera temporal, y durante el verano suele tener más suerte en la hostelería. Madre e hija viven en un pequeño piso de alquiler, que Maribel consigue pagar a duras penas, y los meses que no llega (que no son pocos), se ve en la obligación de pedir prestado dinero a su familia (a sus padres o sus hermanos), con los que mantiene una buena relación y la ayudan en lo que pueden, pero que tampoco cuentan con grandes ingresos económicos.

Bien, esta es la realidad de Maribel, es su contexto. Si lo analizamos según la pirámide de Maslow, nos encontramos lo siguiente:

- *Necesidades básicas o fisiológicas.* Maribel está preocupada por no tener los alimentos suficientes para ella y su hija en los períodos en los que no tiene trabajo. Esto le quita el sueño, no la deja descansar, la tiene en un sinvivir. Ha perdido peso y sus ojeras son cada vez más acusadas. Su mayor desvelo está relacionado con no ser capaz de proveer a su hija de lo necesario para la supervivencia.
- *Necesidades de seguridad y protección.* Maribel se muestra intranquila ante el hecho de no poder pagar su alquiler, y

verse en la calle o «debajo de un puente» con su niña. También teme que le corten la luz si se queda sin dinero, porque el poco que tiene debe emplearlo en comprar alimentos, no en pagar suministros, con lo que, en el peor de los casos, no podrían tener estufa en invierno y la casa es muy fría, por muchas mantas que utilice. Por las mañanas, cuando deja a su pequeña en el cole, va dejando currículos por los bares y cafeterías de los alrededores, y cuando llega a casa busca en internet, por si alguna oferta interesante saltara en ese medio. De momento, su estrategia no ha conseguido resultados positivos.

- *Necesidades sociales.* Maribel está tan preocupada por cubrir sus necesidades y las de su hija, que no tiene tiempo para pensar en rehacer su vida o en quedar con amigas. A veces se acuerda de su grupo de juventud, esas chicas con las que quedaba y con las que podía charlar, expresar sus emociones y sentirse parte de algo, pero cuando comenzaron las dificultades y la vida se complicó, todo eso quedó en el pasado. No sabe qué habrá sido de ellas y en la actualidad solo tiene relación con sus padres y sus hermanos, la mayoría de las veces por teléfono, por falta de tiempo.

- *Necesidades de estima o reconocimiento.* Maribel una vez tuvo sueños, deseó ser peluquera. De pequeña peinaba a todas sus muñecas, les cortaba el cabello cuando, con el paso del tiempo, se hacía ingobernable, y ya de adolescente, peinaba a su madre, a sus tías y a sus vecinas, con lo que se ganaba un dinerillo y era conocida entre sus amistades como «la Maripelu». Más tarde estudió para convertir su pasión en su profesión, pero solo consiguió hacer unas prácticas en una peluquería que después se fue a la quiebra. El dinero en su casa era necesario, por lo que rápidamente entró a trabajar en un bar y, de ahí en otro, después como limpiadora, y así hasta hoy. Maribel no se cree capaz de conseguir algo que le llene el alma, incluso ha olvidado lo que un día deseó en lo más recóndito de su corazón.

- *Necesidades de autorrealización.* En el estado en que se encuentra nuestra protagonista, es evidente que no se siente autorrealizada, ni satisfecha consigo misma, ni ha encontrado el sentido de su vida.

La historia de Maribel tiene algo importante que enseñarnos, y es que no podemos ni siquiera pensar en alcanzar el éxito en la vida cuando nos falta la base, el sustento. No todo el mundo puede, y esto es real, triste pero real. Sin embargo, quiero puntualizar que no estoy afirmando que Maribel no podría llegar a sentirse plenamente satisfecha con su vida, porque yo no soy quién para negarlo. Solo que le costaría más esfuerzo que a otras porque sus circunstancias son más complicadas.

Pero, ¿qué podría hacer Maribel? Podría comenzar analizando los puntos en los que, quizás, se intuye que tiene más dificultad, y tratar de adivinar qué sucede y qué puede hacer para procurar buscar soluciones en forma de suposiciones. Por ejemplo, podría responder al ejercicio de la siguiente manera:

- *Quizás podría acudir a una orientadora laboral y explicarle que tengo el título de peluquera, por si hubiera algún empleo disponible.*
- *Podría ver vídeos de nuevas técnicas de peluquería por internet para ir actualizándome, que hace muchos años que estudié y a lo mejor las cosas han cambiado desde entonces.*
- *Podría preguntar a la orientadora laboral qué oportunidades de empleo hay disponibles ahora mismo, aunque no sean de*

peluquería, para mandar mi currículo de manera inmediata si me encajan.

- Podría pedir cita con la trabajadora social del barrio y explicarle mi situación, quizás al ser madre soltera y con pocos ingresos pueda beneficiarme de algún descuento en los suministros o de algún tipo de prestación que me ayude con los pagos.

- Podría intentar contactar con el grupo de amigas de antes, buscarlas por redes sociales o preguntar a alguna de sus madres, que todavía viven en el barrio. Puede ser un buen comienzo para empezar a retomar la relación con ellas.

- Quizás pueda asomarme al tablón de anuncios del centro cívico, donde informan de clases gratuitas de deporte y otras actividades grupales. Esto podría ayudarme a conocer personas, lo que hará que me sienta mejor.

- ¿Y si comienzo a participar en las reuniones del AMPA del colegio de mi hija? No suelo asistir por timidez, por vergüenza, porque prefiero que después la profesora me explique en privado lo que se ha hablado. Pero puede ser una oportunidad de entablar contacto con otras personas, y alguna mamá puede estar viviendo realidades similares a la mía, con lo que nos podemos acompañar.

- Podría llamar a mis padres todos los días, que no fueran ellos los que siempre me llamasen, y explicarles cómo nos ha ido a mi hija y a mí la jornada, así como interesarme por ellos. A mis hermanos, podría llamarlos una vez a la semana y preocuparme por cómo se encuentran. También le podría proponer a toda la familia que nos veamos y disfrutemos, por ejemplo, de un paseo por el campo.

Todas las posibles soluciones se proponen en forma de suposiciones porque, en principio, las tratamos como hipótesis. No se trata de imperativos ni sentencias. ¿Crees que, si Maribel pone en práctica algunas de estas posibles soluciones, se sentirá a medio y largo plazo, algo más realizada? Seguramente a corto plazo la sensación sea negativa, de rechazo, como una reacción del propio cuerpo, más proclive a mantenerse en la zona de confort. Pero enfrentarse a lo que nos acerca a nuestras metas debe pasar por atravesar esa zona en la que nos encontramos tranquilas, aunque no satisfechas. Pensar a medio y largo plazo en lugar de a corto plazo.

Pues ahora te toca a ti. Siguiendo el ejemplo de Maribel, utiliza la pirámide de las necesidades para examinar cómo funciona tu vida, y qué soluciones potenciales puedes plantear para mejorar las áreas que andan «más flojillas». Puedes usar el cuadro que te he dejado preparado para dar forma y organización al ejercicio.

2.1.A. Autoestima (y otras historias que me quitan el sueño)

En este apartado aprenderás qué significa esta palabra que, de un tiempo a esta parte, resulta tan común en cualquier círculo de conversación que se precie.

La inmensa mayoría de la población parece saber de qué está hablando cuando se refiere a la autoestima. Incluso nos atrevemos a atribuir a nuestra vecina del quinto un problema de dicha magnitud porque, en los últimos meses, la vemos demacrada, empequeñecida, y su estado anímico parece haber empeorado. Hipotetizamos que, por ese motivo, cada vez sale menos de casa, y en nuestro pensamiento le prescribimos, cual doctoras bien fundamentadas, que debería mejorar su autoestima para poder sentirse mejor y salir de ese «bache».

- *Vecina 1: ¿Has visto lo mal que se ve Maruja últimamente? Está «consumía».*
- *Vecina 2: Vaya, nena... Después de lo que le ha pasado en su trabajo, creo que tiene la autoestima por los suelos. Así no va a ninguna parte.*
- *Vecina 1: Estoy de acuerdo. Como no mejore su autoestima y se empodere, se va a ir a pique, cuesta abajo y sin frenos...*

Bien, pues en este punto aprenderemos cómo se forma la autoestima, de qué elementos se compone, si es verdad o no que debemos aumentarla para sentirnos mejor y hacer más cosas y, una vez sentadas las bases, ver cómo poder abrir los brazos a la vida que queremos, sin importar cuánto de alta o de baja sea tu autoestima. ¡Toma ya! Esto es lo que se llama un *spoiler alert*, pero sin *alert*, porque te he avisado cuando ya te había soltado «el marrón». Eso no se hace. Un cero patatero como narradora-generadora de contenido interesante...

Pues sí, exactamente eso. A riesgo de que no quieras continuar leyendo una sola línea, mi función es seguir escribiendo, así que, en lo sucesivo, te voy a explicar muchos detalles de la autoestima para acabar concluyendo que me importa un bledo la famosa y dichosa autoestima. Si conoces algo de mi trabajo, quizás te suenen los conceptos que te voy a exponer. No obstante, los detallaré con la mayor precisión de la que sea capaz para que queden muy claros, porque lo que te voy a contar es algo que puede contravenir los conceptos que tienes asimilados. Por eso te pido que, antes de dar por válido o rechazar lo que te sugiero, termines de leerlo atentamente y de entenderlo, y después lo trates de aplicar durante un tiempo a algunas experiencias de tu vida. Ponlo a prueba. Si te sirve, bien. Si no, a la papelera, y te quedas con lo que ya sabías, tan a gusto. Pero dale una oportunidad.

Antes de sumergirnos en este fenómeno tan emocionante y más que conocido a nivel mundial, quisiera exponer una reflexión a modo de introducción. Vengo a hablarte del devenir de la sociedad y del tormentoso sufrimiento de la vida. ¿Y esto qué tendrá que ver con lo que estamos tratando? Como siempre te digo, paciencia (y guiño), que el bizcocho se cuece a su debido tiempo, ni antes ni después.

Vivimos en una época en la que contamos con posibilidades de todo tipo. Y, repito, no siempre están al alcance de cualquiera, pero sí al de muchas personas. De un tiempo a esta parte, unos cincuenta años más o menos, hemos progresado como sociedad de una manera vertiginosa: contamos con muchos más avances en tecnología, en medicina, en informática, en cualquier ámbito que se nos pase por la cabeza. Si se me ocurre que deseo un producto X, mañana lo puedo tener en la puerta de mi casa, después de haber viajado en la furgoneta de una empresa de mensajería. Si se me antoja ver una película que no ponen en televisión, tengo mi canal de pago para ver mis series o películas preferidas, a la hora que me vaya bien y desde el dispositivo que tenga a mano. Si me pongo enferma, puedo acudir a urgencias y ser atendida por profesionales sanitarios. Si no tengo ganas de cocinar y me apetece mucho una jugosa pizza que acabo de ver anunciada, en 30 minutos está en mi puerta, humeante y recién hecha. Y así, un largo etcétera. Seguro que, si le contáramos estas historias a nuestras bisabuelas o, por qué no, a muchas de nuestras abuelas, pensarían que les estamos contando una película de ciencia ficción.

La historia de la humanidad y el comportamiento social en su conjunto han tendido a desarrollarse en ciclos. Esto no lo aprendí en la carrera de psicología, me lo enseñaron mucho antes.

Me remonto a mis 15 años, aproximadamente. Clase de literatura, con mi profesora Charo. ¡Cuánto le debo a esta mujer, cuánto me enseñó en aquel momento, qué semilla plantó en mí, sin ella saberlo! Charo era una excelente docente y pedagoga, y una apasionada de la literatura. Recuerdo que algunas de sus clases no estaban dedicadas al temario formal, sino a la lectura en voz alta, con interpretación incluida, por supuesto, de los *Veinte poemas de amor y una canción desesperada*, de Pablo Neruda. A mí, que faltaba que me tocaran un poco las palmas («que me conozco»), solo me hizo falta verla una vez en acción para enamorarme de esta forma de transmitir y unirme a su club.

(¿A qué club te refieres, María? Pues mira, al club de la adolescente rara que salía poco-nada y que se gastaba su paga de 500 pesetas de finales de la década de 1990 en una revista de literatura —se llamaba *Qué leer*—; incluso el kiosquero me miraba con cara de extrañeza. Al club de lectoras empedernidas).

Volviendo a las clases de literatura, otros días nos explicaba los intríngulis del grupo de teatro en el que, con otras personas adultas y con inquietudes, ensayaban y representaban obras clásicas, y hubo ocasiones en las que nos confesó sus devenires en la facultad donde estudiaba el doctorado, porque mi profesora no se conformaba con lo que ya sabía, que no era poco; siempre tenía espacio para el nuevo conocimiento. Cuando una docente, una educadora, una maestra, una mentora, muestra esa manera tan especial de contagiar la pasión por lo que hace, se convierte en una estrella, en un modelo, y esa chispa que ha despertado en tu alma permanece latente allá donde vayas.

En una de sus clases —las formales, las que seguían el temario, que también las hubo, porque era muy exigente con sus alumnas, al fin y al cabo y había tiempo para todo— nos explicaba que cada siglo se diferenciaba por una manera de actuar, de pensar y de sentir de sus gentes, aunque nos animaba a no visualizar los siglos como compartimentos «estancos», como cajas independientes e individuales. Es decir, aunque para entendernos entre la comunidad verbal utilizáramos palabras que categorizaban cada siglo con unas características determinadas (en los siglos xiv y xv eran de una forma, cuando empezó el xvi, de la contraria), se trataba precisamente de eso, de una manera de hacer fácil la comunicación y el lenguaje, pero no de la realidad fiel, porque para que las personas modifiquen su modo de comportarse se necesita tiempo, un proceso paulatino.

Aprovechando la referencia de los siglos xiv y xv, nos comentaba que en aquella época la vida se vivía, tal y como se especifica en la oración de la Salve cristiana, «en un valle de lágrimas», lo que quiere decir que estaba bien visto socialmente sufrir y padecer. Sin embargo, con la llegada del siglo xvi, el del Renacimiento, la población cambió. La gente se cansó de aquel modo de vida y rechazaron el sufrimiento, buscando en todo momento lo contrario, el hedonismo, el famoso *carpe diem*.

Como en un vaivén. Ahora arriba, después abajo. En resumen, para entender una época hay que mirarla con la sabiduría que proporciona la perspectiva del tiempo. ¿Estará sucediendo algo parecido ahora? ¿Se ha padecido tanto en los años anteriores, que la población rechaza de lleno cualquier atisbo de dolor, de malestar?

Lo que sí es cierto es que tenemos más comodidades de las que nunca se han poseído en la historia de la humanidad (teniendo nuevamente en cuenta las diferencias entre unas personas y otras, entre unas poblaciones y otras, aunque intento hablar en términos generales, utilizando el lenguaje a conveniencia, para que nos entendamos). Sin embargo, y pese a que tenemos más y mejor de todo, incluso objetos que nunca hubiéramos alcanzado a imaginar, nuestro sufrimiento es mayor que en épocas previas. Parece inconcebible que, teniendo mucho más, no nos sintamos mejor, y esto responde a una cuestión principal: el sufrimiento humano fue asimilado en tiempos pasados como parte inherente a la vida, por lo que, cuando se hacía presente, se normalizaba y se continuaba viviendo. En relación con el tiempo pasado, se vienen rechazando el dolor y el malestar, y se tiende a evitarlos por encima de todas las cosas, intentando experimentar solo aspectos vitales positivos (pensamientos, sensaciones, sentimientos), lo cual provoca un efecto rebote: al intentar rehuir el sufrimiento, todo duele más, todo molesta más y, en general, se sufre más y por más cuestiones.

En todas estas controversias cumple un papel tremendamente importante, como ya habrás seguramente vislumbrado —porque lo he dejado caer alguna que otra vez entre estas líneas—, una función que es exclusiva de los seres humanos y que ha contribuido a que nos organicemos hasta convertirnos en los seres que dirigen y controlan este planeta.

¿De qué capacidad estamos hablando? ¿Cuál es la aptitud que nos permite relacionarnos? ¿De qué manera los seres humanos podemos expresar el amor, la tristeza, la alegría, el miedo, el sufrimiento, la sorpresa, la ira y también el bienestar? Exacto, has acertado, lo hacemos a través del lenguaje.

El lenguaje

El lenguaje, según la Real Academia de la Lengua Española, se define como la «facultad del ser humano de expresarse y comunicarse con los demás a través del sonido articulado o de otros sistemas de signos». Si volvemos la vista atrás, pero muy atrás, hasta nuestros orígenes filogenéticos, cuando el primer ser humano apareció sobre la faz de la Tierra, podremos constatar que no venía con un chip en el que trajese insertado un contenido adicional (el lenguaje) que poder instalar a modo de *app* o de programa, para usarlo y así relacionarse adecuadamente con sus semejantes.

¿Cómo se produjo entonces la necesidad de la aparición del lenguaje? Según Hayes, Stroshal y Wilson (1999), probablemente el lenguaje se manifestó como un modo de escapar del peligro. Es lógico que, ante la posibilidad de una amenaza real, en los primeros tiempos (pensemos, por ejemplo, en el ataque de algún animal peligroso en la época de las cavernas) nuestros ancestros intentaran avisar a sus semejantes a través de sonidos, que más tarde y con el paso del tiempo se perfeccionaron. Existen multitud de explicaciones acerca del origen del lenguaje humano, ninguna exenta de polémicas; considera esta solo una posibilidad entre tantas. Así, este lenguaje podría haber viajado, a lo largo de los tiempos, como un legado de conocimiento, y el resultado hoy podemos asemejarlo a las dos caras de una cinta de casetes (esas que, para rebobinarlas y poder volverlas a escuchar, a falta de otro mecanismo más sofisticado, podíamos utilizar un bolígrafo BIC): la cara A, que resulta útil porque dirige a la persona hacia comportamientos que potencian el bienestar, y la cara B, en la que las conductas tienden a ser infructuosas y limitantes. Esto, que parece un párrafo farragoso y difícil de entender, trataré de explicarlo un poco mejor a continuación.

Solemos valorar el malestar, el sufrimiento, el dolor, como negativos, y también como anormales. Si alguna situación nos provoca sensaciones desagradables, tendemos, en primera instancia, a evitarla, porque nuestro fin primero y último es encontrar el bienestar y la felicidad. Si no, ¿para qué hemos venido a este mundo? No se trata de un *insight* individual, de una introspección, sino que se convierte en un valor social. Es comprensible hasta el punto en que la búsqueda de lo positivo se configura como la normalidad y lo saludable, y se convierte en lo opuesto y, al mismo tiempo, en lo contrapuesto al sufrimiento y al malestar, que se reduce a lo anormal y lo patológico. Y esto es así porque cuando una persona sufre le sobrevienen pensamientos negativos, del tipo: «No voy a poder conseguirlo», «soy tan poca cosa que nadie se interesará por mí en la vida», «normal que pierda el trabajo, si soy un desastre». Y ante este panorama, ante estos pensamientos, se tiende a no actuar en dirección a lo que la propia persona querría para su vida.

La mayoría de las personas esperan vivir una vida feliz, sin dolor, sin sufrimiento, pero cuando surgen los problemas, esto es, las dificultades, las incomodidades, los pensamientos negativos, la gente se siente mal y tiende a evitar esas incomodidades, esos pensamientos negativos, sin entender que eso no conduce al bienestar, sino todo lo contrario. Pero el alcance es mucho mayor, y ya se encarga nuestra sociedad de inculcarnos este **mal aprendizaje** desde la base:

Cuando no nos sentimos bien, cuando sufrimos, es porque algo no funciona en nosotros, porque existe una patología que es preciso solucionar. Y con el malestar y el sufrimiento no se puede vivir, no se puede caminar en la vida, es necesario arreglarlo y «arreglarnos».

El mundo está confeccionado en una estructura perfecta para que la búsqueda del bienestar por encima de todo mueva mucho dinero. Piensa en cualquier anuncio televisivo o de cualquier marquesina, en la publicidad que encuentras en las puertas de las farmacias cuando se acerca el período estival y comienza la «operación biquini», o en el «bombardeo» cuando terminan la Navidad y los supuestos excesos alimenticios. Son solo algunos ejemplos y no pretendo hacer una crítica al sistema (¿o sí?), tan solo una reflexión que nos sirva para crear una amplitud de miras, una visualización del problema desde la raíz para que puedas tomar tus decisiones, contando con todas las posibilidades, y así elegir con propiedad.

Te pongo un ejemplo. Me planteo que quiero poder descansar un día a la semana, con una escapada a la playa o al campo, pero sin sentirme mal pensando que dejo de realizar tareas pendientes. Vale. Estoy diciendo que quiero hacer esa escapada, pero al mismo tiempo quiero evitar los pensamientos que me atormentan, porque no me dejarán disfrutar de la excursión. En resumen, puedo ir a la playa o al campo, pero no puedo extraerme esos pensamientos. No es posible. Puedo potenciar mi energía en lo que sí está en mi mano, que es el viaje, y cuando lleguen los pensamientos, saludarlos, darles la bienvenida con toda amabilidad y hacerles espacio a mi lado, juntitos. No rechazarlos. Mantener una actitud de «no juicio» y seguir con mi paseo playero, porque no es incompatible y puedo hacer lo que deseo, AUNQUE tenga pensamientos negativos. Rechazarlos no comporta que se marchen, sino todo lo contrario. Cuando luchamos con lo que en la terapia de aceptación y compromiso (ACT) se llaman *eventos privados* (lo que ocurre en nuestro interior, ya sean pensamientos, sentimientos, recuerdos, emociones, sensaciones…), estos se posicionan con mayor fortaleza, y el sufrimiento se incrementa porque evitamos las situaciones que los provocan y esto restringe cada vez más nuestro universo.

El problema tal vez provenga de que, a nivel social, se tiende a valorar la felicidad por encima de todo. Basta darse una vuelta por cualquier red social —si contiene fotos o vídeos, mejor—, para comprobar en qué empleamos mayoritariamente nuestro tiempo y qué nos gusta mostrar al mundo: a saber, que somos personas perfectas, felices, triunfadoras, rodeadas de amistades, con familias que mantienen relaciones muy sanas y con vínculos muy estrechos, que tenemos mucha salud y contamos con las mejores comodidades, que disfrutamos de las vacaciones más exclusivas en los paraísos más deseados, que nuestros vehículos son los de última gama, y nuestros móviles, los más novedosos, que podríamos ser confundidas, en cuanto a belleza y tipazo, con el famoso de turno que se precie... podría estar enumerando puntos y no terminaría nunca. Y todos tienen un marcador común: se busca, por encima de todo, el bienestar y, por ende, se evita el sufrimiento. A costa de lo que sea. Esa es la sociedad occidental del momento, en ella vivimos y, dadas las circunstancias, quien más y quien menos se ve o se ha visto influido por esta tendencia en algún momento de su vida.

Sin embargo, ser seres dotados de lenguaje puede sernos de mucha utilidad, si sabemos usarlo a nuestra conveniencia. El lenguaje nos facilita la comprensión del mundo, las reflexiones que tenemos y las conclusiones a las que llegamos si entendemos que lo normal de la vida es que incorpore momentos de alegría pero también tristeza, pensamientos positivos y negativos, éxitos y fracasos, certezas y dudas, y que esto no necesariamente conlleva que la persona se quede atrapada en el sufrimiento, «fusionada», con el hecho de tomar los pensamientos o las sensaciones como un fiel reflejo de la realidad, con prestarles atención u obedecerlos sin otorgarles el beneficio de la duda. Por el contrario, lo que nos acercaría a nuestro camino y a la vida que deseamos, sería:

1	Tomar distancia de estos eventos internos.
2	Entender que son pensamientos, recuerdos, partes de lenguaje, y que no conforman, obligatoriamente, la realidad.

3	Comprender que no nos van a provocar ningún daño, aunque lo parezca, por muy mal que nos estén haciendo sentir.
4	Dejarlos estar, haciéndoles espacio, mirándolos a la cara pero sin prestarles demasiada atención, como si estuviéramos hablando con una marioneta, con la plena certeza y la tranquilidad de saber que no es real. *
* El humor es una herramienta útil en muchos momentos, pero no es para todo el mundo. Utilízala a tu conveniencia.	

Creo que en este punto estás preparada para que demos paso a la tan deseada, aclamada, aplaudida, celebrada...

¡Autoestima!

Cuando pensamos en la palabra *autoestima* tendemos a elevarla a un podio, como si de algo casi inalcanzable se tratase, o algo que pocas personas, muy exclusivas y con mucha suerte en la vida, terminan por conseguir. En alguna ocasión lo he comparado con el concepto de felicidad, y es que ¿quién se puede considerar completa y plenamente feliz en todos los momentos y situaciones de su vida? Pues es muy complicado, y algo así es lo que sucede con la autoestima.

Pero, ¿qué es exactamente eso de la autoestima?

Solemos partir de la base de: «para hacer X, antes tendría que tener mejor autoestima», «mi autoestima es muy baja, porque no me valoro lo suficiente», «si tuviera más autoestima, sabría poner más límites y me respetaría más», «tengo que cambiar mis pensamientos negativos para tener mejor autoestima»... Estas frases son, básicamente, conversaciones que mantenemos con nosotras mismas, pensamientos, y los pensamientos a veces son negativos y a veces son positivos (esto ya lo sabes, porque lo hemos comentado anteriormente, pero no está de más ir recordando conceptos importantes, pues las investigaciones nos advierten de que, cuanto más se repite la información, más probabilidad de que trascienda a la memoria a largo plazo). Cuando los pensamientos son positivos, todo está bien, genial, nos sentimos dichosas y nadie pretende modificar nada. Por el contrario, cuando nos sorprenden pensamientos de valencia negativa, puede tener todo el sentido del mundo (y se considera legítimo) pensar que tenemos derecho a querer sentirnos mejor, cambiar la manera en la que estas ideas vienen a nuestra cabeza, incluso eliminar de nuestra vida lo que nos provoca malestar, peeeeero... aquí hay tela que cortar, principalmente, por dos motivos:

1. De los pensamientos negativos no nos podemos liberar para siempre, solo de forma momentánea o circunstancial, y cuando lo hacemos de manera deliberada, más tarde vuelven más fuertes y con más energía.

2. Lo que alguna vez hemos aprendido, generalmente no se puede borrar. El cerebro no tiene botón de eliminar. A lo sumo, podremos apartar determinado pensamiento un tiempo, pero siempre estará ahí, entre nuestras conexiones neuronales, en estado latente. Por ejemplo, si has aprendido a montar en bicicleta, aunque lleves 20 años sin coger una, el día que te vuelvas a subir, tus pies sabrán cómo actuar, porque tu cerebro tiene conexiones con ese aprendizaje.

Y tú que estás leyendo este libro con intención de mejorar y crecer, tras este mensaje que te estoy lanzando que, en principio, parece tan deprimente, me preguntas, con toda la razón: «¿Esto quiere decir que estoy abocada a sentirme mal siempre, a que nada me salga bien por culpa de mis pensamientos negativos?». Pues mira, permíteme retroceder un poco para realizar una reflexión analítica: unas líneas más arriba hablábamos de que partíamos de la base de que la baja autoestima nos dificultaba el camino para conseguir ciertas metas a las que queríamos llegar («para hacer X, antes tendría que tener mejor autoestima...»). Si analizamos la frase por partes, con los conocimientos que ya poseemos, llegamos a la conclusión de que la autoestima está formada por pensamientos, aprendizajes, creencias sobre nosotras mismas, y que todo esto no se puede eliminar. Se trata de eventos privados y te remito a los cuatro puntos en los que detallaba qué hacer con ellos para —a pesar de sentirnos como sea que nos hagan sentir— poder seguir adelante en el camino hacia la vida que queremos vivir. Como resumen, no podemos eliminarlos ni rechazarlos, solo podemos aprender a convivir con ellos, hacerles espacio.

Así que, de modo esquemático, la oración nos quedaría como sigue:

> «~~para~~ hacer X, ~~antes tendría que tener mejor autoestima~~»

Es decir, **SI** estoy perdiendo un tiempo valiosísimo, incluso sacrificando mi bienestar a corto y a largo plazo en algo que no puedo cambiar, **ENTONCES**, para lograr algo que quiero conseguir, solo me falta centrarme en ESO QUE QUIERO CONSEGUIR: «HACER X».

> *SI → ENTONCES → X*

Siendo X, por ejemplo:

- Poner más límites a los demás.
- Empezar un nuevo proyecto.
- Exponerme a la cámara a la hora de grabar vídeos y mostrarme tal como soy.
- Acercarme a personas que siento que son mejores que yo.
- Escribir un libro.
- Llamar a esa persona frente a la que me veo chiquitita…
- …

Hacer todo esto, PESE a que sienta que mis pensamientos negativos están ahí, al acecho, diciéndome que soy menos, que no soy suficiente, que debo esperar, que no puedo. Y dándome cuenta, mediante pruebas de realidad, de que no es verdad. ¿Y qué es eso de una «prueba de realidad»? De manera muy resumida, verificar si lo que mi cabeza me dice es cierto. Esta comprobación se puede hacer de varias formas, por ejemplo manteniendo un diálogo conmigo misma en el que me pregunte por las evidencias de esa creencia concreta, buscando formas distintas de enfocar el pensamiento, preguntándome si estaré cometiendo un error al pensar de esta manera, cuestionando si es o no irracional y cuál será la consecuencia de continuar ese hilo cognitivo, reflexionando si es o no útil pensar así justo ahora … Como te estarás imaginando, prefiero pasar a la acción y comprobar si, efectivamente, soy capaz de hacer eso que temo, aunque me cueste mucho trabajo, aunque esté tremendamente ansiosa y aunque los pensamientos me digan, una y otra vez, que es mejor que lo deje para más adelante, que lo evite, que lo posponga, que busque la comodidad momentánea. Hacerlo aceptando esa pequeña porción de malestar inicial, con la certeza de que la exposición continuada me ayudará a aliviar estas incomodidades y el convencimiento de que el sufrimiento se irá diluyendo poco a poco.

Por supuesto —y lo que te voy a decir ahora es tremendamente importante—, tendré que crear hábitos, establecer sistemas, pensar cómo me voy a enfrentar al problema, por ejemplo dividiéndolo en pasitos muy pequeños, hacer un plan, ensayar... y a eso nos dedicaremos a continuación.

2.1.B Imprescindible: ajustar el estilo de vida

Al finalizar este apartado, tendrás más claro aquello que realmente te beneficia y conseguirás encontrar nuevas posibilidades que te hagan sentir feliz y satisfecha, y que encajen con tus valores.

- ¿Cuántas veces has comparado tu vida con la de las personas de tu alrededor y, en tu competición mental, has salido perdiendo?

_____

_____

_____

_____

- ¿En cuántos momentos te has sentido inferior, fracasada, menos capaz, más torpe o menos eficiente?

_____

_____

_____

_____

- ¿Has llegado a culpabilizarte por no alcanzar las metas con la misma intensidad y en el mismo tiempo que los demás?

_____

_____

_____

_____

- ¿Alguna vez has intentado seguir el ritmo de la mayoría, y te has sentido afectada física o emocionalmente?

_____

_____

_____

_____

Pues sí, todo esto también nos ocurre a las mujeres altamente sensibles, por varios motivos. A veces, porque desconocemos que nuestro cerebro y nuestro sistema nervioso funcionan de forma diferente y, en el deseo —legítimo— de encajar en el mundo, nos fijamos unos objetivos bastante ilusorios y nos suele resultar muy fácil adaptarnos a los demás.

En otros casos porque, aunque ya somos conscientes de nuestra naturaleza, se nos olvida, y dejamos de prestar atención a las señales que nos envía nuestro cuerpo. Por norma general, en la sociedad occidental en la que vivimos prevalece una desconexión corporal que no se produce en otras partes del mundo que se encuentran, industrialmente, mucho menos avanzadas. Este sería un fenómeno digno de reflexión, pero no es el objetivo por el que nos encontramos aquí, aunque el procesamiento de la información que lleva a cabo mi cerebro, realizando conexiones entre diferentes pensamientos e ideas, no pare de funcionar en una y otra dirección. A veces, para explicar mejor este concepto, recurro a la metáfora del cerebro «arbóreo», que hace alusión a las distintas ramificaciones de un árbol: entre ellas forman una red de conexiones que pueden llegar a ser cuantiosas y siempre existe la posibilidad de que crezca «un nuevo brote», una nueva idea, a partir de la anterior.

Como siempre, para facilitar la comprensión de los conceptos, te pongo un ejemplo que se puede ajustar a tu vida o no, pero siéntete con total libertad de, una vez entendido el trasfondo, acomodarlo a alguna vivencia tuya parecida, que estoy segura de que la habrá.

María es una mujer altamente sensible que se ha propuesto unirse a un grupo de mujeres escritoras para lograr un reto: escribir cincuenta mil palabras en un mes, lo que equivale a mil seiscientas sesenta y siete palabras al día. Se siente supermotivada, porque terminar este proyecto la acercará más a la vida que quiere y le permitirá escribir un programa de acompañamiento psicológico para otras mujeres en el que lleva trabajando mucho tiempo, pero que aún no ha podido detenerse a redactar. Así que comienza el día 1 con mucho miedo, con muchos sentimientos encontrados, pues por una parte experimenta ilusión, motivación, ganas de embarcarse en esta tarea y, por otra, la asaltan pensamientos del tipo «tú no vas a poder», «la gente que hace eso tiene mucha más experiencia como escritora», «no te van a salir las palabras adecuadas», «quién va a querer leer lo que tú escribas»… y un sinfín de frases del mismo estilo. Aun así, el primer día todo marcha sobre ruedas, lo que le sirve como refuerzo positivo para continuar, y el grupo funciona del mismo modo, pues sus integrantes actúan como apoyo, sostén y ayuda. También, el ver cómo el número de palabras va incrementándose, día tras día, se convierte en «un subidón», en un refuerzo externo. Sin embargo, con el transcurso de las jornadas, la energía va decayendo, y siente que cada vez le cuesta más trabajo conseguir el objetivo marcado al principio (recordemos, escribir cada día al menos mil seiscientas sesenta y siete palabras). Hasta que, el segundo domingo, al levantarse, siente que su cuerpo no le responde con normalidad, se nota enferma, con un cansancio impropio, y no puede levantarse a la hora habitual. A pesar de permanecer más tiempo del estipulado en la cama, cuando se levanta no ha mejorado. No tiene fiebre, no le duele la garganta, no le duele la cabeza, no le duele el estómago... no está objetivamente enferma. ¿Qué le pasa a María? Está sobreestimulada. No ha atendido a sus necesidades en estos días, no ha escuchado a su cuerpo, se ha exigido más de lo que podía asumir, ha sido demasiado ambiciosa y el organismo, que es sabio, tiene que buscar la manera de expresarse, de comunicarle que, de seguir a ese ritmo, habrá consecuencias.

Como seguramente te estarás preguntando, efectivamente esa María soy yo, y la historia es real. A pesar de saber muy bien cómo funciona el rasgo y ser psicóloga, no estoy en una posición de superioridad y, en ocasiones, también fluctúo entre el autocuidado real y el deseo de abarcar más de lo que mi cuerpo me permite. Y entonces tengo que parar, tomar contacto con mis sensaciones —chequear, como se suele decir—, para no terminar en una situación más grave. Y eso es lo que me ha tocado transitar, pero estarás de acuerdo conmigo en que, con conocimiento de causa, con amplitud de miras y comprendiendo la mecánica, todo se puede ajustar mucho más fácilmente: cogemos nuestra brújula y nos volvemos a orientar, evitando así caer en el caos, la desorientación y la pérdida.

Es importante tener en cuenta que nada nos impide hacer lo que deseemos, vivir en los ambientes que queramos —en la avenida más ruidosa y con más contaminación lumínica de la ciudad más poblada, por ejemplo—, exigirnos la misma cantidad de tareas en el mismo tiempo que al resto de personas, o más si es posible, trabajar sesenta horas a la semana, exponernos a todos los estímulos habidos y por haber… No estamos limitadas en cuanto a posibilidad de elecciones. Sin embargo, sí debemos entender qué repercusiones puede provocar en nuestra salud. Cuando nos exigimos por encima de nuestras posibilidades e intentamos llevar una vida que no es compatible con nuestro sistema neurosensorial, las consecuencias negativas se traducen personalmente en malestares físicos, dolores inexplicables, alergias sin motivo aparente, pero también derivan en conflictos relacionales, porque cuando a la persona la embargan el estrés o la ansiedad, se posicionará a la defensiva con sus semejantes, como una víctima de las circunstancias… sin asumir responsabilidad y sin tomar las riendas del timón de su navío. Quizás te suene.

Por otro lado, considero relevante destacar si estas consecuencias nos colocan en una posición que nos acerca o nos aleja de la persona que queremos ser, si se alinean con nuestros valores. Para acercarte a la solución a esta cuestión, te puedes preguntar:

Si, por ejemplo, fuera prioritario para mí ser una persona que se comporta de manera amable, en los momentos en que estoy ansiosa o con un alto nivel de estrés, ¿me acerco o me alejo del valor de la amabilidad?

Te animo a que realices el siguiente ejercicio:

- Piensa en una actividad que te haga sentir bien, suponga algún cambio en tu vida (un pequeño desafío) y te posicione más cerca de tus metas, es decir, que esté alineada con tus valores. Por ejemplo, si uno de mis valores es la belleza, puedo buscar tiempo una vez a la semana para asistir a una clase de pintura o a admirar una exposición. Si otros de mis valores es la tranquilidad o la salud, puedo pensar estrategias para dar un paseo de treinta minutos todos los días. Si uno de mis valores es la ayuda, puedo buscar una asociación donde pueda ofrecer mi apoyo. La importancia del cambio es que, si nos sirve, se establezca como un hábito a fuerza de repetición. Perdona que insista: *a fuerza de repetición*. Pensemos que un conjunto de hábitos conforma la vida. ¿Qué hábitos quieres cultivar? ¿Hacia dónde se va a dirigir tu vida?

Valor que quiero cultivar ↓	
Hábito que me ayudará ↓	
Momentos en que pondré en práctica ese hábito	

En ocasiones, nuestras exigencias y nuestra posición actual tienen más que ver con elecciones que tomamos en el pasado, con seguir la inercia y no desbancarse de lo que se espera de nosotras, que con una reflexión consciente y deliberada sobre el rumbo que queremos diseñar para nuestra vida. Y aquí entran en juego distintos elementos, como los sentimientos experimentados cuando éramos muy pequeñas y aún no teníamos herramientas suficientes para defendernos, para discernir lo verdadero de lo falso y para enfrentarnos a la realidad, de modo que aprendimos a reaccionar con miedo, con tristeza, con rabia, con vergüenza. Pero también interaccionan otros componentes que tienen que ver con la propia exigencia de no defraudar a las personas que nos quieren y que esperan que consigamos tal o cual finalidad.

Diseñando la ruta que me llevará hacia mi puerto

Vamos a dedicar unos minutos a dejar que nuestra mente se relaje y vuele muy alto, y navegue muy lejos. Para ello, te propongo un ejercicio. Se trata de una visualización, así que ponte cómoda, en un lugar en el que te sientas a gusto, puede ser en una silla, en un sofá o tumbada en una cama. Cerrar o no los ojos lo dejo a tu elección.

Si quieres disfrutar del ejercicio usando como vehículo conductor mi voz, clica en el código QR que te facilito, y sigue las instrucciones. También puedes grabarlo con tu propia voz; lo que te resulte más fácil y más conveniente para su efectividad.

Vamos a ello.

Toma aire por la nariz, de manera relajada y sin forzar, y expúlsalo después. Repite esta acción varias veces. Centra tu atención en la respiración sin modificarla, solo observa cómo el aire se introduce a través de la nariz y viaja por todo tu cuerpo, llenándolo de energía limpia y, al mismo tiempo, de serenidad. Imagina que estás sentada en la arena de la playa, dejando que el sol penetre en tu piel y la inunde con su agradable calor. Las olas transitan en su balanceo acompasado y, en ocasiones, algunas tímidas gotitas rozan la punta de los dedos de tus pies. Es una sensación muy agradable. La temperatura es perfecta, no sientes frío, y tampoco calor, y el cielo está completamente despejado de nubes. No hay ninguna otra persona a tu alrededor, solo tú y unas gaviotas pasajeras que se colocan a tu lado cuando sube la marea, a la espera de alguna presa que llevarse a la boca. El sonido es relajante, solo se escucha el ir y venir de las olas, y algunos pájaros que, en bandadas, cruzan el horizonte. Disfrutas del entorno, del ambiente, de la relajación que te produce ese espacio. De repente, a lo lejos, vislumbras una pequeña barquita, que se acerca tranquilamente hacia tu posición. Cuando llega a la orilla, hallas en ella una nota que va dirigida a ti, lo sabes porque está escrito tu nombre. Decidida, la abres y descubres un mensaje: «La vida que quieres se encuentra después de este viaje». Sin dudarlo, te subes a la barca, y comienza el trayecto. La embarcación navega lentamente, pero poco a poco vas dejando atrás la playa donde te encontrabas sentada, cada vez la ves más pequeñita, más lejana. Las gaviotas han desaparecido y tus ojos ya no pueden distinguirlas. Minutos después, la única visión que tienes es un horizonte azul, que se presume quebrado por el firmamento, de un azul algo más suave, azul celeste. No sabes dónde estás, pero intuyes que te encuentras ya lejos, muy lejos. Tu estado de ánimo es de tranquilidad, de relajación, de serenidad, de confianza. Transcurrido un tiempo, comienzas a visualizar algo distinto a esa pantalla azul en la que llevas tanto tiempo inmersa. Los objetos y las formas se van haciendo cada vez más nítidos, más claros, y eres capaz de comprender lo que ves y dónde te encuentras. Finalmente, la barca se detiene y te bajas. Miras a tu alrededor. Te observas a ti misma. Por dentro y por fuera. Descubres que ha transcurrido un año desde que dejaste esa playa de arena dorada y fina, y te subiste a esa barca buscando respuestas, y que hoy, 365 días después, estás exactamente donde querías estar y has conseguido justo eso que deseabas. Tienes la oportunidad de preguntarle a esa tú del futuro lo que creas que necesitas, como por ejemplo:

- ¿Me puedes proporcionar algún tipo de asesoramiento?
- ¿Cómo has logrado llegar hasta aquí?
- ¿Cómo has planificado el trabajo?
- ¿Has pedido ayuda a alguna persona?
- ¿Qué aspectos has decidido reforzar y cuáles has dejado de lado?

Añade todas las preguntas que tu creatividad te permita, y deja que la vida te sorprenda. Y una vez finalizada esta actividad, me gustaría que anotaras por escrito todo lo interesante, importante y relevante que tu «yo futura» te haya desvelado. Cuando lo tengas terminado, yo te preguntaría, en primer lugar:

- ¿Cuál es esa meta importante que deseas lograr?
- ¿Qué vas a hacer para conseguirla?

Te haré una propuesta de *planning* a modo de ejemplo, para que te puedas basar en él y adaptarlo a tus propias circunstancias:

El plan de Alejandra

Alejandra es una mujer de veintiocho años y uno de los objetivos que quiere lograr es trabajar como maestra en el sistema público. ¿Qué tiene que hacer Alejandra para lograrlo? Vamos a dividir el trabajo en pasos, pero hacia atrás, como los cangrejos, como se suele decir (aunque los cangrejos caminan hacia los lados… no entiendo este dicho). En fin, que me desvío.

Viajaremos en el tiempo hasta el día en que Alejandra se encuentra en su clase, trabajando como maestra con su grupo de niñas y niños. Ya ha conseguido su meta.

- ¿Qué ha debido pasar justo antes para que esto suceda? Por ejemplo, haber conseguido plaza en ese centro.
- ¿Y qué ha tenido que pasar justo antes para que esa situación tuviera lugar? Que nuestra protagonista hubiera recibido la noticia avisándola de que tenía dicha plaza adjudicada.
- ¿Y justo antes? Haber aprobado la oposición.
- ¿Y justo antes? Haberse presentado al examen.
- ¿Y justo antes? Haber dedicado muchas horas al día a preparar el examen.
- ¿Y justo antes? Haber pagado las tasas para poder presentarse al examen.
- ¿Y justo antes? Haberse apuntado a una academia para preparar la oposición.
- ¿Y antes? Haber buscado entre las diferentes opciones de preparadores/as y academias, y haber hecho la mejor elección...

Se trataría de trazar una línea temporal, a modo de escalera, pero hacia atrás, de manera que podamos visualizar las acciones del futuro que conducen a la meta, para poder así tomar decisiones que nos acerquen, paso a paso, hacia ella.

Con esta información me permito preguntarte:

- ¿Tu comportamiento, tus acciones, tu rutina actual, se acercan o se alejan de la meta que deseas conseguir?

_____

_____

_____

- ¿Cómo podrías diseñar un plan de acción para hacer de tus hábitos una catapulta hacia la vida que quieres?

_____

_____

_____

Con todo, recuerda que cuando *diseñamos nuestras coordenadas* nos tomamos muy en serio de dónde partimos (recuerda aquello del GPS), porque nuestra alta sensibilidad no supone ningún problema en sí misma, pero no podemos negar que contamos con un rango biológico. Nacer como nacimos no tiene por qué impedirnos llegar a ser lo que queramos ser, pero me veo en la responsabilidad moral de recordarte (y de recordarme) que tenemos una capacidad de procesamiento muy sensible, y que los excesos y la falta de cuidado personal prolongados en el tiempo, pueden llegar a causarnos problemas y, en casos puntuales, patologías.

De ahí que haga hincapié en la importancia de tener muy presente la conveniencia de dividir nuestras metas en pasitos pequeños, en unidades que permitan, por un lado, sentirnos cómodas con el trabajo que tenemos por delante y, por otro, mantener viva la motivación por el avance con la tarea.

Por ejemplo, hace unos meses, después de un período difícil para mí en el área personal y profesional, decidí que uno de los pasos que me acercaba hacia mis valores era reducir mi peso, pues durante el invierno había dejado de cuidarme por completo y no me sentía saludable. Mi objetivo, en principio, era perder unos 3 kilos. Para conseguirlo ideé una estrategia, basada, como suele ser habitual en estos casos, en dieta y ejercicio (muy poco original, qué le vamos a hacer). Tengo que confesar que el ejercicio nunca me ha apasionado, me ha costado mucho esfuerzo toda la vida y el tema de la alimentación, pues con idas y venidas. Muy poco autocuidado. Así que, manos a la obra, me propuse:

- *Caminar todos los días durante una hora.* Días después, mi marido me regaló un reloj de estos que cuentan los pasos y al que, literalmente, me «enganché» (los peligros de la sociedad capitalista, que aunque nos pronunciemos en su contra, en algún asunto acabamos sucumbiendo). Ya con el reloj-pulsera «cuentapasos», al principio me propuse una meta de 8.000 pasos al día, y más tarde la incrementé a 10.000. La he mantenido en ese número, y trato de que no transcurra ningún día sin un mínimo de actividad física. Esa es la base sobre la que trabajo para mantenerme saludable a nivel de movimiento.

- *Reducir mi ingesta calórica.* Durante los primeros dos meses, aproximadamente, disminuí considerablemente las cantidades, y eliminé en su mayoría las chucherías o *snacks*. Solo me permitía dos trozos pequeños de chocolate negro al día (uno después del almuerzo y otro después de la cena) y por las noches tomaba ensalada variada acompañada de hummus o algún paté vegetal.*

* **Superimportante.** Por favor, que a nadie se le vaya a ocurrir seguir mi dieta como si fuera la panacea, no pretendo hacer una propuesta de plan de alimentación y de ejercicio porque, básicamente, no tengo la menor idea. No soy nutricionista, ni conozco las reglas que rigen el mundo del deporte. Simplemente, se trata de un ejemplo para que se entienda esto de la planificación por pasos.

Perdí unos 5 kilos a lo largo del verano. No te voy a decir que no sintiera deseos de comer patatas fritas en algún momento, o no se me hiciera pesado todos los días, con el calor cordobés, completar esa caminata a un ritmo rápido. Con lo que me afectan el calor y las ganas de comer... Pero yo quería sentirme mejor de salud y perder algo de peso. Mi meta estaba más a medio y largo plazo y me compensaba el «sufrimiento» por lo que vendría después.

2.1.C Gestión emocional

Al final de este capítulo, después de masticarlo, digerirlo y trabajarlo muy mucho, serás capaz de transitar por el amplio abanico de emociones que surjan en cada momento, escuchando lo que vienen a decirte, sin quedarte «atrapada» en ellas, dándoles espacio para que permanezcan en tu mente el tiempo preciso, y posteriormente, sigan su camino. Libres como el viento.

Empecemos por detenernos a reflexionar:

- ¿Recuerdas cómo expresabas tus emociones cuando eras pequeña?

_____

_____

_____

_____

- ¿Contabas con alguna actividad creativa que te sirviera para sentirte mejor y aliviar tus estados emocionales?

_____

_____

_____

_____

- ¿Te recuerdas como una persona que expresaba fácilmente sus emociones, o más bien las reprimía?

_____

_____

_____

_____

- ¿Cómo actuaban las personas adultas que te rodeaban cuando te sentías angustiada, enfadada, frustrada, triste o irritable?

_____

_____

_____

_____

- ¿Cómo se comportaban cuando eras amable, cariñosa, amorosa o servicial?

_____

_____

_____

_____

- ¿Cómo te sentías cuando tenías hambre o sueño o estabas cansada? ¿Recuerdas qué decían las personas adultas sobre ti en este aspecto? ¿Es posible que les puedas preguntar?

_____

_____

_____

_____

- ¿Qué tipo de películas te gustaban? ¿Con qué escenas disfruta-bas? ¿Qué elementos debía tener una película, unos dibujos, una serie, para que la «amases»?

_____

_____

_____

_____

- ¿Qué clase de película o de dibujos animados detestabas? ¿Cómo eran los personajes que aparecían? ¿Cómo eran las escenas? ¿Qué recuerdas?

_____

_____

_____

_____

- ¿Qué género de libros acostumbrabas a leer?

_____

_____

_____

_____

- ¿Sentías alguna inclinación especial hacia algunas personas con-cretas, algún colectivo, algunos seres? ¿Tienes alguna experiencia curiosa/interesante o que te haya marcado?

_____

_____

_____

_____

- ¿Cómo y quiénes eran tus amigos/as en el colegio? ¿Y en tu barrio? ¿Con quién te gustaba pasar el tiempo? ¿De qué temáticas hablabais o a qué dedicabais las horas?

_____

_____

_____

_____

- ¿Hubo alguna circunstancia en el período escolar que te doliera mucho? ¿Y algo con lo que te sintieras fuertemente agradecida y feliz?

_____

_____

_____

_____

- ¿Cómo fueron tus primeros encuentros con el amor? ¿Te resultaron fáciles o difíciles? ¿Sentías que eras de las primeras personas en experimentarlo o, por el contrario, percibías que te quedabas atrás, y que no estabas preparada para avanzar al ritmo que marcaba el resto de la gente?

_____

_____

_____

_____

- Si fuiste a la universidad, ¿percibiste los cambios como fáciles de sobrellevar o se te hicieron una carga muy pesada? ¿Tuviste ayuda para solventar los problemas que te fueron surgiendo?

_____

_____

_____

_____

- ¿Cómo fue la llegada a tu primer trabajo? ¿Te presentaste a tus compañeros/as o esperaste a que ellos dieran el primer paso? ¿Qué recuerdas de ese ambiente?

_____

_____

_____

_____

- Si llegado el momento, tomaste la decisión de emparejarte con alguien y formar una familia, ¿cómo de fácil o difícil fue para ti este proceso? Si te encuentras en ese camino, ¿cómo lo estás viviendo? ¿Qué está suponiendo para ti?

_____

_____

_____

_____

Es importante que reflexiones sobre las preguntas anteriores, incluso puedes dibujar en un papel grande o una cartulina una línea horizontal (tu «línea de la vida») e ir marcando en ella, de manera cronológica, los momentos más importantes, impactantes, decisivos o emotivos. Si alguna de las cuestiones previas no tiene que ver contigo, no te sientas obligada a responderla. No es indispensable contestar a todas. Quédate con lo que te motive. Sin embargo, si alguna de ellas te «escuece» de manera especial, sí te recomiendo que no la dejes en el olvido, algo tiene que enseñarte.

2.1.C.1 El universo de las emociones

Suele ser habitual popularmente calificar unas emociones con el adjetivo «buenas» o «positivas», mientras que a otras se las considera «negativas», «malas». Sin embargo, todas las emociones surgen en el ser humano por un motivo y cumplen una función adaptativa, aunque a veces la sensación que provocan sea desagradable. Nos sirven como brújulas para medir y calibrar lo que sucede en nuestra vida, y así poder adaptar nuestra conducta a las exigencias del medio.

Pero, ¿qué son las emociones? Son respuestas que genera nuestro organismo ante un estímulo determinado y que se manifiestan a través de una reacción fisiológica concreta, es decir, se produce un cambio de carácter orgánico y esto sucede de manera repentina. Aunque su origen es innato, sí interviene en el modo de experimentar la historia personal, la cultura, las cogniciones, las creencias, el aprendizaje.

Mucho se ha escrito sobre el papel de las emociones en el ser humano, y las investigaciones llevadas a cabo en este sentido han sido cuantiosas. Dado que no pretendo realizar una exposición detallada de las diferentes teorías sobre las emociones y los autores que han tratado la temática, pues excede el objetivo de este libro, me ceñiré a señalar la idea con la que me siento más afín y que creo que puede sernos de más utilidad. Ciertamente, todas ellas convergen en un punto de referencia, y es que las emociones se pueden clasificar en primarias o básicas y secundarias o complejas.

- Las *emociones primarias* serían aquellas que son innatas, que no dependen de la cultura, y sirven para ayudarnos a sobrevivir en situaciones de peligro o de incertidumbre (predisponen a actuar). También facilitan nuestra interacción con el medio, lo que, a fin de cuentas, favorece la supervivencia de la especie. Suelen corresponderse con una expresión facial concreta que más adelante veremos.

- Las *emociones secundarias* son combinaciones de emociones primarias que, una vez unidas, producen emociones más complejas. Detalle: no son iguales en todas las culturas, ni tampoco innatas.

¿Cuáles son las emociones primarias?

Seguiremos la propuesta realizada por el psicólogo Paul Ekman, a finales de la década de 1970. Este señor nació en el año 1934 en EE. UU. y ha dedicado mucho tiempo de su vida profesional al estudio de la detección de la mentira. Como curiosidad, la serie de televisión *Lie to Me* («Miénteme») emitida por el canal Fox, está basada en su trayectoria laboral. Ekman fue una de las primeras personas en estudiar las emociones, y concluyó que, en el caso de las primarias, podían diferenciarse seis: miedo, sorpresa, ira, alegría, tristeza y asco. Posteriormente, en la década de 1990, amplió a siete el conjunto, y añadió el desprecio.

¿Cuáles son las expresiones faciales asociadas a cada una de estas emociones?

- Cuando experimentamos *miedo* nuestras cejas se retraen, al tiempo que nuestros párpados se elevan y se estiran, las cejas se juntan y los labios se extienden hacia atrás.
- Con la *sorpresa*, las cejas se alzan, los globos oculares y los párpados se extienden y la boca se abre ligeramente, en tanto la mandíbula se dirige hacia abajo.
- La *ira* se expresa con el ceño fruncido, las fosas nasales ensanchadas, tirantez en los labios y la mandíbula hacia delante.
- Al sentir *alegría*, nuestros labios se elevan de manera equilibrada y, al mismo tiempo, los carrillos dirigen su ascensión hacia el extremo de nuestros ojos, provocando esas

maravillosas (y a veces temidas) arruguitas que se han venido a llamar «patas de gallo».

- Cuando estamos *tristes*, nuestras cejas se elevan en forma de ángulo, como si quisieran llegar a juntarse y formar una uve invertida. Esto suele producir pequeños pliegues en la frente. Además, nuestros labios se dirigen simétricamente hacia abajo, y la barbilla se eleva de manera sutil.

- Si experimentamos *asco*, la parte superior de nuestra boca se levanta, provocando a veces que se muestren los dientes superiores (en otras ocasiones, los labios no se abren). A esto se le añade que, al mismo tiempo, nuestra nariz se arruga y la cabeza se inclina levemente hacia atrás, en señal de alejamiento.

No obstante, desde que comenzó el estudio de las expresiones faciales asociadas a la emoción, la ciencia ha seguido avanzando, y en investigaciones posteriores se ha debatido ampliamente si estas expresiones consideradas «innatas» lo son tanto. Es decir, si son tan exactas como para que todas las personas, en todos los rincones del planeta y en todos los momentos temporales, sean capaces de reconocerlas e identificarlas *per se*. Antes bien, habría que tener muy en cuenta diversos factores, a saber: el contexto en que se contempla la expresión facial ligada a una emoción concreta, los movimientos del resto del cuerpo, la información con la que cuenta la persona que visualiza, su propia historia vital, sus expectativas, su aprendizaje, la cultura, las creencias implícitas sobre la situación... Dicho de otra manera, y según explica Lisa Feldman en su libro *La vida secreta del cerebro. Cómo se construyen las emociones* (2018):

«[...] quizá el lector se pregunte por qué encontramos
tan natural creer que una cara con los ojos muy abiertos
es la expresión universal de miedo. La respuesta
es que se trata de un estereotipo, un símbolo
que encaja con un tema conocido, el "Miedo",
dentro de nuestra cultura. [...]»

Teniendo en cuenta todo lo anterior, considero útil tomar como base, como guía, el conocimiento aportado hasta la fecha por los distintos autores/as en el campo de la fisiología de las emociones para, a partir de ahí, reflexionar y tomar nuestras propias conclusiones respecto a cada situación precisa que nos toque vivir.

Pero, ¿para qué sirve cada una de las emociones básicas o primarias? Todas tienen una función adaptativa, es decir, nos preparan para la acción. Concretamente, cada una responde a una misión:

- El *miedo* cumple la función de alertarnos, anticipa un peligro, una amenaza y nos prepara para la huida, la evitación, el afrontamiento o la protección.
- La *sorpresa* cumple la función de exploración ante un estímulo imprevisto, por lo que nos empuja a acercarnos para comprobar lo que sucede. Nos detenemos a chequear y afrontamos la nueva situación.
- La *ira* cumple la función de autodefensa, especialmente cuando alguien entorpece nuestros planes o propósitos, y aparece con más intensidad cuando consideramos que lo hace de manera premeditada. Se agudiza de este modo la energía para actuar, y perdemos (o disminuimos) el miedo ante las posibles consecuencias.

- La *alegría* cumple la función de unión, de generar lazos entre los seres humanos. Motiva para la acción, la creatividad, el bienestar.

- La *tristeza* cumple la función de reponer, reconstituir algo perdido o dañado. Se disminuye o se paraliza la acción, utilizando lo poco que queda para reponer fuerzas, incluso, para solicitar la ayuda de los demás.

- El *asco* cumple la función de rechazo, impulsándonos a alejarnos de algo que puede resultar tóxico o dañino. Sirve para protegernos de contagios, alimentos en mal estado, enfermedades o sustancias venenosas.

- El *desprecio* cumple la función de poder, de desdén, de estatus. Es esa sensación de que no hay necesidad de adaptarse o de formar parte de algo, una especie de sentimiento de superioridad. Sin embargo, a pesar de que se rechaza el estímulo, la acción no conlleva necesariamente una retirada.

Ciertamente, en los primeros pasos de nuestra especie las emociones jugaban un papel fundamental de protección de la supervivencia. Es de sobra conocido el ejemplo del hombre de las cavernas —que no contaba con cerraduras en su puerta ni ventanas con rejas y doble acristalamiento— atacado de manera habitual por animales que también trataban de sobrevivir. Él mismo, cuando salía de cacería, podía ser atacado por mamíferos de enormes dimensiones. Era muy útil experimentar miedo, o sorpresa, o asco. Estas emociones le salvaban la vida. En el momento en que vivimos nosotras, las circunstancias han cambiado de manera radical, y rara vez nos vemos sorprendidas por episodios tan peligrosos. Ojo, a veces sí, pero no con tanta frecuencia como en el Paleolítico.

Nuestro cometido será, por un lado, examinar el papel de las emociones, porque son parte de la condición humana y tan útiles como cualquier otra función vital y, por otro, contextualizar en qué situaciones se están manifestando, para corroborar si constituyen una alarma sobre un peligro real.

¿Cuáles son las emociones secundarias?

Como comentábamos un poco más arriba, las emociones primarias se combinan entre ellas para dar lugar a las secundarias, cuyas características principales son:

- No surgen de manera innata.
- No tienden necesariamente a la acción.
- No podemos observar rasgos faciales concretos derivados de cada una de ellas.
- Aparecen hacia los tres años de edad y requieren un cierto grado de desarrollo neuronal, una interacción con el ambiente que permitan el aprendizaje y un avance de las capacidades del pensamiento.
- No son iguales en todas las culturas, pues según lo que sea reforzado o rechazado en cada ambiente, se tenderá a manifestar más una u otra emoción.

Estas son algunas de las emociones secundarias:

- *Culpa.* Esta emoción se experimenta cuando cometemos un acto que, en nuestra opinión, conlleva consecuencias negativas o injustas. Se derivaría de una mezcla entre tristeza y miedo.
- *Vergüenza.* Es una emoción negativa que nos lleva a escondernos para no ser vistas. Se trataría de una combinación entre miedo y asco.

- *Celos.* Se sienten cuando experimentamos miedo ante la idea de perder lo que nos pertenece. Sería una combinación de tristeza más ira.
- *Orgullo.* La emoción del orgullo puede surgir de dos formas diferentes. Podemos sentirnos orgullosas y dichosas tras conseguir un logro por el que llevábamos tiempo luchando. La primera emoción en este caso sería alegría, que se convertiría más tarde en orgullo personal. Sin embargo, existe un orgullo más destructivo, y se manifiesta como la unión de la tristeza, el miedo y la ira.
- *Ansiedad.* Se trataría de una combinación de miedo y anticipación. Esta emoción mueve al individuo a prepararse ante un posible riesgo.
- *Amor.* Esta emoción se experimenta como una mezcla entre alegría y confianza. Motiva a quien la siente a acercarse a alguien, a cuidarlo y a protegerlo.

Insisto en que no existe un acuerdo universal sobre cuáles son las emociones y por ello han proliferado los autores que defienden diferentes divisiones entre ellas, distintos modelos para explicarlas. Creo que lo que hemos expuesto en los párrafos previos puede servir de aproximación y de clarificación para la finalidad de este proceso, y que profundizar más en las mismas no resultaría demasiado útil. No obstante, si quieres continuar investigando sobre esta temática, te recomiendo que busques información sobre la rueda de las emociones de Robert Plutchik. Puede resultarte de mucho interés.

2.1.C.2 Mujeres altamente sensibles que ayudan

En nuestro transitar por la vida, o por este océano en el que nos ha tocado habitar, nos encontramos con muchas personas. Algunas estarán de paso y otras dejarán huella en nuestro ser. Varias de nosotras, si no todas, sentimos una fuerte conexión con la naturaleza y con los animales, y estoy segura de que muchas de las mujeres que están leyendo estas líneas dedican una parte importante de su vida al cuidado y mejora de la vida de otros: familiares, amistades, animales abandonados o maltratados, personas de recursos escasos o inexistentes, mujeres, niñas y niños en situaciones de gran vulnerabilidad...

No te hablo desde ningún estrado, te hablo desde la verdadera horizontalidad, porque yo misma he vivido y existo desde esta realidad. A veces creamos nuestra propia identidad basándonos en la ayuda que prestamos, en la forma en que nos entregamos a los demás... fíjate qué relevancia tiene esto. Es maravilloso que existan personas dispuestas a ayudar a quien lo necesita, porque este mundo está repleto de necesidades. En cada esquina, en cada calle, en cada ciudad, en cada barrio, hay cientos y cientos de seres abocados al más absoluto desprecio y al más miserable de los olvidos. Y solo tienen a las personas que, día tras día, dedican su tiempo y su energía a intentar mejorar ese espacio que habitan. Es una labor encomiable, impagable. Pero basar nuestra identidad exclusivamente en la ayuda puede llegar a convertirse en algo peligroso. Porque nos conformamos, nos configuramos conforme a quien somos «para» alguien, y si ese elemento deja de estar, perdemos nuestro rumbo.

Ese es uno de los peligros, pero no el único. No podemos olvidar que las personas altamente sensibles, cuando no estamos sobreestimuladas, somos muy buenas ayudadoras y, valga la redundancia, muy sensibles para captar las señales que nos envían los demás. Sin embargo, cuando nos saturamos, cuando dejamos de cuidarnos y nuestros propios problemas alcanzan un umbral excesivamente alto, la ayuda que podemos prestar se ve enormemente reducida. Es entonces cuando nuestras dificultades alteran, desfiguran el proceso de la atención y la escucha, con lo que la empatía se ve muy mermada.

¿Qué nos enseña la psicología sobre la ayuda?

Para introducir el tema de la ayuda y la empatía, voy a contarte una historia que, aunque parezca un resumen de una película de Netflix, está basada en la auténtica realidad. Es realmente sorprendente y yo supe de su existencia, por primera vez, cuando estudiaba primero de carrera, en la clase de Psicología Social. Me quedé realmente en *shock*. Te pongo sobre aviso. Agárrate al asiento que vienen curvas.

Corría el año 1964 en un barrio de la ciudad de Nueva York. Era de madrugada cuando la joven Kitty Genovese volvía de trabajar, y aparcó su vehículo a unas calles del edificio donde se ubicaba su vivienda. Caminó con paso apresurado hacia la entrada de su casa, pero, desgraciadamente, no pudo llegar. Un individuo la asaltó de entre la penumbra, se abalanzó sobre ella y, de repente, y sin pronunciar más palabra, comenzó a acuchillarla. Kitty, aterrorizada, sin dar crédito a lo que sucedía y muerta de dolor, gritó despavorida, lo que provocó el despertar de varias personas de la vecindad, que procedieron a encender las luces de sus casas y a asomarse por las ventanas con el objeto de comprobar qué ocurría. El agresor, dadas las circunstancias, y que había bastantes personas observando la escena, escapó, pero no se escondió muy lejos. Se agazapó a escasos metros, a la espera de que la situación se tranquilizase. Mientras tanto, Kitty estaba gravemente herida, pero nadie acudió en su ayuda, lo que fue decisivo para que el asesino pudiera culminar, con éxito, su crimen. Más tarde, cuando alguien (solamente una persona) decidió llamar a la policía y esta se personó en el lugar,

Kitty estaba muerta, y su verdugo había desaparecido. Lo más sorprendente de este episodio, y lo que despertó el interés de la opinión popular, de los medios de comunicación y de muchos estudiosos de la conducta humana, fue que la joven tardó más de media hora en morir, y mientras esto sucedía, casi 40 personas observaron lo ocurrido en toda su magnitud, sin intervenir.

Más de media hora en morir mientras casi 40 personas observaban la escena. Es para tragar saliva y ahogarse con ella.

¿Por qué nadie se decidió por ayudar a Kitty? ¿Por qué nadie bajó a la calle a hacerle frente al asesino? ¿Cómo pudo ser que tardasen tanto tiempo en avisar a la policía? ¿En qué estaban pensando para quedarse parados, contemplando el «espectáculo»? ¿Alguien había conseguido empatizar con el dolor de la víctima? Y en caso positivo, ¿por qué no hizo nada? ¿Qué produjo esa difusión de responsabilidad?

Preguntas de este tipo y otras mucho más profundas fueron las que llevaron a diversos grupos de investigación psicológica a comenzar a estudiar qué ha de ocurrir para que las personas tomen la decisión de ayudar, y qué factores intervienen en el proceso. Así, llegaron a conclusiones muy relevantes que me gustaría comentarte hoy.

Daniel Batson, psicólogo social americano, asegura que es de especial relevancia tener en cuenta la motivación que lleva a la persona a prestar ayuda, y cuando habla de motivación se refiere a que algunas personas se deciden a ayudar por inclinaciones a las que llama «egoístas» (por ejemplo, una adolescente que friega los platos después de comer mientras sus padres descansan porque, tras esta acción, recibirá la aprobación de sus progenitores), frente a quien ayuda por motivación «altruista» (para seguir con el ejemplo de la adolescente, pensemos que tiene a su cargo un

cachorro de perro que llora cuando tiene hambre, y ella le proporciona el biberón. Su motivación en este caso es que el animal se
sienta bien, que sus necesidades estén cubiertas y deje de sufrir).

Otros investigadores, en este caso Darley y Latané propusie-
ron en 1970 un modelo que explica cómo se toma la decisión de
ayudar o no cuando se nos presenta una situación crítica. Este
modelo está basado en cinco etapas o preguntas que debe hacerse
la persona antes de dar el paso. Obligatoriamente, para que el
individuo preste su ayuda, debe contestar afirmativamente a todas
las cuestiones, esto es, debe completar el proceso desde la primera etapa hasta la última (pensemos que es un proceso mental, muy
rápido y en muchos casos inconsciente):

1	¿Hay algo que va mal?
2	¿Se trata de una emergencia?
3	¿Tengo yo alguna responsabilidad?
4	¿Puedo yo ayudar?
5	¿Quiero yo ayudar?

Por otra parte, se realizaron estudios que corroboraron la importancia de estar presentes en el momento del suceso para poder
entenderlo completamente y proporcionar nuestra ayuda. Así, se
comprobó que visualizar el acontecimiento en toda su magnitud se
correlacionaba con una mayor tendencia a prestar ayuda. El estudio, llevado a cabo por Piliavin y cols., en 1976, consistió en pre-
senciar a un individuo rodando escaleras abajo. Casi la totalidad de
las personas que vieron la secuencia completa, un 89%, lo ayuda-
ron a levantarse y se preocuparon por su estado. Sin embargo,

cuando se vio la última parte del proceso, es decir, a la persona levantándose del suelo, supuestamente tras haber caído por las escaleras, solo un 13 % le prestó su ayuda. (Seguramente serían personas altamente sensibles. Guiño).

Además, según Salovey y cols., en un estudio del año 1991, cuando se parte de un estado de ánimo positivo, se tiende a ser más sensible ante las necesidades ajenas, lo que, a su vez, era compatible con la conducta de ayuda.

¿No te ha sucedido alguna vez que tienes la oportunidad de prestar tu colaboración en alguna causa, pero tienes dudas sobre si es lo más acertado? Efectivamente, en ocasiones sobreviene la incertidumbre sobre si prestar ayuda o no, porque las situaciones nos parecen dudosas. Este fenómeno también ha sido ampliamente estudiado en psicología y, a modo de resumen, expondré un par de teorías relevantes que vienen a mostrar resultados parecidos. Se trata de la teoría de la comparación social de Leon Festinger, formulada en 1954 y de la teoría de la influencia normativa, de Deutsch y Gerard, de 1955. Afirman que, cuando la situación que se nos presenta nos posiciona ante una disyuntiva sobre cómo debemos actuar, solemos apelar al criterio ajeno, a la conducta y la opinión de los demás.

¿Por qué nadie bajó a ayudar a Kitty y solo una persona, de las casi cuarenta que vieron lo que estaba sucediendo, llamó a la policía? Este elemento también fue estudiado, y Darley y Latané realizaron en 1968 estudios que los llevaron a concluir que, cuando una persona, en una situación de peligro y emergencia, sabe que otros pueden ayudar, tiende a pensar que serán aquellos quienes den ese paso. Sin embargo, en momentos en los que está presente un solo individuo, este se siente más responsable y tiende a actuar. Es directamente proporcional: cuantas más personas haya presentes, menos tendemos a pensar que nuestra ayuda es imprescindible, menos responsabilidad frente a la acción, y viceversa.

Este tema de la ayuda ha sido un asunto de intenso interés y muy estudiado, y daría para un curso exclusivo, lo cual no es mi pretensión. Lo que intento es hacer un recorrido bastante riguroso por lo que la psicología puede enseñarnos acerca de fenómenos que nos pueden afectar de una u otra manera, y qué mejor forma que conocer a fondo esta temática, por aquello del autoconocimiento.

Así que seguimos un poco más. A finales de la década de 1990, Batson quiso desentrañar los motivos por los cuales las personas ayudan, y en sus investigaciones encontró varias respuestas. Algunas de ellas son las siguientes:

- Ayudamos si hemos sido instruidos/as para ello, es decir, si se nos ha reforzado positivamente esta conducta. Del mismo modo, ayudamos si hemos visto a nuestros modelos, nuestras madres y padres, nuestros cuidadores/as, realizar acciones de ayuda y de preocupación por el bienestar de otros seres.

- Ayudamos con el objetivo de reducir nuestra tensión, porque cuando una persona está sufriendo, su malestar nos resulta incómodo. Esto sucede cuando el individuo que padece nos genera tristeza y deseos de reducir el propio malestar. Sin embargo, por otro lado, también se comprobó que se podía sentir «empatía», una respuesta emocional de apertura hacia el/la otro/a y de la que surge una motivación sincera por disminuir el sufrimiento de la otra persona.

Ayudamos porque así lo dicen las normas o los roles que cumplimos en la sociedad. Por decirlo de manera más clara, según diferentes reglas —que a veces vienen implícitas— entendemos que debemos ayudar a quien nos ayuda o que debemos proteger a quien depende de nosotras. Y, además, existen ciertas normas que pertenecen al ser de cada individuo, sus propias reglas verbales, que están conformadas por su historia de vida y que marcan la dirección de sus acciones. Por ejemplo, Marta cree a pies juntillas en la sentencia «dedica tiempo a las personas necesitadas», y así lo pone en práctica, colaborando en un comedor social cuando termina su jornada laboral.

- Ayudamos según las atribuciones que hagamos sobre diferentes aspectos de la situación problemática: lo más o menos necesitada que esté la persona, si la consideramos inocente o, por el contrario, responsable de lo sucedido. En este punto se comprobó que cuando una persona atribuía su conducta de ayuda a un concepto propio de su yo («lo hago porque soy buena persona») aumentaba la probabilidad de que en el futuro continuara ayudando. Sin embargo, cuanto más recayera la atribución de la conducta de ayuda a los aspectos situacionales (desde «ayudo hoy porque en estos casos suelo hacerlo», pasando por «ayudo porque no hay nadie más disponible», hasta «ayudo porque no sé cómo negarme»), más posibilidad de que la respuesta de ayuda no fuera consistente.

Los conceptos estudiados previamente nos pueden llevar a comprender un poco mejor por qué actuamos como actuamos (que a estas alturas de la película ya es de sobra conocido que las personas altamente sensibles tendemos a la conducta de ayuda: recordemos nuestros pilares y, en concreto, la intensidad emocional y el alto procesamiento de la información), por qué muchas veces nos perdemos en el proceso y cuáles pueden llegar a ser las consecuencias.

Fatiga por compasión

Citando a Figley (1983b): «Sometimes... we become emotionally drained by [caring so much]; we are adversely affected by our efforts. Indeed, simply being a member of a family and caring deeply about its members makes us emotionally vulnerable to the catastrophes which impact them. We, too, become "victims", because of our emotional connection with the victimized family member».

Y su traducción al español:

«A veces... nos agotamos emocionalmente al [preocuparnos tanto]; nuestros esfuerzos nos afectan negativamente. De hecho, ser miembro de una familia y preocuparse profundamente por sus miembros nos hace emocionalmente vulnerables a las catástrofes que impactan en ellos. Nosotros también nos convertimos en "víctimas" debido a nuestra conexión emocional con el familiar victimizado».

Figley acuñó en 1995 el término «fatiga por compasión», que se puede resumir como «desgaste por exceso de empatía». Explica que el hecho de ver a alguien sufriendo crea de manera espontánea, en la persona que lo observa, un sentimiento de empatía. Si el sufrimiento se alarga en el tiempo, o si la intensidad emocional es muy elevada, puede llegar a tener consecuencias más complicadas, que incluyen el desgaste emocional y la sobresaturación.

Pero, ¿qué elementos coadyuvan para que se llegue a producir en una persona fatiga por compasión? Según el autor, es preciso tener en cuenta varios elementos, que seguro que te suenan:

- Ser muy empáticas. La empatía se convierte en un arma de doble filo, pues sin ella no podríamos colocarnos en una posición de ayuda. No obstante, si se sobrepasan ciertos límites, el exceso de empatía nos convierte en vulnerables.
- Tener disposición para ayudar. Como hemos estado viendo a lo largo de los estudios realizados para analizar la ayuda, ser capaz de asistir y socorrer a alguien no conduce, necesariamente, a hacerlo. La motivación cumple un papel muy relevante.
- Tener la capacidad de abrirnos a experimentar el sufrimiento de la persona a quien ayudamos.
- El grado de esfuerzo que realizamos para tratar de disminuir el padecimiento de la o las personas a quienes ayudamos.
- Que la ayuda se prolongue en el tiempo.
- Que surjan recuerdos traumáticos, relacionados con circunstancias similares previas experimentadas.
- Que en la vida aparezcan cambios o modificaciones importantes e inesperadas.

Para avanzar un poco más, ¿cómo podemos saber que estamos experimentando fatiga por compasión? Estemos muy atentas cuando:

- Nos percibamos reviviendo de manera continuada situaciones dolorosas o traumáticas que pertenecen a la narrativa de la persona a la que estamos ayudando.
- Tendamos a rechazar el contacto con las personas que sufren.
- Tendamos a evitar situaciones de acompañamiento y apoyo con las que antes nos sentíamos satisfechas. Esto puede

ser una buena señal de que estamos sobrepasadas a nivel emocional.

- Nos sintamos más irritables, más tristes, más enfadadas, con más problemas para conciliar el sueño, con más impulsividad y más ansiedad, suframos dificultades de concentración que antes no percibíamos.
- Dejamos de cuidarnos, nos notamos con menos energía, sentimos desesperanza por el futuro.

Como personas somos seres biopsicosociales, es decir, formamos parte de un todo, no estamos divididas en secciones. Esto significa que nuestra salud integra elementos biológicos, psicológicos y sociales. No basta con no padecer una enfermedad para confirmar que tenemos buena salud (como se entendía antes de que el psiquiatra George L. Engel, en 1977, introdujera este modelo holístico, que nació para contraponer al clásico modelo biomédico imperante hasta el momento), sino que tendremos que cumplir con un equilibrio en estas tres áreas que componen la vida del ser humano. Este concepto lo corrobora la OMS, la Organización Mundial de la Salud. Por tanto, padecer los síntomas que venimos nombrando como consecuencia de la fatiga por compasión generará diferentes consecuencias más graves, a medio o largo plazo y a muy distintos niveles, que podrán llegar a quebrar la estabilidad de nuestro estado de salud y nuestro bienestar general:

- A NIVEL BIOLÓGICO. Pérdida de energía y de vitalidad; mala calidad del sueño, incluidas las pesadillas o los sueños muy intensos y reales que nos dejan una sensación de haber dormido mal; alimentación precaria o excesiva.

- A NIVEL PSICOLÓGICO. Falta de autocuidado; bajo estado de ánimo; desorientación en cuanto al concepto del propio «yo» en el mundo; excesiva susceptibilidad y/o rechazo ante noticias relacionadas con la violencia o el sufrimiento; percepción de autoconcepto negativo.
- A NIVEL SOCIAL. Disminución de las relaciones sociales; pérdida del trabajo; deterioro de las relaciones familiares.

El trauma vicario

El trauma vicario es otro de los conceptos importantes que debemos conocer y fue formulado por McCann y Pearlman en 1990. Concierne específicamente a los profesionales que trabajan con personas que sufren eventos traumáticos (cuerpos policiales, profesionales de la psicología o el trabajo social, médicos/as y personal sanitario de urgencias, etc.) y está provocado por la exposición repetida y prolongada a altos impactos emocionales. Aparece súbitamente, creando en el/la profesional una implicación emocional con las experiencias traumáticas de las víctimas y una alteración en su forma de entender el mundo y en sus esquemas mentales. Es decir, experimenta las mismas emociones que la víctima, posicionándose desde ese lugar, como si perdiese su propio «yo».

Vista la parte más teórica, el QUÉ de la cuestión, ahora toca adentrarnos en el CÓMO. Y más específicamente, teniendo claros todos estos conceptos —qué es el altruismo, cómo funciona la ayuda, qué elementos intervienen para tomar la decisión de dar el paso hacia la conducta de apoyo, qué síntomas puedo percibir cuando ofrezco más de lo que está en mi mano, qué consecuencias conlleva...—, ¿cómo puedo prevenir este desgaste emocional?

Quédate un poquito más, que abrimos camino por esta ruta.

¿Cómo prevenir el desgaste emocional?

- Asegúrate de rodearte de una buena red de apoyo. Cuando tenemos a nuestro lado personas a las que recurrir, en las que sostenernos, la carga se alivia sobremanera. Es importante tener presente que en la vida podemos socorrer a muchas personas, y también merecemos recibir ayuda de otras. O de las mismas en otros momentos. Todo es un equilibrio y las relaciones funcionan como en un baile: con unas canciones la danza es a cuerpo pegado, y con otras más separada; unas veces apoyas tu brazo para hacer un paso determinado en el hombro de tu compañero/a, y otras, es ella o él quien te necesita.

- No te olvides de la importancia que tienes tú, como vehículo emisor de ayuda, como herramienta, si prefieres llamarlo así. Al colgar un cuadro, necesitamos que el taladro funcione. Si el instrumento no se encuentra en perfecto estado, difícilmente cumplirá con su función, y el cuadro se quedará, a lo sumo, apoyado en el suelo, pero colgado seguro que no. Eso en el mejor de los casos. También puede ocurrir que, como consecuencia de estar el taladro estropeado, hagamos un agujero en la pared o se produzca algún accidente. Y esta regla, la del instrumento en perfecto estado, se puede ajustar perfectamente a nosotras. Si no nos cuidamos, también estamos descuidando a los demás. Por tanto, si queremos ser buenas «ayudadoras», tenemos que estar en buenas condiciones.

- Reserva tiempo a la semana para ti, y agéndalo. Sí, por escrito, no en la mente, que ahí se le presta menos atención, se desplaza con temas más importantes y se termina olvidando. Lo que trasladamos al papel (o al ordenador, como tú te organices mejor), cumple de forma más automática una función de «obligación», de «tarea pendiente». El tiempo de autocuidado, de ocio, de hacer lo que nos apetezca, debe ser, como hemos dicho, indiscutible, para que la maquinaria funcione adecuadamente. Con respecto a esta cuestión, quizás te encuentres en cierta disyuntiva, y te lo digo por experiencia propia. Por ejemplo, cuando una persona se habitúa durante un tiempo a llevar una vida con mucha carga de trabajo, resulta complicado soltar y descansar, y suele ser frecuente que esos tiempos de reposo se conviertan en generadores de ansiedad y de estrés, porque no sabemos cómo emplearlos y nuestra mente se dirige continuamente (esto es, que el cerebro «rumia»), hacia pensamientos del tipo: «debería estar aprovechando el tiempo», «¿cómo puedo estar sin hacer nada?», «no sé qué hacer», «no sé cómo divertirme»… Ciertamente, las sensaciones que nos producen estos pensamientos suelen ser desagradables, y nuestra tendencia se encamina hacia lo conocido, hacia lo de siempre, a hacer algo de provecho, porque así me sentiré mejor y los malos pensamientos dejarán de asaltarme. Pero, ¿qué pasa entonces? A corto plazo, es verdad que mis sensaciones serán más agradables, lo que no quiere decir que sea lo mejor para mí porque, recordemos, lo que yo quiero es cuidarme para poder seguir ayudando, estando en condiciones óptimas y no forzando la máquina. Así que, de esta manera, la próxima vez que intente volver a descansar los pensamientos negativos volverán, y además tendré como referente el recuerdo de la última experiencia que ya me resultó desfavorable. Mi fuero interno me inclinará a que vuelva a repetir la misma acción de sobra conocida, con el objeto de aliviar las malas sensaciones y pensamientos que no me gustan, produciendo de esta manera un ciclo infinito y no consiguiendo, a medio y largo plazo, la vida que me gustaría, según mis valores.

- Respecto a cómo enfocar el tiempo de ocio, date permiso para «no hacer nada», para recargar simplemente. Si lo que te pide el cuerpo es ver una película de las que catalogamos como «sin profundidad», hazlo. Si te apetece leer una revista, pero piensas que no te va a aportar nada útil, aun así, hazlo. Si te apetece tumbarte al sol y nada más, hazlo. Si quieres pasear bajo la lluvia, hazlo. Si te apetece hacer *scroll* por la pantalla y perderte en tus redes sociales, hazlo. Es tu tiempo y, valga la redundancia, es temporal. La obligación vendrá después. Suele ocurrir que a veces nos resulta más fácil y más justificable a nivel interno compartir el tiempo libre con otras personas, y ese puede ser un paso previo para aprender a disfrutarlo. Si te percibes con barreras para desconectar y disfrutar de tus descansos, te voy a proponer que, en principio, busques actividades que, o bien impliquen a más personas para desarrollarlas, o bien requieran de planificación y estructura para llevarlas a cabo. Con el paso del tiempo, cuando el descanso se convierta en algo más habitual en tu vida, podrás elegir con soltura si pasas dos horas literalmente tirada en el sofá o si prefieres acudir a una clase de yoga. Ahora, quizá sea más conveniente que escojas la segunda opción. Son dos ejemplos que puedes modificar a conveniencia. Lo relevante es que, en el primer caso, la actividad no necesita planificación, ni implica a ninguna otra persona, ni requiere ningún tipo de esfuerzo. La segunda sí. Como todo, lo importante es plantear lo que queremos para lograr una vida encaminada hacia nuestros valores, planificar los pasos e ir cumpliendo pequeños objetivos. Paso a paso, haz pruebas, modifica, experimenta.

Ten claro que no puedes ayudar a todo el mundo. Ojalá pudiéramos, pero no es posible. Somos individuos muy pequeños en un universo enorme. Podemos colaborar con acciones individuales, más largas o más cortas en el tiempo, con más o menos impacto, pero el alcance de nuestros actos, por lo general, suele ser extremadamente limitado. No pretendo desanimarte ni robarte la ilusión por alcanzar un mundo mejor en el futuro, pero sí ajustar tus expectativas, ayudarte a que reflexiones sobre hasta dónde puedes y quieres llegar (de manera que no sobrepase la línea en la que tu salud entraría en juego) y que aprendas cómo ponerte tus propios límites. Por ejemplo, te propongo que hagas las siguientes preguntas. Desde ahora mismo hasta el mes siguiente:

- ¿Cuántas acciones de ayuda puedo/quiero abarcar?

_____

_____

_____

- ¿Cuánto tiempo puedo/quiero sacrificar en ayudar?

_____

_____

_____

- ¿Qué días de la semana ayudaré?

_____

_____

_____

- ¿A qué horas estaré disponible?

_____
_____
_____

- ¿Haré algún tipo de excepción respecto de los días o las horas?

_____
_____
_____

- ¿Qué días de la semana estaré totalmente _desconectada?_

_____
_____
_____

- ¿A qué horas no ayudaré, bajo ningún concepto?

_____
_____
_____

- ¿Cómo actuaré si alguien me pide ayuda y ya he alcanzado mi límite propuesto?

_____
_____
_____

- ¿Cómo lo solucionaré?

_____
_____
_____

- ¿Alguien más podría ayudar en ese caso?

_____

_____

_____

- ¿Podría posponer la ayuda para el mes siguiente, cuando haya terminado con lo que me traigo entre manos en el presente?

_____

_____

_____

- ¿Podría/querría, directamente, negarme a ofrecer mi ayuda?

_____

_____

_____

Como siempre, las reflexiones que te propongo son cuestiones generales, pero siéntete libre para agregar todo lo que creas que se ajusta a tu caso en concreto y elimina aquello que no te sirva. Recuerda que se trata de trazar un mapa exclusivo para ti, y eso solo puedes ajustarlo tú misma.

- Muévete. Camina. Corre. Trota. Haz yoga, pilates, zumba, boxeo. Sal a dar un paseo por el campo o por la playa, por el bosque, por la montaña, por la avenida que tienes frente a casa o por el parque que queda a dos manzanas de tu edificio. El sedentarismo nos arruga, nos empequeñece, nos consume y, por el contrario, la activación del cuerpo contribuye a que el cerebro se despeje y se oxigene. Además, genera endorfinas, que son neurotransmisores que producen bienestar de manera natural.

- Aliméntate de manera pausada y conviértelo en un momento consciente. Prepara la mesa, siéntate, no comas de pie y de forma acelerada o de cualquier manera. Dedica tiempo suficiente a este momento tan importante. Está demostrado que ingerir alimentos llamativos, atractivos, que nos entren por la vista por sus colores vistosos y por su agradable disposición, con frutas y verduras de temporada, contribuye a que el proceso de alimentarse sea más motivador y satisfactorio. Y, oye, se trata de cuidarnos, de concedernos pequeños premios saludables en el día a día y de proteger la maquinaria, como veníamos diciendo.

2.1.C.3. Las fuertes reacciones emocionales en las mujeres altamente sensibles

Uno de los aspectos que se hacen más manifiestos son nuestras fuertes reacciones emocionales. Y saber que esto es así, por naturaleza, para bien o para mal, nos puede ayudar mucho. Te contaré por qué basándome en un ejemplo propio. Recuerdo una época de mi vida, hace muchos años, en la que encontré una imagen que iba acompañada de un texto pequeño con el que me sentí tremendamente identificada. En resumen, se trataba de un conjunto de globos flotando en el aire y la siguiente sentencia: «Soy un globo de emociones en un mundo de alfileres». Así de frágil me sentía. Así de vulnerable, así de expuesta.

Si me hubiera cobijado exclusivamente en ese fragmento de mi debilidad, de mi indefensión, de mi capacidad de sentir la tristeza, me hubiera perdido una gran cantidad de vivencias y de sentires. En definitiva, hubiera desaprovechado la experimentación de todas las emociones que están disponibles en el abanico que la naturaleza me ha regalado. Las PAS disponemos de un margen emocional enorme que nos permite sentir profundamente los aspectos negativos, no lo negaremos, pero que también nos ofrece la oportunidad de experimentar el gozo, la plenitud, la alegría, el regocijo, etc., con una magnitud que la mayoría de la gente no es capaz de apreciar. Y esto, amiga mía, es un regalo de la vida.

No estoy queriendo decir que sea favorable ni recomendable expresar cualquier emoción, en cualquier grado, en cualquier momento, bajo la circunstancia que estemos viviendo y ante cualquier persona… No sería inteligente ni nos acercaría hacia nuestros valores. Lejos de eso, lo que intento transmitirte es todo lo que yo he aprendido, lo que la psicología lleva tanto tiempo estudiando. Así, construiremos una pequeña (pero apañada) caja de herramientas que nos servirá para solucionar desperfectos y adaptar las circunstancias particulares hasta conseguir los beneficios deseados.

Te propongo un ejercicio para el que vas a necesitar un pequeño cuaderno. (Como verás, aconsejo mucho usar cuadernos. Me encantan, creo que poder atesorar escritos es eso, una fortuna). En él irás anotando, a modo de registro diario, tus vivencias, así como los eventos internos (recuerda: pensamientos, emociones, sensaciones, recuerdos…) que llevan asociadas. No hace falta que escribas mucho, solo un par de frases, tres. Después, añade lo que haces, cómo te comportas.

Ejemplo de cuadro / autorregistro:

	Situación, vivencia...	Eventos internos (pensamientos, emociones, sentimientos, sensaciones, recuerdos, imágenes...)	¿Cómo actúo? ¿Qué hago? ¿Cómo me comporto?
LUNES			
MARTES			
MIÉRCOLES			
JUEVES			
VIERNES			
SÁBADO			
DOMINGO			

Esta actividad, mantenida en el tiempo, te hará cada vez más consciente y más experta de tus estados de ánimo, así como de los patrones que se repiten en ti y en tus reacciones. ¡Ánimo y en marcha!

Pautas de gestión emocional

Ante estas fuertes reacciones emocionales te propongo cuatro pautas que puedes seguir (pon mucha atención a lo que viene, hazle una captura de pantalla, diseña una pequeña tarjeta y llévala siempre contigo en la funda del móvil, escríbelo en un pósit, memorízalo… lo que sea para que esté accesible de manera rápida cuando lo vayas a necesitar).

PAUTAS DE GESTIÓN EMOCIONAL	
1	Aprende a identificar qué emoción estás experimentando en cada situación. (Vuelve al punto 2.1.C.1., «El universo de emociones», si consideras que requiere un repaso).
2	Permítete experimentar esa emoción sin rechazo.
3	Libera la emoción. ¿Qué significa esto? Sin apegarte demasiado a ella, permítete llorar, gritar, hablar con una persona de confianza, abandonar el lugar en el que te encuentras y desconectar dando un paseo, ir a hacer un poco de ejercicio. Aunque parezcan conductas de evitación, en momentos de alta tensión emocional un pequeño espacio de desconexión nos puede permitir rebajar esa intensidad, y poder continuar con la acción.
4	Una vez liberada la emoción, reflexiona: ¿qué significa esa emoción en este momento? ¿Tiene algo que enseñarte?

Incluso en situaciones agradables, la intensidad emocional puede terminar desbordándonos, porque nuestro sistema nervioso no puede digerir ese nivel de información, de estimulación, y se colapsa. Es como si lo interpretase como una amenaza. ¿Te ha sucedido en alguna ocasión? ¿Puedes recordar cuándo fue la última vez que lo experimentaste?

Ya sabemos que ser altamente sensible no predispone en mayor medida que otras personas a padecer patologías mentales. Sin embargo, si por algún motivo una persona altamente sensible sufre en algún momento de su vida ansiedad o depresión, la alta sensibilidad funcionará como un **amplificador de esta experiencia emocional**, como si se le añadiera al teléfono móvil un altavoz portátil. Por este motivo, conocernos y saber gestionar nuestras emociones constituirá una guía muy útil para no perdernos por el camino.

2.1.C.4 Reacciones ante las críticas

CRÍTICAS. Críticas. Críticas. Críticas. C r í t i c a s.

¿Cómo te hace sentir esta palabra? A mí, en concreto, me revuelve el estómago. Fíjate. Estoy hablándote acerca de cómo gestionar mejor la crítica y, aun así, no me puedo liberar de las reacciones de mi sistema nervioso. Así somos. Ya te advertí que no vengo a colocarme en ningún podio. No obstante, a pesar de todo puedo detenerme, respirar, cerrar los ojos por un instante y mantener la perspectiva, no dejarme llevar por la «nube negra».

Volver a reconectar con mis valores, con aquello de lo que estamos hablando durante todo el libro y que es la brújula a la que recurrir cuando me siento perdida. Sin ánimo de centralizar el texto en un caso clínico sobre mi propia experiencia, me gustaría abrirme para mostrar realmente como soy, una persona que ha aprendido a hacerse un espacio en el camino a fuerza de equivocarse, de buscar en lugares que no eran los apropiados, de llamar a puertas que no resultaron ser las correctas y de aprender de otros ámbitos que fueron imprescindibles para llegar a ser quien soy hoy.

Te diré que la experiencia aminora las sensaciones y los pensamientos negativos, pero no los elimina. Yo sigo teniendo miedo (y mucho) a que lo que divulgo, enseño, muestro, no interese, o no sea suficiente. Aun así, después de trabajar y «trabajar-me» mucho, he llegado a la conclusión de que esto es lo que quiero y lo que necesito, lo que me acerca a la vida que deseo: seguir dedicándome a la psicología y mostrar al mundo que la alta sensibilidad es maravillosa, que nuestros rasgos son merecedores de ser tenidos en cuenta, estudiados de manera rigurosa, aceptados y entendidos; en definitiva, acompañar a las PAS en su transitar existencial y en la mejora de sus facultades vitales. Por eso, las piedras en el sendero me entorpecerán, puede que me generen sufrimiento, y estoy segura que habrá momentos en que así será porque no puedo cambiar mi sistema nervioso, ni tampoco lo pretendo, nací así, pero serán eso, peñascos. Algo que no me desviará de mis valores, de lo que quiero, de mis metas, conscientemente escogidas.

Y, a lo largo de este camino, es importante que sepamos **AUTOCUIDARNOS** y **AUTOPROTEGERNOS** (lo escribo en mayúsculas y en negrita de forma consciente, dada la relevancia que quiero darle). Es cierto que, estadísticamente, somos una minoría, pero nuestro malestar cuando nos relacionamos en la sociedad se debe a que, en muchas ocasiones, hemos sido víctimas de estereotipos negativos, de rechazo por ser diferentes, de frialdad e indiferencia incluso. Esto ha provocado incomodidad ante nosotras mismas, poca credibilidad en nuestra capacidad, pobre autoconcepto, mucho más teniendo en cuenta la carga de género que ya arrastramos de antemano. Incluso hemos podido intentar amoldarnos al resto, cambiar nuestra naturaleza para ser aceptadas, por PAS y por mujeres, a pesar de que no nos conviniese, tal y como comentábamos en el apartado anterior. Porque hemos entendido que nacíamos con un defecto, quizás con un vacío, y había que llenarlo con lo de fuera. Y eso, una vez más, ni es verdad, ni es tu culpa, ni es cuidarse, ni es justo.

Te animo a que te plantees las siguientes cuestiones:

- ¿En qué momentos has recibido críticas?

_____

_____

_____

_____

- ¿Cómo te han hecho sentir?

_____

_____

_____

_____

- ¿Qué explicación le confieres a tales hechos? ¿Se ajustaban a la realidad?

_____

_____

_____

_____

- ¿Cómo reaccionaste?

_____

_____

_____

_____

- ¿Qué ocurrió después?

_____

_____

_____

_____

- ¿Si volviera a repetirse la misma situación (la crítica), por tu parte sucedería todo exactamente igual o habría algún cambio?

_____

_____

_____

_____

En ocasiones, una crítica nos coloca en una posición de alta tensión emocional que nos hace estallar, reaccionar, explotar. A continuación, nos sentimos tan mal, tan perdidas, tan poca cosa, tan inferiores al interpretar la crítica como un fracaso absoluto, que es muy complicado recomponerse y continuar. Caemos, por consiguiente, en uno de los siguientes dos estados: o bien en lo que se denomina *heteroagresión*, culpabilizando al otro y «lanzándole la pelota» cargada de toda nuestra ira, o bien utilizamos conductas de *autoagresión*, donde dicha agresividad se dirige hacia nosotras mismas y se materializa a través de comportamientos poco saludables, incluso dañinos, como por ejemplo el consumo excesivo de alcohol o de sustancias que nos tranquilizan de manera momentánea; o también una alimentación poco nutritiva y en altas cantidades, que nos empuja a comer sin hambre y de forma compulsiva; o quizás una entrega total y absoluta a la televisión, o la dejadez en el aseo... patrones todos ellos de evitación de los eventos internos que nos alejan del afrontamiento de la sensación, de la emoción y, con ello, del camino conscientemente elegido. Recomponerse y continuar, en realidad, debe ser nuestro objetivo. Entender que es posible recibir una respuesta negativa hacia una conducta emitida o un trabajo realizado, aunque le hayamos dedicado toda la mejor intención y el cariño del mundo. Y que nos va a doler, por supuesto, y nos hará sentir rabiosas, tristes, desmotivadas, inferiores, poco valiosas, y así un largo etcétera. Sin embargo, estas sensaciones desagradables no tienen por qué obligarnos a desviarnos de nuestro horizonte.

Saber cómo funcionamos y qué podemos esperar de nosotras mismas no modificará la realidad exterior, ni siquiera los pensamientos y sentimientos que aparezcan ante determinados eventos o ante situaciones en las que podamos ser criticadas. Pero contar con estos datos puede conferir a la vida más notoriedad y más sentido, acercarnos más a ese estadio de autorrealización del que hablábamos cuando nos detuvimos a comentar la pirámide de las necesidades de Maslow, ¿te acuerdas?

Y esto sucederá cuando hayamos comprendido, asimilado y aceptado que el malestar y el sufrimiento formarán parte de nuestro transitar en algunos —o en muchos— momentos, y que no tienen por qué impedir nuestra acción.

2.1.C.5. La autocompasión y su relación con el *mindfulness*

En este punto me gustaría hacer una breve inmersión «acuática» en la **autocompasión**. (Acuática por aquello de que nos encontramos en mitad de un viaje personal marítimo. Guiño de nuevo). La autocompasión, tal y como la conocemos hoy, deriva de un concepto de la cultura oriental, más en concreto de la budista, y ha sido ampliamente estudiado por la investigadora Kristin Neff.

La doctora Neff es psicóloga, vive en EE. UU., nació en 1966 y es madre de un hijo con trastorno de espectro autista. Cuenta que la situación fue difícil para ella, porque el niño tenía muchas rabietas que a ella le provocaban un gran sufrimiento, por lo que respirar con tranquilidad y transmitirse a sí misma autocompasión por sentir su propio dolor, le fue de mucha utilidad. De ahí que investigara sobre la autocompasión. Desde entonces ha escrito mucho sobre esta temática, llegando a fundar un centro para trabajar en esa línea a través de una metodología que ella misma desarrolló. Determinó que hablamos de autocompasión cuando tenemos en cuenta nuestro bienestar y felicidad, nos tratamos con respeto y afecto, al tiempo que aceptamos que las limitaciones y los fallos estarán presentes en la vida, sin fustigarnos por ellos. Tal y como la describió, la autocompasión está formada por tres piezas esenciales: autoamabilidad (*self-kindness*) en lugar de autocrítica, sentimiento de «pertenecer a» en lugar de aislarse y atención plena o *mindfulness* en lugar de identificarse con los pensamientos o emociones. Nos detendremos en cada una de estas tres piezas.

- *Autoamabilidad (*self-kindness*) en lugar de autocrítica.* Se basa en la tendencia a tratarnos a nosotros mismos de forma amable cuando no conseguimos los objetivos marcados, o cuando fracasamos en nuestros intentos por lograr lo que nos habíamos propuesto. En lugar de «machacarnos» mediante críticas, enfadarnos o juzgarnos duramente, aceptamos que no siempre lograremos lo que queríamos, que a veces las circunstancias no son las más óptimas, y que hay momentos de la vida en los que no estamos al cien por cien, y entonces nos tratamos con mimo, con respeto, con amabilidad, consiguiendo así un mayor equilibrio emocional.

- *Sentimiento de «pertenecer a» en lugar de aislarse.* Hace referencia a ese sentido de «humanidad compartida», de entender que las dificultades, los errores, los defectos, las limitaciones, son extensibles a todos los seres humanos, no exclusivamente a nuestra persona. Desde esta perspectiva, nuestra mirada se amplía, dejamos de visualizarnos como entes aislados y separados del resto y, por consiguiente, de sentirnos excéntricas, raras, inferiores, incapaces. Aceptamos que esto que contemplamos en nosotras mismas, ese malestar y ese sentido de no encajar en algún momento, no nos hace distintas, sino que pertenece a la humanidad, porque formamos parte de una globalidad que está conectada. En este punto intervienen el reconocimiento y la aceptación amable y compasiva de que nuestros eventos internos y nuestros comportamientos no dependen solo de nosotras, sino que están influidos por diversos elementos, entre ellos la genética, la historia de vida, el contexto cultural, los estereotipos, el ambiente en el que nos relacionamos, las oportunidades con las que contamos... En este ampliar la mirada también nos volvemos más autocompasivas con las demás personas, menos exigentes, porque el sabernos imperfectas se configura como un marco mental que nos incluye a todas. Esto determina que nuestros actos se dirijan de forma más flexible, menos crítica y menos competitiva.

- *Atención plena o* mindfulness *en lugar de identificarse con los pensamientos o emociones.* Se trata de vivir la experiencia presente sin sobreidentificarse con las propias emociones, pero sin rechazarlas. Digamos que se permite la entrada a lo que esté por llegar y así se vive, tal como llega, sin tratar de suprimir la experiencia, aunque nos resulte desagradable. Entonces la vivimos con conciencia plena, pero sin regodearnos en ella, sin engrandecerla. Se observan los eventos internos desde una perspectiva más amplia y más clara, que impide que nos sintamos retenidas por ellos. Somos conscientes del momento actual, «chequeamos» cómo nos sentimos, aprendiendo a tomar tierra, a escuchar al propio cuerpo y sus mensajes. El *mindfulness* se establece como un modo de vida, una filosofía, un modo de dirigirse en el mundo, pero se puede interiorizar en la persona a través de la práctica, del hábito. Por ejemplo, estaría presente cuando nos perdonamos por haber tenido una mala reacción con una persona querida que nos ha hecho enfadar, y entendemos que las circunstancias quizás nos sobrepasaron, que somos humanas, en lugar de criticarnos en exceso y castigarnos. La finalidad no es sustituir pensamientos negativos por otros más positivos; ya comentábamos desde el inicio de este proceso de transición al cambio que no es nuestro propósito trabajar desde esa perspectiva, porque, a mi modo de ver, los cambios que se experimentan son a corto plazo, y no son perdurables en el tiempo, por lo que no recomendaré ninguna línea de intervención en ese sentido. La intención básica es que, al aceptar los eventos internos negativos con amabilidad, se generan a la larga emociones positivas. Nos acogemos a nosotras mismas como lo haríamos con una persona querida.

Te planteo seguidamente un ejercicio que yo suelo utilizar, que está adaptado de Kristin Neff y que es conocido como «el mantra de la autocompasión». El contexto es el siguiente: en momentos de dificultad, en los que te sientas angustiada, triste, malhumorada o con un nivel de autocrítica elevado, utiliza unas frases a modo de mantra. Las siguientes son solo unas sugerencias, que pueden ser modificadas a tu gusto y como te sea más cómodo recordarlas.

EL MANTRA DE LA AUTOCOMPASIÓN

- *Estoy viviendo un momento de sufrimiento.*
- *El malestar forma parte de la vida.*
- *Pido ser amable y comprensiva conmigo misma en este momento.*
- *Merezco recibir la compasión que necesito.*

A continuación, te pido que te dediques unos minutos a experimentar. Confía en mí, porque te voy a acompañar en este pequeño viaje. Como siempre, te animo a que utilices el código QR y disfrutes del ejercicio en formato audio.

Siéntate cómodamente en un lugar tranquilo, sin ruidos, y cierra los ojos. Toma contacto con tu respiración y nota cómo el aire se introduce suavemente por tus fosas nasales y viaja por el interior de tu organismo, hasta llegar a tus pulmones, que se llenan de oxígeno, de vida. Continúa respirando a un ritmo acompasado y regular, y respira otras cinco veces. Ahora vamos a transportarnos mentalmente hasta un lugar donde te sientas segura. Puede ser un sitio conocido que hayas visitado y del que guardes buenos recuerdos, o puedes imaginarlo. Podrías estar en un bosque fresco, rodeada de arboleda, sobre un césped empapado de rocío, mientras se escucha el gorjeo de los pájaros que anidan en las ramas y el discurrir de un pequeño arroyo, a lo lejos. O quizás prefieras permanecer en esa playa de fina arena tostada y sol cálido, escuchando el ir y venir del oleaje en un mediodía del mes de mayo. Tu lugar seguro puede ser la habitación de tu infancia, donde imaginabas las historias más inverosímiles y pasabas tardes interminables de juegos y lecturas, hasta que el último rayo de sol desaparecía. Tómate la libertad de imaginar el espacio donde te sientas mejor, más confortable y más segura, porque allí será donde viajemos. Visualízalo, con toda su nitidez y sus detalles. ¿Qué ves? ¿Qué colores percibes?

¿Es de día o de noche? ¿Huele a algo? ¿A qué? ¿Percibes algún sabor? ¿Alguna textura? ¿Qué escuchas?

Permaneces en este lugar un tiempo, tomando contacto con el espacio hasta que descubres una figura que va apareciendo. Se trata de un ser compasivo, amoroso, cariñoso, considerado, sabio, bondadoso, ideal. ¿Quién es? ¿Cómo se percibe? ¿Cómo se ve? ¿Es alguien conocido o familiar? ¿Despide algún olor específico? ¿Produce algún sonido? ¿Puedes sentir su tacto? Intenta experimentar el contacto con este ser a través de todos tus sentidos.

A continuación, conecta con el sufrimiento o malestar que padeces en este momento de tu vida, por ejemplo el sentimiento de fracaso tras la última mala decisión laboral tomada, el arrepentimiento y la culpabilidad por no haber dedicado tiempo a visitar a tus familiares o a tus amistades, la vergüenza que experimentaste tras haber opinado y haber sido duramente criticada en una reunión… Piensa que este ser bondadoso que te acompaña es compasivo, entiende que no eres perfecta y así te quiere, te valora y te respeta, y te ama por encima de tus fallos. ¿Qué palabras te dirige? ¿Cómo te las dice? ¿Cómo es su lenguaje no verbal? ¿Qué emociones te hace experimentar? Quédate un tiempo escuchando, atenta a lo que quiere manifestarte.

Ahora, guárdate todo lo experimentado, que es un regalo para tu presente y para tu futuro. A continuación, concédele permiso para marcharse. Deja que se aleje mientras tú permaneces en este lugar seguro. Dirige de nuevo tu atención a la respiración pausada, serena, tranquila. Inspira por la nariz y espira de la misma manera. Repítelo varias veces. Disfruta del estado de relajación que ha alcanzado tu cuerpo. Te sientes bien, te sientes en calma, te sientes en paz. Sabes que este lugar seguro, colmado de autocompasión, de respeto, de perdón y de amabilidad, es tuyo, es exclusivo para ti, y puedes volver cuando lo necesites y cuando te apetezca. En este momento puedes ir moviendo muy tranquilamente y con suavidad los dedos de las manos, los dedos de los pies, las muñecas, los tobillos, gira lentamente la cabeza hacia los lados, estira la espalda y, cuando te sientas preparada para retomar el contacto con la realidad, abre los ojos.

Por último, y antes de cerrar este capítulo, te sugiero la tercera actividad que vamos a titular «mensaje de urgencia para los días grises». Consiste en que, ahora, redactes una pequeña carta dirigida a ti misma para poder rescatarla en esos momentos en que las autocríticas te atenazan. Guárdala en un lugar seguro pero accesible. Recupérala cuando sientas que el dolor no te deja avanzar, léela y date permiso para ser más amable y compasiva con tu persona y con el momento que estás experimentando. Es de formato libre, pero a modo de ejemplo, podrías basarte en las siguientes frases:

> *«Hola, querida (tu nombre), entiendo cómo te sientes porque no es la primera vez que experimentas sensaciones y pensamientos desagradables, ni tampoco será la última. Vengo a recordarte que es una situación eventual, que no perdurará en el tiempo hasta el infinito. También me gustaría que tuvieras presente que la vida está repleta de momentos como estos, pero también de otros espectaculares, en los que disfrutas y te sientes henchida de felicidad. Todo pasa».*

2.2. RELACIONES SOCIALES

Por lo general, las PAS solemos experimentar dificultades en dos momentos de nuestra interacción social: el momento de conocer personas y/o comenzar una relación de amistad, de pareja, etc., y el mantenimiento a largo plazo de dichas relaciones. En primer lugar, es importante recordar lo que podemos aportar a los demás porque, al sentirnos diferentes y extrañas, es bastante común que olvidemos que también somos valiosas. Lejos de pensar que somos especiales por ser altamente sensibles, sí que es relevante resaltar que, al igual que contamos con características que nos pueden limitar la vida y las oportunidades si no son gestionadas de manera apropiada, también poseemos otras que nos facilitan la existencia y la pueden hacer mucho más amplia y satisfactoria.

Lo que llevamos intrínseco y que forma parte de nuestra naturaleza y nuestra biología es un conjunto de virtudes muy codiciadas en la sociedad y que no todo el mundo posee. Por ejemplo, somos especialmente leales cuando nos comprometemos, tenemos una alta capacidad empática para interpretar las emociones del resto y actuar en consecuencia, y podemos conversar sobre temas interesantes y profundos si sentimos que la persona con la que nos encontramos nos genera suficiente confianza...

Sin embargo, y pese a todo, a veces tenemos que lidiar con determinados aspectos del «mundanal ruido» para poder conseguir nuestros objetivos, y lejos del deseado *locus amoenus* —como lo llamaron los renacentistas— nos quedamos inmóviles, detenidas, en ese mundanal ruido que aborrecemos, que nos incomoda demasiado. Ahí nos perdemos, nos paralizamos y malgastamos la vida o buena parte de ella.

A continuación, te expongo trocitos de relatos de personas con los que, quizás, te sientas identificada de alguna manera:

- *Me gustaría conocer a otras personas, pero me desagrada asistir a eventos en los que hay mucha gente. A veces algunas amigas me han invitado a fiestas y, cuando he acudido, no me he sentido bien. No me ubico, y suelo quedarme sola, con un vaso en la mano para poder estar «haciendo algo», observando en un rincón y sintiéndome estúpida.*

- *Estoy interesada en conocer a alguien especial, pero temo que me rechace cuando descubra lo aburrida que soy.*

- *No me malinterpretes, no soy «antisocial». Lo que pasa es que me gusta estar con pocas personas y en sitios conocidos, donde me sienta tranquila.*

- *No rehúso estar con más gente, pero prefiero espacios más privados, con dos o tres personas de confianza.*

- *Me canso de ser yo la persona que siempre da, que siempre escucha, que siempre entiende, y que pocas veces se ve recompensada.*

- *Si me uno en pareja con una persona, tiene que ser la adecuada, la que me complemente a la perfección. De lo contrario, me quedo como estoy.*

- *Me siento frustrada porque mis amistades no se adaptan a lo que yo necesito, solo me entienden a veces. Yo quiero una amistad que esté para todo.*

Ciertamente, estos son solo algunos ejemplos que pueden coincidir o no con tus sensaciones y tus vivencias. Porque, ya lo hemos comentado a lo largo de estas páginas, a pesar de ser altamente sensibles, somos mujeres y somos mucho más. De momento, no he encontrado ningún molde exacto en el que introducir a las personas PAS (ni a ningún individuo en cualquier otra categoría) que coincida a la perfección, por lo que cada persona enfrentará unos desafíos diferentes según sus circunstancias. No obstante, te dejo tres pautas que, adaptadas a ti, te pueden servir para sobrellevar estas situaciones.

1. **Elige espacios ajustados a tus características** a la hora de conocer a otras personas. Si no disfrutas en entornos con

demasiada gente, con mucha estimulación sonora y visual, apúntate a algún curso o formación para aprender una actividad que te genere curiosidad y te motive (fotografía, escritura, senderismo, yoga, meditación...). Busca en tu barrio, pueblo, localidad, incluso en internet. Estoy segura de que encontrarás algo acorde con tus gustos y tus alicientes.

2. **Confiere al contacto social la categoría de necesidad básica,** como el alimento o el agua, y actúa en consecuencia. El ejemplo que te voy a exponer lo he utilizado, de manera adaptada, de la doctora Aron, y dice algo así como lo siguiente: todos los días ingerimos, por norma general, dos comidas, y una vez a la semana, si nos apetece, quizás podemos permitirnos un «festín». Si lo trasladamos a las relaciones sociales y le otorgamos cierta similitud y sentido, como si fuera una metáfora, se podría entender que para mantener el equilibrio, y siempre teniendo en cuenta que todo es adaptable a nosotras, a nuestras circunstancias y a nuestras particularidades, necesitamos contacto social diario: si no podemos «tomar una comida completa todos los días, tomemos un bocadillo». ¿Qué sería un bocadillo, un sándwich, en el ámbito del contacto personal, y qué sería una comida completa, o un festín? Por ejemplo, un bocadillo sería saludar a alguien que pasa a mi lado; una comida completa, sentarme a conversar al final del día con mi pareja o llamar a mi amiga o a mi madre; un festín, quedar el fin de semana con el grupo de amistades, o con la familia, para almorzar.

3. **Permite que la imperfección entre en tu vida.** Esta afirmación te la digo a ti y me la digo a mí misma: el perfeccionismo extremo, la rigidez, en cualquiera de sus facetas,

no nos garantizan una vida llena de éxitos ni de felicidad, y mucho menos de tranquilidad. Esto que te cuento, que puede parecer una perogrullada y que probablemente en teoría ya lo sepas, se nos olvida a la hora de ponerlo en práctica. Porque queremos que nuestras relaciones sean impecables, que no exista ningún agujerito por el que pueda escaparse ninguna falla, que no estén plagadas de aristas... pero las personas somos eso, imperfección, salientes, ángulos, deficiencias, y ahí es donde radica la belleza. Ser capaces de entregar y de recibir, reconociendo que nada será perfecto y que ninguna relación satisfará todas nuestras necesidades, pero que sí puede nutrirnos y engrandecernos.

Ha quedado ampliamente demostrado que las personas que se relacionan socialmente de manera positiva reportan mejores índices de bienestar emocional. Esto significa que, aunque a veces no nos apetezca estar en compañía de otros, hablar con nuestros semejantes, confiar a alguien nuestros problemas, pedir ayuda cuando es preciso, etc., hacerlo siempre será uno de los mejores remedios para mejorar un estado de ánimo negativo. Incluso tener contacto social superfluo puede hacer que te sientas mejor al final del día.

¿Qué significa «contacto social superfluo»? Bien, se trata de entablar conexiones sociales de «bajo impacto» (lo del sándwich de Elaine Aron). Por ejemplo, si estás esperando al autobús, puedes mirar a los ojos a la persona que está a tu lado, o sonreírle. Otra forma de contactar socialmente de forma «superflua», en otro ámbito diferente, puede ser preguntar qué tal se encuentra la persona empleada de la panadería donde compras el pan a diario. A continuación, puedes asegurarle que el producto que te vendió ayer estaba exquisito. Y prueba a ver qué ocurre. Parecen estupideces, pero si mantienes en el tiempo estos pequeños detalles podrás comprobar que te hacen sentir mejor y que no te suponen demasiado esfuerzo. Además, te ayudan a abrirte más a los demás y así te vas habituando a tomar la iniciativa.

Según las investigaciones realizadas por la doctora Elaine Aron y su equipo, no existen datos que confirmen que las personas altamente sensibles experimenten más dificultades que el resto a la hora de desarrollar buenas relaciones con las personas de su entorno. Sin embargo, sí que deben estar atentas a ciertas peculiaridades para que sus interacciones sean beneficiosas y no devengan en insatisfacciones constantes que, a largo plazo, impidan conformar una vida alineada con sus propios valores.

Teniendo en cuenta nuestro alto procesamiento de la información y la sensibilidad hacia lo sensorial, es muy probable que percibamos de los demás ciertas señales que nos hagan reaccionar emocionalmente y que el impacto que nos provoca dicha emoción nos empuje a repetir esa conducta previamente observada en el otro. Por ejemplo, si notamos que la persona con la que interaccionamos está siendo amable y nos está ayudando, es muy posible que nos sintamos muy agradecidas, que nuestra reacción se convierta en una tendencia a devolver ese favor y que, en lo sucesivo, procuremos comportarnos de la misma manera, porque ha resultado agradable para nosotras. Esto le sucede a cualquier persona, no solo a quienes comparten nuestro rasgo. La diferencia radica en que, en nuestro caso, somos capaces de percibir las señales mucho antes, y de responder con mayor intensidad.

En el ejemplo anterior el resultado sería favorable al crecimiento de la persona, nos facilitaría la interacción social, pero también puede suceder lo contrario. Imaginemos que nos encontramos en nuestro ambiente laboral y que nuestro jefe aparece una mañana por la puerta con la mirada distante y se dirige directamente a su despacho, sin saludar previamente. En esta ocasión quizás percibamos una especie de energía negativa emanando de su persona. Podríamos empatizar con él, con sus circunstancias, y anticipar que, quizás, haya discutido con algún miembro de su familia durante el desayuno, o haya pasado una mala noche o bien haya tenido algún problema de camino a la oficina. No obstante, por otro lado, también nos inclinamos por interpretar que se comporta así porque no nos respeta, que solo nos utiliza para obtener beneficio y que nos merecemos, al menos, un mínimo de consideración. Así que, al final, nos decantamos por esta última explicación, porque emocionalmente es más potente, y entonces nos enfadamos, nos irritamos. Cuando más tarde aparece para preguntarnos cómo llevamos el trabajo, respondemos con hostilidad, de modo que la comunicación se ve entorpecida. Son dos caras de la misma moneda.

A veces nos encontramos sumidas en una relación (ya sea de amistad, de pareja o laboral) que no nos llena, que no nos satisface o, en última instancia, que nos perjudica. Suele ser usual que ofrezcamos mil y una oportunidades antes de dar por finalizada una relación, y lo justificamos de muchas formas —«todavía hay algo que se pueda hacer; no merece terminar así; hemos pasado mucho tiempo juntas/os; me proporciona otros beneficios que no me gustaría perder; qué voy a hacer si esto termina...»—, y estas justificaciones, que en realidad son excusas porque no nos acercan a la persona que querríamos ser ni a la vida que querríamos tener en el futuro (a medio-largo plazo), producen en lo inmediato (a corto plazo) consecuencias muy negativas. Por ejemplo, dar mucho más de lo que se recibe, ser tratadas con faltas de respeto o, incluso, maltratadas, ser engañadas, abusadas... Todo este compendio va conformando una identidad que nos autodefine como personas no merecedoras, personas inferiores, personas que no valen, personas «de segunda», personas mediocres... y estoy segura de que no es eso lo que tú quieres en tu vida. Así que, mi propuesta es que analices:

- ¿Qué te proporcionan las relaciones en las que te hallas inmersa?

_____

_____

_____

_____

- ¿Cuánto estás entregando y cuánto estás recibiendo de ellas?

_____

_____

_____

_____

- ¿Cómo sería tu «yo ideal» del futuro, rodeada de las mejores relaciones que pudieras tener?

_____

_____

_____

_____

- ¿Cómo serían estas personas, qué valores tendrían, con qué acciones disfrutarían?

_____

_____

_____

_____

Puede que estés pensando que continuar en una relación abusiva o no igualitaria también genera beneficios a corto plazo, beneficios secundarios. Y no te falta razón. Cualquier comportamiento es mantenido en el tiempo porque, de alguna manera, compensa a la persona, aunque no nos demos cuenta. Voy a poner un ejemplo algo extremo, para tratar de explicar este punto.

Pensemos que Carmen tiene 50 años y vive con Pepe, de 49. Desde que empezó la pandemia por COVID, Carmen no trabaja fuera de casa, pues le dieron una baja por ansiedad. Pepe tiene un empleo que le ocupa muchas horas, y su sueldo se ha visto reducido en los últimos meses. Además, ya no cuentan con el de Carmen, así que ambos están algo más estresados. Sin embargo, Carmen limpia y ordena la casa, y prepara todos los días, diligentemente, el almuerzo para tenerlo a punto a la hora en que su marido tiene que llegar. A veces él aparece a una hora, y a veces a otra, por cuestiones laborales. No avisa o, si lo hace, no con la suficiente antelación para que a Carmen le proporcione un margen de maniobra. En esas ocasiones en las que se retrasa, la comida está fría, o si llega antes, no está aún terminada. Entonces Pepe se enfada y deja de hablar a Carmen durante días. Vaga por la casa como un fantasma, y aunque su esposa se dirige a él y trata de retomar la interacción, Pepe se comporta como si ella no existiera. Le hace el vacío. Cuando vuelve a *comunicarse con ella, le explica que necesita tener la comida a su hora, y que ella debería saberlo y haberlo previsto de cualquier otra manera. Al hacer esto, la está castigando. Carmen ha probado dos formas diferentes (y progresivas) de reaccionar ante esta situación. Al principio sintió indignación y enfado, no daba crédito a lo que estaba pasando, exigió a Pepe respeto, y le dijo que no iba a permitir que la tratase así. Sin embargo, él se enfadó mucho más, y la escala de agresividad aumentó. Le dijo que comería en el bar, y que ya vería si volvía a casa por la noche, o al cabo de unos días. Carmen se asustó mucho, pensó que iba a ser abandonada, que adónde iría ella ahora, sin trabajo, sin sueldo, sin ahorros, sin casa... La siguiente vez que ocurrió algo similar, Carmen pidió perdón por su incompetencia a la hora de hacer la comida y de tenerla a tiempo.*

Ella no lo sabe, se siente muy mal y muy poca cosa, pero al repetir estos comportamientos está consiguiendo unos beneficios secundarios, aunque estaremos de acuerdo en que no son los más apropiados: no tendrá que volver a exponerse a una escalada de agresividad inmediata, podrá continuar en su «zona de confort», no tendrá que pensar en modificar su estilo de vida, no tendrá que exponerse a sufrir ansiedad (aunque esto sigue siendo debatible), no tendrá que buscar trabajo para mantenerse por sí misma sino que estará a merced de otra persona...

Las relaciones sociales, las saludables, no solo mejoran el bienestar emocional, sino que enriquecen la salud al completo. Ya sabemos que los seres humanos somos integrales, esto es, que no podemos disociar la mente del cuerpo como si fueran dos entes separados e independientes, ya que lo que influye en la primera, repercute en el segundo. Aun así, por si acaso quedaba alguna duda, aquí un apunte:

Se han realizado estudios longitudinales de un grupo de personas a lo largo de toda una vida en los que se ha visto verificado que lo que pensamos que nos producirá felicidad en definitiva no se corresponde con la realidad. Te cuento: a pesar de que los participantes pensaban que se sentirían mejor en el futuro (esto es, sus pretensiones e inclinaciones) acercándose hacia una buena posición económica, un buen salario, bienes materiales, un trabajo bien situado, etc., los resultados han corroborado finalmente algo muy distinto. Casi al final de la vida, con la perspectiva del tiempo, las personas refieren que lo que los ha hecho ser más felices, lo que ha logrado que se sintieran alineados con sus horizontes y sus valores, han sido las relaciones sociales de calidad, el sentir que han tenido a alguien con quien contar en momentos de dificultad, saber que han podido disfrutar de sus éxitos junto a otros seres, los recuerdos de la vida en compañía, los problemas de interacción que lograron solucionar con esfuerzo e intención; incluso el dolor en tiempos de enfermedad fue más liviano al lado de alguien.

Por estos motivos, si se trata de invertir esfuerzo en algo que vaya a proporcionarnos bienestar, te recomiendo, siempre, poner empeño en fomentar la interacción y la confianza con tu entorno más cercano y, por qué no, con aquellos que no se encuentran tan cerca. Esto lo dejo a tu elección.

2.2.A. Establecer mejores relaciones con los demás

Cuando leas, trabajes y digieras este punto:

- Habrás aprendido diferentes formas de lidiar con la sobreestimulación a la hora de conocer gente nueva, de sobrellevar la timidez o superar el miedo de no encontrar a nadie que se adapte a ti.

- Habrás descubierto lo que significa la «autorrevelación», así como técnicas para enfrentarte al posible riesgo que puede suponer, sin que te resulte abrumador y de manera que sea suficiente para mantener el interés de la otra persona.
- Habrás conseguido desbloquear el miedo a la cercanía y los posibles sabotajes que impiden el éxito y la durabilidad en tus relaciones personales.

A continuación, tres historias diferentes con algunos puntos en común:

Gloria es una mujer de 40 años que trabaja como artesana en su propio negocio de joyas realizadas en hilo de aluminio. Estudió bellas artes y, después de vagar durante años en empleos con los que no se sentía realizada, se sintió impulsada a crear su propio negocio como emprendedora. Le gusta mucho su trabajo, porque no tiene que lidiar con la estimulación diaria de estar rodeada de mucha gente. Ha organizado un pequeño taller en una habitación de su domicilio. Cada mañana se prepara, pero solo debe cambiar de sala para comenzar a trabajar y eso es un plus que le facilita la vida. En sus ratos libres le encanta leer y meditar en el jardín de su casa, por eso lo tiene muy mimado, y se encarga ella misma de todas las plantas. La llena de felicidad verlas crecer. De vez en cuando, invita a tres amigas muy íntimas con las que mantiene una gran amistad, queda a comer o a merendar con alguna de ellas, las escucha atentamente, se interesa por sus problemas, intenta ayudarlas en la medida de sus posibilidades. Va al cine, o sale a disfrutar de un encuentro social con sus familiares, y así se lo pasa en grande, se relaciona sin problemas. Le llena el alma encontrarse con todos ellos, pero, cuando regresa a su hogar, lo siente como una gozada.

Raquel *tiene 27 años y se dedica a estudiar oposiciones para el Cuerpo General Administrativo del Estado. Se graduó en Derecho y piensa que su mejor opción es convertirse en funcionaria a través de estas oposiciones y, a partir de entonces, ir escalando puestos. Emplea su día, desde que se levanta hasta que se acuesta, en leer, releer, subrayar y estudiar sus apuntes. Acude a las clases de la academia preparatoria, se coloca en el último banco, lo más cerca posible de la puerta de salida, para intentar pasar desapercibida y, en cuanto termina la clase, se marcha. Sabe que sus compañeras y compañeros quedan para tomar café alguna tarde, incluso salen los fines de semana, pero ella no interactúa con ninguno. No ha tenido buenas experiencias en el pasado, se siente «poca cosa, torpe, extraña», cree que la miran mal y teme no caerles bien. Respecto a las clases de la academia, los días que intuye que habrá ejercicio oral, no asiste. Se dice a sí misma que mejor hacerlo ella en casa, que así lo aprovechará mejor y no estará tan nerviosa. Se siente incapaz de exponerse ante la mirada de los demás y las posibles críticas. Sin embargo, la crítica más grande que Raquel puede experimentar es la interna. Tiene mucho miedo a ser rechazada y, por lo tanto, evita cualquier tipo de situación en la que pueda producirse alguna clase de desaire hacia su persona.*

Mariela *es una chica de 34 años que trabaja en un gran supermercado como reponedora. Tiene una excelente relación con sus compañeras y compañeros de trabajo. También cuenta con otros dos grupos de amigas y amigos del colegio y del instituto,* *respectivamente. Se siente segura cuando está con sus amigas, se divierte conversando, le gusta hacerles regalos, decirles lo guapas que están, expresar cómo se siente... Con todos los grupos queda de vez en cuando, y en los veranos aprovecha sus vacaciones para hacer un viaje con cinco de sus mejores amigas, cada año a un lugar desconocido diferente. Mariela disfruta mucho de este estilo de vida, pero cuando sale de noche, al día siguiente se encuentra muy cansada y necesita pasar tiempo a solas. Lo mismo le sucede en los viajes. Aunque elijan destinos a grandes ciudades, sus amigas la conocen muy bien, saben lo que necesita y se lo proporcionan: si una mañana transcurre caminando y visitando lugares, respetan que por la tarde descanse en la habitación, o que al día siguiente el plan sea más tranquilo.*

Tres historias diferentes. Las dos primeras personas son muy parecidas: pasan los días en casa, haciendo tareas en soledad. Podría parecer que llevan vidas similares, ermitañas tal vez, pero estarás de acuerdo conmigo en que, en lo profundo, se parecen bastante poco. La tercera, sin embargo, parece el lado opuesto, pero no es así. Las tres comparten el rasgo de la alta sensibilidad, pero con diferentes matices: Gloria es una PAS introvertida, Raquel una PAS introvertida al tiempo que ha desarrollado (en principio) timidez, mientras que Mariela es una PAS extrovertida.

En lo sucesivo, vamos a ir desmenuzando estas diversidades, pero antes de comenzar a zambullirnos de lleno en las aguas de las relaciones interpersonales, creo que merece atención especial que conozcamos la diferencia entre una persona introvertida y una tímida.

Carl Jung fue el primero que estudió el concepto de introversión. Tal y como detallábamos en el apartado «Orígenes del término», este psiquiatra confería categoría de igualdad a la idea de introversión y a la de timidez, aunque para nada sean equivalentes. (Seamos benevolentes y tengamos en cuenta la época en la que se llevó a cabo este estudio; además, cuando algo se inicia, como ocurre con todo, poco a poco se va mejorando con esfuerzo y con el paso del tiempo). No obstante, Jung fue quien puso sobre la mesa la importancia de dar validez a este constructo y, gracias a él, hoy día nos conocemos un poco mejor.

¿Qué es «introversión»?

Ahora sabemos que la **introversión** se relaciona con la necesidad de disminuir la estimulación exterior para establecer el equilibrio, centrando la atención mayoritariamente en los procesos internos y dando mucha relevancia a la reflexión, los pensamientos, la interpretación de los hechos, los sentimientos, las sensaciones, etc. Las personas introvertidas suelen ser más sensibles, por lo que prefieren ambientes relajados, introspectivos, y más espacio de soledad para recargar las pilas.

¿Qué es «timidez»?

Por otro lado, la **timidez** se refiere al temor a ser evaluada de manera negativa y es consecuencia de la historia de vida, de experiencias negativas desagradables que han provocado el miedo al fracaso, a la vergüenza, a la evaluación externa. Realmente, todo el mundo siente miedo a ser evaluado de manera negativa en alguna situación de su vida, pero en este caso nos referimos a una situación más crónica, más excesiva, a un patrón de comportamiento, podríamos decir. Puede haberse originado en el pasado, al haber intentado participar en una relación con más personas, por ejemplo tratando de formar parte de un grupo o mostrando una determinada característica que, finalmente, resultó un fiasco.

La siguiente vez que esta persona tuvo que enfrentarse a una situación similar ya contaba con este antecedente, y la estimulación subió por encima de unos límites que superaban lo conveniente. De esta forma, las coyunturas no favorecían en absoluto el buen resultado de la tarea, llegando a confirmar lo que, en su mente, ya había visualizado. Así se asienta la timidez en la vida de una persona: nos vamos adentrando en un camino peligroso en el que se produce un incremento de situaciones de interacción social que se evitan por miedo.

> *Una persona introvertida puede ser tímida, pero no es, obligatoriamente, bidireccional. Dependerá, como hemos dicho, de sus vivencias previas. La introversión constituye un elemento innato, mientras que la timidez es un hábito aprendido.*

Las personas altamente sensibles tenemos más tendencia a la sobreactivación, por lo que, es posible que, en algún momento de nuestra vida, nos hayamos encontrado con situaciones en las que no nos hemos sentido cómodas en grupo, y hemos podido desarrollar timidez a causa de nuestras experiencias. Aun así, ponernos etiquetas nos puede perjudicar más que favorecer. Veamos también el motivo:

Tal y como expone la doctora Aron en su libro *El don de la sensibilidad*, si aceptamos y asumimos que somos personas tímidas los demás nos tratarán como tales, es decir, como si tuviéramos miedo, cuando quizás solo estamos sobreactivadas y lo que necesitamos es un tiempo de soledad para poder recargarnos de nuevo. Por otro lado, autoidentificarse en exceso con un concepto hace que tendamos a actuar en esa línea, inclinándonos a que nuestros actos se asemejen a lo que se espera que haga una persona que es

«X». Pensemos que, socialmente, la etiqueta de «tímida» no está demasiado bien valorada. No es lo mismo ser catalogada de tímida que de atrevida. En esta sociedad no, para nada. Así que, si vas por la vida diciendo que eres tímida, los demás te tratarán con algo así como indulgencia, pena, sensiblería y más tacto que al resto, con una especie de «paternalismo», como si fueras menos adulta. Y no es eso lo que pretendemos aquí. En *Muy Sensibles* queremos, precisamente, trascender, pasar de un estado de menos, a uno de más. Ser más capaz, más dueña de mi propia persona, de mis actos y de mis elecciones. También de mi futuro. Por eso puedes elegir la forma en que quieres identificarte, no seré yo quien te juzgue, pero elige muy bien, porque el modo como te identifiques a ti misma será clave.

Piensa en aquello de la autocompasión. Ser benevolente contigo. Quizás no te sientes bien o cómoda en situaciones grupales, te percibes torpe, temblorosa, notas que las palabras no fluyen como te gustaría, que te equivocas mucho más que cuando estás sola, que pierdes la coordinación... todo esto puede ser cierto, pero tiene una explicación lógica: la sobreestimulación o el miedo a la misma. En estos casos, podemos usar algunas estrategias.

- Piensa que, aunque te sientas incómoda, puedes seguir adelante en tu camino, y que este malestar finalizará, no será infinito.
- Apóyate en alguna persona de confianza con la que puedas hablar y a la que le puedas expresar cómo te sientes y lo que te está sucediendo. Sería positivo que, ahora mismo, anotases en tu cuaderno un pequeño listado de «esas personas» a las que podrás recurrir en caso de necesidad.
- Ajusta un poco tu vida, hasta donde te sea posible, hacia el estilo de vida de la mayoría. Elaine Aron llama a este

ejercicio ponerse «su máscara». Se trata, básicamente, de que, cuando nos ponemos una máscara, podemos ser quienes queramos ser. Y así dejamos de destacar como extrañas o raras. ¡Cuidado con esto! No pretendo trasladar la idea de que debemos amoldarnos a lo que los demás quieren de nosotras, porque entonces nada de lo que estamos haciendo tendría sentido. Se trata más bien de que, en los momentos puntuales en que nos encontremos sobreestimuladas y con miedo a que se perciba desde el exterior, pensemos: «¿Qué haría una persona extrovertida? ¿Podría yo comportarme en este momento de modo algo más parecido a una persona extrovertida?».

- Por último, si el grupo en que te encuentras es medianamente reducido y te sientes con la suficiente confianza como para «abrirte en canal», otra opción sería exponer tu realidad. Explicar que te encuentras sobreestimulada debido a tu alta sensibilidad. Si los demás no conocen el rasgo o solo lo han oído nombrar, seguramente estarán muy interesados en que les informes con más profundidad, y la conversación se puede convertir en algo realmente interesante.

¿Cómo encontrar personas que me sean afines?

Esta suele ser una pregunta común, pues las personas altamente sensibles a menudo se sienten extrañas en diferentes grupos, notan que se las excluye de las conversaciones y no entienden el motivo. A veces se perciben como defectuosas y prefieren las interacciones con una sola persona, en lugar de relacionarse en equipo.

Tal vez te suceda que, debido al alto procesamiento de la información y al hecho de que tu mente divaga sobre los temas que te resultan interesantes, cuando se conversa sobre una cuestión fascinante, tu cerebro viaja lejos y crea conexiones «arbóreas» entre unos y otros conceptos, entre lo que se está comentando y otras circunstancias que ya conoces, que pueden estar relacionadas o que cuentan con algún nexo en común. Y nos parece tan extremadamente apasionante, que queremos exponerlo con todo lujo de detalles. Pero han pasado unos minutos mientras estábamos dispersas en nuestro pensamiento, y cuando queremos expresar esa idea tan deslumbrante que hemos originado, el grupo está hablando de un asunto completamente diferente, y no tiene sentido que expresemos lo que tenemos en mente. ¡Qué frustración!, ¿verdad? ¿Te ha sucedido alguna vez?

En esta misma línea, algunas pacientes me han explicado que, cuando quieren expresar a sus amistades o familiares sus argumentos sobre un tema candente y, en cierto modo, conflictivo, tratan de buscar las palabras adecuadas, el tono correcto, la forma perfecta para que no resulte hiriente y todo el mundo lo acoja sin acritud... y entonces, ya no tiene sentido, porque el asunto ha pasado a segundo plano, y no resulta interesante. Se perdió la ocasión.

Es posible que te resulte complicado encontrar personas que compartan tus valores cuando tienes tendencia a la introversión, porque preferimos relaciones más íntimas en las que poder conversar sobre temas relevantes, complejos, trascendentes, importantes desde nuestro punto de vista, en lugar de interaccionar en grandes grupos, que nos suelen parecer más abrumadores, más sobreestimulantes. Por otro lado, recordemos que no todas las personas altamente sensibles son introvertidas. Las investigaciones señalan a un porcentaje pequeño, un 30 % aproximadamente de las PAS, como extrovertidas. Esto significa, traducido a la realidad objetiva, que una amplia proporción de personas altamente sensibles, un 70% aproximadamente, *no han experimentado lo suficiente como para encontrar relaciones que las satisfagan.*

> *Repito la frase porque tiene mucha importancia:* **no han experimentado lo suficiente** *como para encontrar relaciones que las satisfagan.*

Y no quiero introducir en esta mayoría a la totalidad, porque hay que tener en cuenta, como decía, a las personas extrovertidas de una parte (como el caso del ejemplo de Mariela, al principio del capítulo) y, de otra, a las personas que han desarrollado timidez provocada por rechazos, traumas o humillaciones (como nos enseña el ejemplo de Raquel).

A veces, el hecho de conocer personas de la manera «habitual» puede no encajar con la forma en que nos sentimos cómodas y llegar a convertirse en una fuente de estrés. Para comenzar a trabajar este aspecto, te propongo unas preguntas a modo de ejemplo junto a unas supuestas respuestas, completamente ficticias (como siempre, tú encajas las tuyas):

- ¿Qué es lo que quiero? ¿Cuál es mi objetivo? Conocer, al menos, a una persona, o a un pequeño grupo, con quien compartir buenos momentos y sentirme integrada y «parte de».
- ¿Cómo lo he hecho/intentado hasta el momento? Acudiendo a cumpleaños, celebraciones, cenas a las que me invitaban mis amistades, fiestas organizadas en el trabajo, verbenas de mi barrio, yendo a la feria con unas vecinas, saliendo una noche de fin de semana con unas compañeras.

- ¿Quién me ha ayudado? Algunas compañeras de trabajo, un par de vecinas y mi hermana.

- ¿Cómo me han resultado? *¿Me han servido para cumplir mi objetivo?* El ambiente era muy ruidoso, no se podía hablar, ni conversar, ni entender bien lo que las personas querían transmitir. Quizás me hubiera interesado conocer a alguien porque parecía interesante, pero no lo puedo saber con seguridad porque hubiera necesitado hablar tranquilamente con esa persona, y con tanta sobreestimulación no pudimos centrarnos. Acabé agotada y frustrada, ni siquiera me atreví a pedirle el teléfono.

- ¿Qué puedo rescatar/reutilizar de estas experiencias que me sirva como aproximaciones *hacia mi meta*? Puedo hablar con alguna de las personas que ya me han ayudado en otras ocasiones y explicarle lo que quiero y las dificultades con las que me encuentro haciéndolo como hasta ahora. Le explicaré en qué consiste la alta sensibilidad y lo que yo necesito para poder entablar una conversación con una persona nueva, esto es, un espacio de tranquilidad y con menor estimulación, así como personas que compartan algunos de mis intereses. Quizás podamos organizar una pequeña quedada en casa de alguna de ellas, en una cafetería no muy grande o bien al aire libre. Con tres o cuatro personas creo que me sentiría bien y podría integrarme con más holgura en el grupo.

- ¿Cómo lo voy a hacer? Elegiré a una de las personas que me han ayudado, creo que empezaré por mi hermana, pues me confiere más seguridad y confianza. También me conoce más y sabe cómo soy, así que confío en que no me presentará a personas que sean completamente contrarias a mis inclinaciones. Buscaré un momento y un espacio para hablar con ella y exponerle mis necesidades. Así, juntas tantearemos el modo de agendar una cita con algunas de estas personas y, después, valoraremos qué tal se da la experiencia.

Retador pero ilusionante, ¿no te parece? ¿Te sientes preparada para diseñar un pequeño plan de acción similar a este? La base sería comprobar cuándo nos estamos sobreestimulando para, de esa manera, volver a tomar tierra y seguir adelante.

Recuerda que puedes apoyarte en personas de confianza que te ayuden a afrontar el proceso de ampliar tu círculo social. Por supuesto, de manera paralela, ten en cuenta la opción de enfrentarte al reto en solitario si te sientes preparada para ello. Como te sugería unas páginas más atrás, una posibilidad sería asistir a alguna reunión o grupo de trabajo, taller o curso donde se practique alguna actividad de tu interés. Piensa en una tarea durante la cual se pueda mantener una mínima conversación. Y esto lo señalo porque es cierto que en ocasiones nos apuntamos a clases de yoga, por ejemplo, donde el ejercicio es absolutamente individual, y cuando termina, todo el mundo sigue con su vida, sus quehaceres, sin detenerse a interactuar con los demás. La alternativa dependerá del tipo de actividad que prefieras realizar.

Si se trata de deporte, puedes buscar un grupo de senderismo; si lo que quieres es hacer algo artístico, quizás puedas investigar si en tu zona se realizan arteterapia, un foro/debate de lectura, o quizás juegos de mesa... En algunas ciudades del territorio español, por suerte cada vez con más asiduidad, se están formando grupos de personas altamente sensibles que se reúnen periódicamente para conversar sobre intereses y dificultades comunes y, cómo no, para divertirse y pasar un buen rato. Puedes averiguar si cerca de donde vives se ha formado ya alguno de estos grupos contactando con la Asociación de Personas con Alta Sensibilidad de España (APASE) si vives en la Península. Fuera de España no conozco asociaciones, mis disculpas.

Shhhhhh... Silencio

Respecto a cómo nos desenvolvemos dentro de los grupos, aunque sean pequeños, es bastante común encontrarnos con dificultades ante los silencios. Nos gusta estar atentas a lo que sucede, de manera casi pasiva, en lugar de destacar, algo que nos sobreestimula. Sin embargo, tenemos que saber que mantenernos en silencio puede terminar convirtiéndose en las dos caras de una misma moneda: nos mantenemos calladas para no llamar la atención, y terminamos sobresaliendo por ser las personas que no hablan. Nosotras sabemos el motivo por el cual permanecemos en este estado, pero el grupo no. Pueden pensar que no nos interesa lo que allí se comenta, que estamos aburridas, que nos marcharemos a la más mínima oportunidad, pueden preguntarse para qué hemos ido si estamos con esa cara de póquer... así que la solución pasa, una vez más, o bien por adaptar medianamente nuestra conducta al resto del grupo, es decir, en participar un poco, hasta donde nos sintamos cómodas, o explicar el motivo por el cual nos mantenemos más apartadas, así como comprometernos a hacer lo posible por aportar algo a la reunión cuando nuestros niveles de estimulación hayan disminuido.

Recordatorio:

Qué hacer ante los silencios grupales

- *Participar un poco, hasta donde nos sintamos cómodas.*
- *Explicar el motivo por el cual nos mantenemos más apartadas.*
- *Comprometernos a aportar algo a la reunión cuando nuestros niveles de estimulación hayan disminuido.*

Imagina que ya has conocido a personas afines a ti dentro de un círculo en el que te encuentras cómoda. Con una de ellas te apetece quedar a solas porque intuyes que existiría la posibilidad de afianzar la relación. En ese caso, podrías preparar una nueva reunión en un lugar donde no haya demasiada estimulación, ni excesiva gente. Dispón, de antemano, unos días antes, unas horas antes, algunas ideas sobre posibles temas de conversación, así como preguntas que puedas hacerle a esta nueva persona que te interesa, y sin que la situación llegue a parecer un interrogatorio o un partido de tenis. Ensaya, toma notas, graba ideas en tu teléfono móvil. Puede ser útil como guion para preparar un esquema. Aunque esto te parezca impostado y poco natural, no se trata de algo definitivo, sino de una forma de comenzar la andadura, pues con el paso del tiempo podrás ir deshaciéndote de lo que se haga habitual en tu forma de proceder.

Seguimos, pues.

Ya en el momento de la cita, chequea si te apetece hablar o prefieres actuar, en principio, como escuchadora. Si te decantas por escuchar, lo que apuesto que será, puedes comenzar lanzando alguna pregunta general, pero que dé pie a que la persona con la que te encuentras se recree en su diálogo. Por ejemplo: «tengo mucho interés en saber cómo es una jornada normal en un día tuyo de trabajo; o ¿te hubiera gustado dedicarte a algo diferente?». Si llegado el momento te sientes preparada para hablar, ten en cuenta que debes haber planeado previamente un tema de conversación, tal y como decíamos un poco más arriba. Algo con lo que te sientas cómoda y de lo que puedas charlar ampliamente. Tiene que ser un tema atractivo para la otra persona o, al menos, que le dé la oportunidad de interactuar y no se convierta en un monólogo.

Es posible que te cuestiones la facilidad o la verosimilitud de llevar a cabo este punto, porque, aunque en ciertas circunstancias te ha podido interesar conocer a alguna persona en mayor profundidad, has sentido algo dentro de ti, algo que salía de tus entrañas, que te lo impedía. Quizás era miedo al rechazo, a lo mejor una especie de sensación de desprecio hacia la otra persona que partía de ti, y que, al pensarlo ahora, te hace sentir desconcierto y un poco de culpabilidad. Bien, tengo que decirte que, en ambos casos, se trata de una reacción normal de una persona normal que en algún momento del pasado se sintió tratada con menosprecio. Es algo así como un mecanismo de defensa, has aprendido a funcionar de esta manera para «protegerte», para evitar que los que te rodean se acerquen más de lo conveniente y puedan dañarte al comprobar que no eres lo que esperaban, que no cumples sus expectativas. Y entonces evitas que esto suceda. Pero, al igual que sucede cada vez que usamos la evitación en lugar de asumir que el malestar formará parte del camino hacia la vida que queremos, las consecuencias se materializan a fuego lento, y la vida tomará otra forma completamente distinta a la que, en realidad, nos gustaría experimentar. Y un día nos preguntamos por qué nuestra existencia no se parece en nada a la que esperábamos vivir, a la que soñábamos, a la que deseábamos. Será el momento de detenerse, de reflexionar, de chequear y planificar qué podemos modificar, porque mientras tengamos un pie en esta tierra, mientras vivamos, podemos ir moldeando nuestra realidad pasito a paso para acercarnos cada vez más hacia lo que nos hace más felices.

Por último, me gustaría que tuvieras en cuenta un detalle, y es que puede que te hayas categorizado como tímida, además de introvertida y, en realidad, solo te hayas sentido sobreestimulada. Te lo explico con más detenimiento. Cuando nos exponemos a estímulos que nos sobrepasan, bien por intensidad, bien por su duración en el tiempo, el cuerpo reacciona fisiológicamente, de manera que las señales que se perciben, como el corazón acelerado, la sudoración en las palmas de las manos, la respiración agitada… se pueden interpretar de una forma errónea.

- ¿Quiere decir esto que no somos tímidas? No tiene por qué, pero a veces el simple hecho de contar con datos fehacientes puede ser un buen punto de partida para dejar de autoidentificarse en exceso con una conducta determinada.
- ¿Saber en lo cognitivo, en lo mental, que mi cuerpo reacciona de esa forma a nivel biológico hará que me comporte de modo abierto y poco tímido? Pues no estoy segura, depende de cada situación, pero también es importante saber que, seamos como seamos, llegado el caso podemos comportarnos del modo más adecuado. Para que se entienda mejor, y llevando el asunto a un ejemplo muy límite, utilizaré una historia que me contaron y que yo he modificado de manera que se ajuste a mis objetivos de esta sesión. Creo que puede ilustrar estupendamente este asunto.

Imaginemos que tienes esperando a un enorme público que aguarda tu salida al escenario para que les cuentes tu historia personal y familiar. Una historia muy concreta y muy importante (después verás por qué). Tú eres una persona extremadamente tímida, tienes un miedo atroz al rechazo, a la evaluación negativa, a la crítica, y aunque te has comprometido y deseas no defraudar ni a los demás ni a ti misma, en este momento no te sientes capaz de exponerte. Minutos antes de aparecer, cuando se aproxima el instante clave y vas a ser presentada, comienzas a sentir las típicas señales físicas que te avisan de lo que ya, de sobra, conoces: el corazón se acelera, la respiración es mucho más rápida, casi hiperventilas, las manos te sudan, tiemblas... Así las cosas, te diriges hacia la persona que gestiona el evento y, en privado, le comentas que es imposible, que aunque quisieras no puedes aparecer en escena porque te encuentras realmente mal, tu estado físico te lo impide. Sin embargo (piensa que la situación es hipotética), esta persona te advierte de que una prestigiosa doctora afincada en el extranjero que trabaja sanando la hasta ahora incurable enfermedad que padece tu hija (el motivo por el que tú has consentido contar tu experiencia), ha viajado hasta allí y se encuentra en la sala, entre el público. Tu única oportunidad de que os tenga en cuenta a ti y a tu hija será salir a escena y contar tu historia. La vida de tu hija está en juego. Pero tu timidez te impide salir al escenario. Si no sales, tu hija se muere.

¿Crees que, en este caso, la timidez sería un impedimento para salir y explicar tu problema?

Evidentemente, cuando la vida nos pone en una tesitura muy extrema, como sería este caso irreal, podemos elegir. Y, en realidad, casi siempre podemos, aunque nos cueste más trabajo o haya que crear un plan de acción y dividirlo en pequeños pasitos.

Sería inviable y deshonesto por mi parte decirte que estés tranquila, que salgas al escenario, que nadie se fijará en ti, que nadie notará que estás nerviosa, que eso solo lo percibes tú. Tú no eres tonta ni ingenua, no tienes por qué creerte lo que yo te digo. La experiencia es un grado, y tú sabes que la gente estará pendiente y expectante ante todo lo que digas, sabes que si te pones nerviosa habrá quien no lo note, pero habrá quien sí, y eso será inevitable. Yo solo puedo decirte: ¿qué es lo que, en última instancia, te acerca a la vida que quieres vivir? Y esto no significa que lo óptimo, lo que debemos hacer, sea estar siempre exponiéndonos a circunstancias desagradables. Si la vida que estás viviendo te mantiene en un estado continuo de malestar, habría que revisar qué sucede, porque evidentemente algo está fallando.

Teniendo en cuenta que la situación descrita en el ejemplo no es común, no es algo a lo que nos enfrentemos de manera cotidiana —pues nuestras decisiones diarias están relacionadas con cuestiones más simples y menos definitivas—, podríamos determinar que, en primer lugar, deberíamos considerar si estamos pensando a medio o largo plazo, y no solo atendiendo a las emociones y sensaciones desagradables que acontecen en ese momento. Debemos hacerles espacio a esas sensaciones y pensamientos, no rechazarlos sino saludarlos y después conectar con los valores importantes para mí, sin olvidar que los valores nos terminan haciendo felices y la vida a la que nos encaminan se convierte en algo más placentero, aunque durante el tránsito, a veces, nos encontremos con zarzas o rutas complicadas.

Habilidades sociales para mujeres altamente sensibles

Antes de seguir adelante, quiero señalarte que no tienes que empezar de cero a la hora de aprender habilidades sociales. Ya tienes estas habilidades, y son realmente importantes para comenzar a entablar conversaciones con otras personas con notoriedad y eficacia. Por lo tanto, lo que vamos a hacer es examinarlas una por una, para que no se nos olviden. Venga, coge lápiz y papel y apunta.

¿Qué habilidades tengo ya que puedo utilizar para conocer personas e interactuar? Te sugiero una serie de ejemplos que te pueden ayudar. Puedes escoger alguno de ellos si forma parte de tu repertorio o añadir los que consideres interesantes.

- Soy una persona educada.
- Saludo y me despido siempre.
- Doy los buenos días, las buenas tardes o las buenas noches.
- Agradezco siempre cualquier favor o signo de cortesía.
- Pongo interés en lo que me quieran contar.
- Escucho detenidamente.
- Trato de ofrecer mi punto de vista con respeto.
- No hablo por encima de los demás.
- Empatizo ante las emociones de la persona que tengo delante.
- Intuyo cuándo les está cansando la conversación a los demás.
- Soy puntual.
- Respeto el espacio personal de la otra persona.
- Miro a los ojos de una manera amable y no retadora.
- (Añade aquellas habilidades que estén en tu abanico).

Por otra parte, me gustaría subrayar que, aunque a continuación te mostraré una serie de habilidades sociales que puedes usar como referencia, en ningún caso pretendo que se conviertan en un credo, en una biblia, en una guía o un modo de vida. Nadie conseguirá tener todas las habilidades sociales que se exponen en los libros, y yo no aspiro a que tú las tengas. Quédate con lo que te sirva, empieza por lo más sencillo y ve aprendiendo poco a poco, sin exigirte demasiado.

El doctor en Psicología Jeffrey A. Kelly ha trabajado ampliamente sobre el entrenamiento de las habilidades sociales y señala tres elementos fundamentales en los que enfocar la práctica: cómo aprender a conversar adecuadamente, cómo solicitar una cita y cómo ser una persona asertiva. Los veremos uno a uno.

Cómo aprender a conversar adecuadamente

Para que nuestra aptitud a la hora de mantener una conversación con otra persona sea efectiva, hemos de tener en cuenta distintos factores que, individualmente, pueden parecer insignificantes, pero que en conjunto juegan un importante papel en la evolución del partido y en el marcador final.

- Es fundamental mantener un contacto visual adaptado a la situación. Es decir, tenemos que conectar con la persona con la que interactuamos, observando sus ojos. Con mesura, evitando excedernos o no llegar al contacto. Si nos resulta demasiado estimulante al principio, podemos comenzar mirando hacia la nariz o la oreja de esta persona que está frente a nosotras. No te preocupes porque parezca extraño, es prácticamente imperceptible.
- El tono emocional que mantengamos debe ser apropiado para el contenido de la conversación. Nuestra expresión facial, el volumen de nuestra voz, la modulación, el tono… todo influye, y si alguno de estos factores es discordante, el mensaje que transmitiremos será inoportuno. Por ejemplo: si nuestra amiga nos está contando que ha conseguido un ascenso laboral después de mucho esfuerzo, se espera que respondamos de forma afectiva, cálida, que nos interesemos por conocer más detalles, que nuestro tono de voz sea entusiasta. Si más adelante, en el transcurso de la conversación, la charla deriva por otros derroteros más desdichados, y nos explica que su madre está enferma y ha tenido que ser

hospitalizada, deberemos adaptar nuestro tono emocional, manifestándonos menos animadas, mostrando apoyo y consolándola.

○ Otra pieza que hay que tomar en consideración es la basada en la duración de las intervenciones. Seguramente conoces a personas a las que les cuesta muchísimo interactuar y, por el contrario, a otras que no dejan espacio a su interlocutor/a, ocupando todo el tiempo con su diálogo (o monólogo). Ambos casos son objeto de trabajo personal, uno por defecto y otro por exceso. Apostaría a que, en tu caso, sueles posicionarte en mayor medida en el primer grupo, el de las personas que escuchan mucho y hablan menos. Si es así, te propongo un ejercicio para aumentar la frecuencia de tus interacciones. Recuerda que la primera vez no te saldrá perfecto, y la segunda quizás tampoco. La clave está en la persistencia. No te desanimes porque, al igual que a ti, a mí tampoco me resulta sencillo. La actividad consiste en entrenarse con una persona de confianza, utilizando un reloj que marque el tiempo. Puedes comenzar por cinco minutos. Si no cuentas con un/a voluntario/a extra que actúe como observador/a y anotador/a (es decir, con dos personas aparte de ti), usa el teléfono móvil para grabar la interacción porque después tendrás que apuntar todos los momentos en los que has intervenido. Un truco que puedes emplear si te quedas en blanco consiste en tener preparadas algunas preguntas o comentarios que impliquen autorrevelación.

● Formula preguntas que desemboquen en una respuesta amplia por parte de la persona con la que conversas, que den como resultado un deseo de ofrecer mayor información. Se trataría de preguntas abiertas que puedan derivar en otras ramas. Por ejemplo: «¿A qué te dedicas?»; «¿Qué te gusta hacer en tu tiempo libre?»; «¿Cómo es tu familia?».

- Sobre la autorrevelación: autorrevelar significa hablar de nuestras propias vivencias y sentimientos con la persona que tenemos enfrente, y puede convertirse en una dificultad cuando iniciamos una relación (también después, pero vamos a detenernos ahora en el inicio de las relaciones). Autorrevelar, sacar a la luz nuestro interior, puede provocarnos una sensación de inquietud, de inseguridad, de temor quizás. No estamos seguras de qué puede suceder a continuación, una vez se abra «la caja de Pandora». Las dudas que nos rondan pueden ser del tipo: «¿Dejaré de parecer interesante?»; «¿Le escandalizará lo que le estoy contando?»; «¿Pensará que soy aburrida?»; «¿Cómo voy a decir eso tan inapropiado?»; «¿Y si doy pie a que me cuente algo que no encaja para nada con la persona que yo quiero en mi vida, y otra vez vuelvo a fracasar?»; «¿Debo esperar más tiempo para decir esto?»; «¿Será demasiado pronto?»… Estas preguntas, que no dejan de ser pensamientos, reflexiones, como hemos dicho en otras ocasiones, nos paralizan y nos mantienen en un bucle de retroalimentación continua, no nos permiten avanzar, y así nos quedamos, casi catatónicas, esperando que sea la otra persona la que dé el paso, la que actúe. Sin embargo, en nuestra inseguridad, olvidamos que también poseemos dones que nos pueden facilitar el rumbo, entre los que se encuentra el saber captar con una alta probabilidad de éxito lo que la otra persona necesita. Repito, con una alta probabilidad de éxito. Así que, si te sientes más cómoda esperando a que sea esta otra persona la que dé el primer paso, no te castigues ni te culpes, pero aprovecha la oportunidad cuando se te presente para revelar, entonces, algo de ti. Y comprueba cómo funciona. Estoy segura de que será una información de gran interés para tu acompañante, y que dará pie para continuar la charla. Hay que tener presente que las autorrevelaciones deben hacerse cuando se cuenta con cierto grado de intimidad o, al menos, de conocimiento de la otra persona. Imagina que la primera vez que conoces a alguien y te gusta, decides que vas a manifestarle todos tus sentimientos y le explicas que tuviste una infancia difícil, o que en tu trabajo te sientes incomprendida, o que experimentas soledad, tristeza y crisis de ansiedad en determinadas ocasiones... Lo más probable es que no resulte atrayente, que sea poco deseable en una primera cita y que no produzca el efecto que perseguimos. De modo que, autorrevelaciones sí, pero en el momento oportuno.

- Refuerza positivamente a la persona con la que conversas: se trata de hacer ver, mediante frases o elementos verbales, que nos gusta la interacción que estamos manteniendo o que estamos de acuerdo con lo que nos expresa. Por ejemplo: «¡Qué interesante eso que me cuentas!»; «Me está encantando hablar contigo»; «Sí, yo también estoy de acuerdo».

Cómo solicitar una cita

En este punto no solo nos referimos a citas íntimas o sentimentales. Incluiríamos todas las formas de pedir a otro individuo que participe en una actividad a la que nosotras vamos a asistir. Lo que se diría, «invitar a». Aquí influye un factor importante que suele dificultar el proceso, y se trata de la ansiedad anticipatoria. Diferentes investigaciones han corroborado que, a la hora de concertar citas, tendemos a dejarnos invadir por la ansiedad, en cuya base se encuentra, entre otros factores, la percepción individual que nos lleva a pensar que no contamos con suficientes habilidades sociales. Lejos de intentar desmontar cognitivamente esa idea, que ya sabes que no es mi estilo, mi propuesta es que, con lo que te estoy mostrando, ensayes, ensayes, ensayes y pongas en práctica. Es la única manera (efectiva) que yo conozco de eliminar creencias que no nos son útiles.

Cómo ser una persona asertiva

La asertividad, tal y como yo la aprendí hace muchos años, consiste en mantener una postura que te permita respetar tus derechos propios sin agredir los de los demás. Según nos explica Jeffrey A. Kelly, existen dos tipos de respuestas asertivas, que él denomina «aceptación asertiva» y «oposición asertiva».

La primera de ellas, la aceptación asertiva, se refiere a la capacidad que manifestamos para ser amables y simpáticas con los demás cuando su conducta es apropiada.

La oposición asertiva, por el contrario, surge en el contexto de un conflicto o falta de acuerdo, por ejemplo cuando se nos exige en exceso, cuando no se nos trata con respeto, cuando se nos intenta controlar, etc. El objetivo de esta conducta de oposición asertiva es impedir que se aprovechen de nosotras y que, al comprobar que no cedemos a unas exigencias desmesuradas, la persona se percate de que debe modificar su conducta para con nosotras. Para ello debemos utilizar un tono de voz seguro, claro y convincente. Esto, aunque en principio puede sobreestimular, produce a medio-largo plazo un sentimiento de autoeficacia enorme, amplía nuestro repertorio de habilidades, nos hace sentirnos más poderosas y nos saca del agujero de la conducta sumisa. Te animo a que hagas la prueba, como quien se adentra en un río de piedrecitas y debe ir buscando cuál es la que sobresale más, la que tiene la superficie más plana y más amplia para soportar la posición del pie y mantener el equilibrio. Con mucho tiento y mucho tacto. Sin prisas, no nos queremos caer al río y sentir, después, temor ante un nuevo intento. Sin prisa, pero sin pausa. Movimiento, siempre movimiento.

El recetario psicosensible

Si me conoces un poco, sabrás que a veces recurro a metáforas relacionadas con la cocina para apoyar mis escritos, de modo que aquí te facilito un par de «recetarios»:

Recetario para la oposición asertiva. Si quieres hacer un delicioso bizcocho de oposición asertiva, esponjoso y dulce en su justa medida, ten en cuenta los siguientes ingredientes y sigue el procedimiento de preparación:

INGREDIENTES:
- 1 taza de contacto visual
- 1 cucharada de tono de voz
- 5 gramos de volumen de voz
- 7 gestos
- 1 litro de comprensión / expresión del problema
- 1 litro de desacuerdo
- 1 litro de petición de cambio / propuesta de solución

PREPARACIÓN:
- Mantén una tonalidad de voz decisiva, categórica, pero no agresiva.
- Utiliza las manos para realizar gestos acordes con la situación, que no resulten excesivos, pero que aporten confianza, entereza, calma.

- Aunque estés en contra de lo que la otra persona está manifestando, trata de comenzar tu exposición con un acercamiento de posturas, con una formulación de entendimiento del modo en que el interlocutor entiende la situación. Esto suele suavizar el conflicto.
- A continuación, expresa tu desacuerdo de manera que se entienda que la conducta que está manifestando esta persona no es aceptable para ti, y que no la vas a tolerar.
- Por último, solicita un cambio en su modo de proceder o pide una solución. Es importante no saltarnos este paso, pues si nos quedamos estancadas en la queja, no pasamos a la acción, y la situación nunca se modifica. La otra persona tiene que saber de qué modo necesitamos que corrija su conducta en el futuro.

Ejemplo práctico:
Contexto: conversación entre un matrimonio, un viernes por la noche.

Felipe: *Rosa, me voy ya, que llego tarde. He quedado con mis amigos para cenar y no me da tiempo a preparar el baño de los niños.*

Rosa: *Esto es complicado para mí, Felipe, porque cuando tú te marchas sin hacer esa tarea, yo tengo que encargarme de ella mientras los atiendo y también les preparo la cena. Pueden surgir más problemas que no puedo solventar al mismo tiempo, porque son muy pequeños y no les puedo quitar ojo de encima. No quisiera que sucediera ningún accidente* (expresión de que existe un problema). *Entiendo que te gustaría marcharte ya y llegar temprano a la cena que habéis preparado con tanta ilusión* (expresión de comprensión / entendimiento), *pero no es justo ni razonable que yo tenga que encargarme de todo el trabajo y, sinceramente, no estoy dispuesta a hacerlo por lo que te he explicado* (desacuerdo). *¿No es posible que te organices para preparar el baño en un momento y después te marches? Así yo no tengo que correr como una loca y nuestros hijos estarán bañados y cenados igual que todos los días* (petición de cambio de conducta y/o propuesta de solución).

Recetario para la aceptación asertiva. En este caso, los ingredientes y el modo de preparación se ajustan a lo que sigue:

INGREDIENTES:
- 5 tazas de contacto visual
- 1 cucharada de tono de voz
- 1 cucharada de volumen de voz
- 15 gramos de afecto apropiado
- 1 litro de elogios
- 1 litro de gratitud
- 1 litro de reciprocidad

PREPARACIÓN
- Mantén un volumen de voz medio, un tono cálido y emotivo. Adapta tus emociones a los requerimientos de la situación. Sonríe.
- Alaba a la persona con la que interactúas. Hazle saber que su conducta ha sido agradable para ti y que la valoras positivamente. Por ejemplo: «Te agradezco mucho que me hayas ayudado»; «Lo has hecho fantástico».

- Expresa cómo te sientes respecto a sus acciones: «Lo que hiciste por mí me hizo sentir querida»; «Me siento muy valorada a tu lado».
- Responde en la misma medida en forma de conducta cuando te sea posible. Es decir, si te has sentido beneficiada por la ayuda de una persona, puedes tratar de apoyarla en otro momento en que a ella le haga falta. «Gracias por apoyarme en estos momentos tan complicados. Si puedo ayudarte en algo que esté en mi mano, dímelo por favor».

- -

La historia de Elisa

Elisa fue invitada a pasar un día en la casa de campo de una amiga, para celebrar el inicio de la primavera, que ya se iba avecinando. Antes de dar el sí definitivo, hizo muchas preguntas a la anfitriona. Cuántas personas asistirían, qué debería aportar para colaborar y ser cortés, cuánto tiempo estaba previsto alargar el encuentro, cómo había que ir vestida, etc. Elisa aceptó cuando casi todas sus dudas quedaron resueltas, y tras ser muy animada por su amiga. Esta le explicó que acudirían pocas personas y que, seguramente, coincidirían en sus gustos porque habían planificado llevar unos juegos de mesa con los que ella disfruta mucho. El encuentro, aunque en un principio solo parecía estimulante debido a la novedad del lugar y de las personas que allí se presentaban, poco a poco resultó muy agradable. Ella acudió pronto, para evitar llegar cuando todo el mundo estuviera ya en el lugar. Intuía que, haciéndolo así, amoldando las circunstancias a sus necesidades, se sentiría más relajada y más cómoda, percibiría que «manejaba» de algún modo la situación, en vez de llegar en último lugar y ser observada por todos. Ayudó a su amiga a preparar los aperitivos y la disposición de los asientos y, a medida que fueron apareciendo los invitados, fue presentada con tranquilidad, uno a uno. Bebieron, comieron, charlaron, jugaron y tras la sobremesa tuvieron tiempo de interesarse por las inclinaciones de unos y otros. Elisa sintió una conexión especial con Marta, parecían querer hablarse a través de la mirada y, antes de marcharse, intercambiaron los teléfonos. A raíz de aquel día, comenzaron a chatear, y han quedado en un par de ocasiones: una para tomar café, otra para pasear. Se siente muy bien con ella, y le gustaría seguir conociéndola. Pero algo retiene a Elisa. Tiene miedo a pensar que Marta no quiere lo mismo que ella, y sentirse humillada si recibe una negativa. Teme comprometerse y que no salga bien. Tiene miedo de no ser lo que Marta espera. Tiene miedo de que Marta no sea lo que ella espera. Tiene miedo a poner demasiado de su parte y no recibir lo mismo.

Es normal que Elisa se preocupe por lo que sucederá a largo plazo, es una parte de nuestra personalidad. No es negativo detenerse a valorar lo que está sucediendo y calibrar hacia dónde continuar. Lo saludable sería que esa sensación no la paralice para seguir. También, y esto es tremendamente importante, comprobar si esto que le pasa a nuestra protagonista es una situación puntual de este momento concreto, algo que la está alertando de que no va por el camino correcto, que sus miedos son razonables porque el posible peligro/fracaso es real o, por el contrario, lo que le sucede forma parte de un patrón que guía su conducta.

Antes de seguir, te propongo analizarte a ti misma, en la línea de lo que te he contado sobre Elisa. Así que piensa en una situación similar a esta y que hayas vivido en el último año. Puede ser a nivel sentimental o de amistad, eso no es lo más relevante, la clave es que implique una alta intensidad en la relación. Visualízala mentalmente. ¿La tienes? Bien, sigamos entonces.

• ¿Quién era esta persona?

_____

_____

_____

_____

• ¿Cómo la conociste?

_____

_____

_____

_____

• ¿Qué sentías?

_____

_____

_____

_____

• Ahora, con la perspectiva y la claridad que proporciona ver las cosas desde la distancia, valora: ese temor, precaución, miedo, alerta... (llámalo X), ¿estaba justificado?

_____

_____

_____

_____

- ¿Qué sueles experimentar cuando conoces a una persona que te llama la atención y que, de entrada, te parece interesante? Es decir, ¿cómo funciona tu patrón?

_____

_____

_____

_____

Sean cuales sean tu experiencia y tu patrón de conducta, es cierto que existen ciertos desasosiegos, miedos, inseguridades, temores o preocupaciones que suelen ser comunes en las personas altamente sensibles y que, llegado el momento, me gustaría que los comprendieras y aceptaras con amabilidad. Los expongo a continuación, punto por punto, y puedes ir pensando si te sientes identificada de alguna manera:

- Sentir miedo a ser rechazadas, abandonadas o traicionadas por la otra persona: a veces puede suceder que este temor esté basado en experiencias pasadas, en relaciones en las que dimos todo lo que teníamos y chocamos con la deslealtad. Es difícil volver a confiar, por eso date permiso, date tiempo. El simple hecho de comprobar, al menos a medio plazo, que esta vez puede ser diferente, te hará relajarte y dar más de ti. Pero para poder llegar a ese punto hay que comenzar, a pesar de la incomodidad que nos generen las sensaciones y pensamientos negativos.
- Temer que, una vez que la relación esté en funcionamiento, comiencen los conflictos: los enfrentamientos no suelen ser del agrado de casi nadie, y a nosotras nos abruman, nos estimulan en demasía, por lo que tener que lidiar con la interacción continua e intensa que conlleva una relación puede resultarnos excesivamente excitante.

- Inquietarse ante la posibilidad de perder la independencia que hemos ganado con tanto esfuerzo. Puede que contemos con una vida organizada a nuestro gusto, a nuestras necesidades, con nuestros horarios y nuestros espacios. ¿Cómo se recompondrá la historia si introduzco un nuevo elemento? ¿Será un caos? ¿Perderé mi posibilidad de pasar tiempo a solas? ¿Querrá que le dedique más de lo que yo puedo darle? ¿Pensará en llevar un estilo de vida que a mí no me satisface? ¿Tendré que trabajar más horas para ganar dinero para los dos? ¿Cuánto gastaremos viviendo en común? ¿Y si no soy una buena compañera de vida? ¿Me obligará a asistir a reuniones familiares más veces de las que yo quiero? ¿Tendré que salir con sus amistades a lugares que no me gustan? ¿No sería mejor para mí seguir como estoy, sola, independiente, sin responsabilidades?... Ciertamente, estas preocupaciones estarán presentes en nuestra mente y, repito para que nos quede totalmente claro, son normales. No pertenecemos a un grupo extraño por pensar así o a una comunidad de gente rara a la que no le gusta relacionarse con nadie. Necesitamos adaptar los espacios, los tiempos, los estímulos, para poder seguir el camino que queremos sin que se nos haga demasiado cuesta arriba.

- Sentir miedo a «mostrar mi verdadero rostro», esto es, relajarme y convertirme en la persona que realmente soy: crítica y exigente, quisquillosa, irritable por «menudencias» que a nadie más parecen preocuparle. Es importante que estemos tan tranquilas en una relación, que podamos ser quienes de verdad somos. Realmente, piensa que es un regalo. El mundo está lleno de máscaras de todos los colores y estilos, porque intentamos adaptarnos, confluir con los ambientes para encajar y ser valorados. Si tú has conseguido colgar la máscara cuando llegas a casa, no me queda más que darte la enhorabuena, felicitarte porque es un gran paso en tu camino hacia tu bienestar. En segundo lugar, piensa en tu relación como en ese juego en el que dos personas se encuentran, cada una al extremo de una cuerda, tirando de la misma. Las reglas son simples. Tienes que tirar con todas tus fuerzas para intentar arrastrar a tu contrincante. El juego consiste en que gane UNO de los dos participantes. Pero, ¿y si queremos que, en cambio, ganen los dos componentes de la pareja? En cuanto a la cuerda, mejor abandonar el tira y afloja, y en lo que concierne a las relaciones te puedo proponer que, utilizando el símil del juego, cada uno ceda una porción de la fuerza que dedica a tirar de la cuerda. Por ejemplo:

• A ti te molesta mucho el desorden visual y tu compañero no es, por decirlo de manera suave, alguien a quien le gusten la pulcritud y colocar cada cosa en su lugar después de usarla. ¿De qué manera podrías tomar medidas para que el ambiente fuera medianamente cómodo para ti, pero que implicara también algún esfuerzo por parte de tu pareja?

• Tú no soportas los sonidos demasiado altos, pero a tu pareja le encanta disfrutar de su música favorita a un volumen que considera normal y que a ti te abruma. ¿Qué podrías proponerle para que la situación fuera positiva para ambos?

Con estos dos ejemplos, construye otros que se ajusten a tu experiencia y plantea posibles soluciones.

SITUACIÓN PROBLEMA	¿Qué puedo hacer yo?	¿Qué puede hacer mi pareja?	¿Cómo nos beneficiaría a ambos?

Si te sientes identificada con algunas de las preocupaciones expuestas previamente, te recomendaría lo siguiente, en la línea de trabajo que venimos desarrollando:

1. Hacer espacio a estas sensaciones, pensamientos, sentimientos y recuerdos que te vayan surgiendo en cada circunstancia. Déjalos llegar hasta tu mente, sin rechazarlos y sin regodearte demasiado en ellos. Imagina que cada una de estas sensaciones se convierte en un muñeco, y que lo miras a la cara, lo saludas, lo escuchas, validas lo que te quiere decir y, a continuación, lo despides.

2. Seguidamente, piensa en tus valores, en cómo sería la persona que te gustaría ser en el futuro en lo relativo a sus relaciones íntimas o de amistad. ¿Me acercan o me alejan mis comportamientos actuales en el camino hacia convertirme en esa persona que quiero ser en el futuro, esa persona que, cuando la imagino, me hace feliz?

A veces la evitación temporal de los eventos internos desagradables se convierte en un arma de doble filo que nos conduce al camino contrario al que deberíamos escoger. Por ejemplo, podemos tranquilizarnos al pensar que hoy no vamos a llamar a tal persona, hoy no vamos a resolver ese conflicto que nos angustia en lo referente a la convivencia con nuestra pareja, hoy no concertaremos esa cita que nos apetece pero que, al mismo tiempo, con solo imaginarla nos estimula demasiado. Porque hoy no me encuentro bien, hoy aspiro a un plan tranquilo en casa, hoy prefiero quedarme sola, como ayer y como anteayer, tal como estoy haciendo durante los últimos seis meses. Y como probablemente haré mañana. Porque cuando tomo una decisión basada en la evitación, estoy olvidando que esta persona que evita y que no desea sufrir y padecer, soy yo, la misma que durante todo este tiempo ha dejado de cumplir sus propósitos por pereza, por miedo, por inseguridad, por vergüenza, y esta es la forma de actuar que tengo, es mi patrón. Y aunque me prometa fervientemente que en el futuro lo haré de otra manera, que mañana seguro que sí que tendré otra actitud para afrontar lo que venga, si lo dejo al azar, sin planes, sin ensayos, sin estrategia, probablemente suceda lo mismo, que continuaré evitando. Porque no decidir ya es decidir. Decidir quedarse paralizada. Y la vida pasa, y las oportunidades se van, y la existencia se convierte en algo completamente diferente a lo que habíamos soñado.

2.2.B. Mejorar las relaciones a largo plazo, en el terreno de la pareja, de las amistades o de la familia

Al finalizar este apartado:

- Comprenderás el funcionamiento de las relaciones simétricas y complementarias, la conexión que guardan con el poder y las jerarquías, sabrás identificarte con alguno de los patrones existentes y así evitar que tus interacciones se vuelvan rígidas.
- Entenderás en qué se basa tu tendencia a esquivar los conflictos y te enseñaré cómo transitar por ellos de una forma menos dañina para tu alta sensibilidad.

- Conocerás la forma de marcar límites que te permitan crear tu espacio de seguridad, exponer tus ideas y tus necesidades al tiempo que respetas los derechos de las demás personas.

La historia de Luisa

Hace relativamente poco tiempo que Luisa se ha reconocido como una mujer altamente sensible. No lograba encontrar su lugar en el mundo, pasaba de un empleo a otro, sin encajar en ninguno realmente. No se trataba de que tuviera conflictos con las personas que trabajaban con ella, era que el ambiente, la filosofía de la empresa, los horarios, el modo en que se trabajaba, no la satisfacían. Notaba que le faltaba algo. Mientras, seguía estudiando para ampliar su formación y así poder acceder a otras oportunidades mejores. Con su pareja la vida caminaba, fluía como un caldo de cultivo, pero sin sal. A su marido le gustaba salir los fines de semana de cenas o comidas y después terminar tomando copas, ir a multitud de viajes con un gran grupo de amigos, los espectáculos musicales repletos de estimulación... Y ella, aunque prefería quedarse en casa leyendo un buen libro o conversando tranquilamente en una cafetería con una amiga, lo acompañaba para no defraudarlo. Las consecuencias eran muy negativas para Luisa, pues todo aquel gentío y el exceso de estimulación la saturaban y los días siguientes se solía encontrar cansada, irritable y de mal humor. Su marido, entonces, no la entendía y la culpaba. Le decía que algo tenía que pasarle, porque cada vez estaba peor y resultaba más inaccesible. Ella llegó a pensar que tenía un problema real y grave, por lo que se decidió a buscar ayuda profesional. Pidió cita con una psicóloga y, cuando le explicó lo que le sucedía, le confirmó que no tenía ninguna patología, que "su problema" guardaba relación con la alta sensibilidad. Luisa quiso saber más sobre este rasgo, leyó los libros que le recomendó la terapeuta y continuó asistiendo a las sesiones propuestas. Fue un verdadero alivio. Supo que no había nada malo en ella y, enseguida, quiso hablar con su marido para contárselo y compartir con él esta alegría y lo que acababa de reconocer de su persona. Sin embargo, la reacción de su pareja no fue la que ella hubiera anhelado. Renegó de lo que Luisa le estaba revelando, puso en tela de juicio el criterio de la profesional y rechazó, firmemente, los argumentos que su mujer le exponía. Esta conducta supuso un jarro de agua fría para Luisa, que soñaba con ser, por primera vez, entendida y comprendida por la persona más cercana de su vida. Fue una verdadera frustración y sintió una profunda tristeza.

¿Por qué sucede esto? Es más habitual de lo que podemos pensar de antemano que las personas que más cerca tenemos rechacen las pruebas que les ofrecemos la primera vez que les hablamos de la alta sensibilidad. Para ellos supone una pérdida. Sí, una pérdida de algún tipo de «privilegio».

Verás.

Cuando no sabemos que nuestra forma de responder y sentir se debe a que nuestra biología juega un papel fundamental, entonces atribuimos nuestra conducta a otros factores, como la debilidad o la mayor o menor predisposición. En el momento que entendemos el marco teórico, que nos ubicamos (no nos circunscribimos), entonces entendemos por qué hay situaciones que no nos resultan agradables.

Por ejemplo, en el caso de Luisa en el trabajo, podría sobreestimularla que en la oficina todos los/as compañeros/as trabajasen juntos en la misma sala, que hablasen mientras ella se intentaba concentrar, que tuviesen la radio encendida, que se escuchasen las voces de las personas que pasaban por la calle, que no hubiera una ventana al exterior para que entrase luz natural, que su mesa no tuviese suficiente iluminación, que sonaran ininterrumpidamente los teléfonos, que la forma de atender a las personas no fuera, a su modo de ver, ética... pueden existir mil y una razones, pero ahora entendemos por qué Luisa se sobreestimulaba y nos damos cuenta de que no le ocurría nada fuera de lo normal.

En cuanto a la relación con su marido, sabemos que se sentía irritada los días siguientes después de asistir a lugares con demasiada estimulación (comidas, cenas, viajes con demasiados estímulos y sin descansos, espectáculos muy ruidosos y muy luminosos...) y que ahora, una vez que entiende que esto se debe a su alta sensibilidad, tratará de evitar acudir a esos lugares o limitarlos en la medida de lo posible. Esta toma de conciencia de Luisa, constituye una «pérdida de privilegios» (siempre entre comillas) para su marido, que deberá adaptarse a que ella deje de acompañarle o, avenirse a ajustar entre los dos unas nuevas formas de divertirse. Y, en primera instancia, es lógico que conocer repentinamente una noticia de este calibre no sea del agrado de alguien cuya vida resulta satisfactoria tal y como está.

Por tanto, paciencia si estás tratando de exponer a alguien cercano y diferente a ti, por primera vez, tu descubrimiento. Porque es posible que la reacción que esperas no se produzca hasta que asimile que deberá hacer cambios importantes en su vida. Sin embargo, una vez la otra persona ha masticado y digerido la nueva información, es más probable que empatice contigo y que intente acercar posturas y buscar alternativas para que la vida de ambos sea favorable y pueda continuar transitando por el mismo camino. Y si no es así, transcurrido un tiempo determinado, pues habría que plantearse la existencia propia en términos a largo plazo: ¿cómo estará mi vida a cinco, diez, quince años vista, si continúo igual que hasta ahora? ¿Es eso lo que quiero para mí?

¿Qué factores intervienen para que unas parejas alarguen su vida sentimental en el tiempo y otras se rompan?

Comencemos remontándonos al siglo pasado, nada más y nada menos. En la década de 1990 se llevaron a cabo en Estados Unidos diversos estudios para averiguar qué variables se atribuían a las parejas cuyas vidas conyugales eran más duraderas, y por qué en otros casos las relaciones se deterioraban, se interrumpían y el matrimonio fracasaba. Se llegó a la conclusión de que, en el caso de las rupturas, intervenían varios factores de naturaleza biológica que trataré de explicar y resumir de una forma comprensible.

Permíteme que use, de manera indistinta, los sustantivos matrimonio, pareja, díada...[1] Los utilizo como sinónimos, y sin importar el estado civil que, al fin y al cabo, es lo de menos. Lo relevante es la esencia. También intercambio ejemplos de parejas heterosexuales con los de parejas homosexuales para que todas las mujeres que transitan por este viaje se sientan incluidas.

Hace un tiempo, una compañera y gran amiga me contó que andaba buscando fotografías en una aplicación determinada para confeccionar una felicitación sorpresa de aniversario para su novia. Me reveló, con tristeza y frustración, que en esa búsqueda las

---

1. En psicoterapia familiar sistémica se utiliza el término «díada» para definir subsistemas familiares (en este caso, formados por dos personas).

parejas que aparecían en las imágenes catalogadas bajo la etiqueta de «amor» se limitaban a las heterosexuales, y que cuando se topaba con la representación de dos mujeres, estas se mostraban en una actitud que tan solo revelaba amistad. Lo que ella quería transmitir a su pareja, la intimidad, el amor, la ternura, no se expresaba en esas fotos con toda la profundidad que su sentimiento requería.

Lo que no se nombra, no existe. Y yo no quiero que a ti te suceda lo que a mi amiga, que te sientas fuera de lugar. Yo quiero que tú tengas cabida aquí, por eso no te voy a relegar a los márgenes, sino que formarás parte de un todo, de un centro, igual que cualquier otra persona.

Y ahora, sí, sigamos hablando de los experimentos de finales del siglo XX. Por un lado, los resultados concluyeron que había parejas en las que uno de sus miembros, o los dos, tendían a buscar nuevas sensaciones de manera continua para mantener su nivel de dopamina estable (ya sabes, esa sustancia cerebral que produce bienestar y satisfacción). Esos casos se traducían en una alta probabilidad de que incluyeran a terceras personas en la relación, es decir, que fueran infieles. Por tanto, este factor, la búsqueda de sensaciones, predecía en gran medida que la pareja no tuviera a la larga un futuro en común.

Por otra parte, cuando uno de los componentes de la pareja lleva en su espalda una mochila cargada de experiencias complicadas y/o traumáticas, si además se le añade el rasgo innato de la alta sensibilidad, lo más probable es que su predisposición emocional sea más negativa. Esto se resume en una tendencia a lo que solemos denominar *neuroticismo* y que no es más que el hecho de experimentar, en mayor medida, sentimientos de ansiedad, tristeza, labilidad emocional. Un tándem de dicha magnitud —alta sensibilidad y tendencia al neuroticismo— conducirá con toda probabilidad a un matrimonio complicado.

Por último, debo hacer referencia a aquello que los investigadores denominaron *restricciones* y que se relaciona con una tendencia natural por parte de las personas altamente sensibles a no actuar o pasar a la acción hasta haberle dado muchas vueltas en la mente, muchas interpretaciones, muchos matices, muchas oportunidades. Este último factor está asociado con un futuro estable para la vida en pareja porque, entre otras muchas cuestiones, inhibe la impulsividad.

Aunque los resultados que te he expuesto se han obtenido en el marco de las relaciones de pareja, las sentimentales, me gustaría pensar que se pueden extrapolar a cualquier tipo de relación que lleve intrínseco un mínimo de profundidad, de cercanía. En el caso de las amistades íntimas o de los grupos familiares, todos los factores previos tienen una incidencia real y certera en la forma en que se vaya a desarrollar la relación. Por ejemplo, una amistad en la que una de las personas tiende a ver «el vaso medio vacío», donde la carga de amenizar el tiempo compartido recae sobre el mismo individuo porque el otro miembro casi siempre se encuentra desmotivado, triste o con ansiedad, es una relación de amistad difícil. A la larga, la persona que más esfuerzo aporta puede comenzar a cansarse y querer «abandonar el barco». Una familia en la que, cuando se organiza una comida familiar, uno de los miembros espera hasta el último momento para confirmar su asistencia —por si acaso le surge un plan mejor y más estimulante—, está despreciando de este modo a las personas y, posiblemente, creando un clima de reproches y recelo, de desconfianza.

Te puedes estar preguntando si, dados los resultados de las investigaciones, no es completamente predecible de antemano la durabilidad de una determinada pareja. La respuesta a tu lógica pregunta tiene una contestación simple pero, para nada, fácil. Como siempre, una relación, igual que el cuidado de un jardín, exige tiempo y dedicación. A estas alturas ya debe habernos quedado claro que la biología predispone, pero no limita, y que contando con lo que tenemos, con los números que nos han tocado en esta jugada del bingo que es nuestra existencia, podemos hacer que la partida sea lo más satisfactoria posible para nosotras y para nuestros semejantes. Así que te diré que, tengas los rasgos innatos que tengas, puedes llegar a conseguir una vida en pareja feliz y satisfecha, y el primer paso importante es conocer esta premisa. Lo siguiente viene a continuación.

Será determinante que ambos miembros del matrimonio conozcan las particularidades del otro/a. Por eso te hacía especial hincapié en el apartado anterior, en el que hablábamos de la forma de iniciar contacto con otras personas, de la importancia de exponer, del modo apropiado y en el tiempo correcto, lo que necesitamos y lo que queremos. Nuestros mínimos indispensables desde los que partimos y que serán los que requiramos para que la vida en común pueda ser fluida y no una acumulación de rencores, resentimientos o reproches que puedan explotar en el momento más inoportuno.

Desconozco si en el momento actual buscas pareja o ya la tienes; si estás o no satisfecha con el modo en que funciona tu relación. Aun así, recuerda que todo lo que te cuento en este apartado se puede trasladar a otras relaciones íntimas aunque no sean sentimentales, de manera que, si lo que necesitas ahora mismo es valorar cómo funciona tu vida en el ámbito de la amistad, siéntete libre de hacerlo, sabiendo que estás en el lugar oportuno.

- ¿Cómo marcha en el momento presente tu relación, en términos generales? ¿Es un foco de bienestar o de tensiones?

_____

_____

_____

_____

- ¿Cuánto tiempo pasas con tu pareja (amistades/familia)?

_____

_____

_____

_____

- ¿A qué dedicáis el tiempo compartido?

_____

_____

_____

_____

- ¿Confías en tu pareja (amistades/familia)? ¿Por qué?

_____

_____

_____

_____

- ¿Tu pareja (amistades/familia) confía en ti? ¿Te lo ha confirmado alguna vez?

_____

_____

_____

_____

- ¿Qué es para ti el amor (la amistad/la familia)?

_____

_____

_____

_____

- Si piensas en una imagen tuya del futuro, a cinco años vista, ¿cómo te ves en el terreno del amor (la amistad/la familia)?, ¿qué estás haciendo?, ¿dónde estás?, ¿con quién estás?, ¿cómo te sientes?, ¿qué piensas?, ¿se parece en algo a tu situación actual?

_____

_____

_____

_____

Como ya sabemos, la psicología es fascinante, al menos para mí. Encierra un mundo gigantesco en el que indagar hasta el infinito y saciar nuestras ansias de conocimiento. Una de sus contribuciones, que viene como anillo al dedo a nuestro manual y al momento en que nos encontramos, es la teoría de la comunicación humana, publicada en 1967 por el filósofo y psicólogo Paul Watzlawick. Watzlawick nació en Austria y terminó sus días en EE. UU. Su trabajo como psicólogo se centró en el ámbito de la terapia familiar o terapia sistémica y fue uno de los miembros del Mental Research Institute (MRI) de Palo Alto, en California, donde se estudiaba cómo influía la comunicación humana en el cambio terapéutico. En esta institución se investigó mucho sobre los factores que contribuían a la salud mental de las personas que acudían a terapia aquejados de problemas y de sufrimiento. Se comprobó que un factor relevante para el bienestar emocional se basaba en lo relacional, en la forma en que cada individuo manejaba sus problemas cotidianos y si era capaz de buscar o no una solución. Y corroboraron que era habitual que se dieran soluciones ineficaces, que se convertían así en problemas acumulados, a veces de mayor magnitud que el inicial. Es decir, intentamos solucionar un problema con una solución ineficaz, y el intento de solución se convierte en un problema añadido.

Por ejemplo, imaginemos a una mujer que desconfía de su pareja y siente mucha ansiedad ante la idea de ser engañada. Para evitar estas sensaciones tan incómodas ha intentado varias soluciones, entre ellas preguntar de forma inquisitiva cada vez que él sale, adónde va, con quién, a qué hora volverá, pedirle que le conteste a sus mensajes de manera inmediata o llamarlo por si acaso lo sorprende haciendo algo que no debería. Cuando esto sucede y comprueba que todo está en orden, su ansiedad disminuye, pero el mecanismo se engrasa, se refuerza, y en adelante seguirá desconfiando aún más, si cabe, y en la siguiente ocasión volverá a experimentar la misma angustia. El intento de solución a su problema se ha convertido en un problema adicional.

Watzlawick señaló cinco axiomas en el proceso de la comunicación, y aunque todos son realmente interesantes, nos centraremos en el quinto, que explica lo que se ha venido a denominar *relaciones simétricas y complementarias.*

- Una relación es **simétrica** cuando está basada en términos de igualdad, las dos personas se sienten en equivalentes condiciones y se tiende a la horizontalidad. Por ejemplo, una relación de pareja, un grupo de amigas y amigos, un par de hermanas, unas vecinas. Cuidado, porque es fácil confundir simetría con el hecho de que todo funcione a las mil maravillas. Aunque una relación sea simétrica, el patrón de interacción puede no ser tan positivo. Dos compañeras de trabajo que se halagan mutuamente tienen una relación simétrica. Si juzgan la indumentaria que cada una lleva cada día y esto las hace estar preocupadas por lo que van a ponerse al día siguiente, porque anticipan el comportamiento de su compañera, esta relación también es simétrica. El intercambio de conducta es igual (de ahí lo de igualdad) y los riesgos son que existe la posibilidad de que surjan las discusiones en las que ninguna de las dos quiere ceder, que aparezcan la rivalidad, la competición y, en casos extremos, la ruptura, tras un enfrentamiento muy doloroso.

- Una relación es **complementaria** cuando está basada en términos de diferencia y la tendencia es a la verticalidad. Una persona da y la otra recibe, se conciben el uno al otro como diferentes, pero se genera un marco relacional claro y seguro, que ofrece tranquilidad y armonía. Por ejemplo, cuando vamos al médico, la relación que se establece suele ser complementaria, pues sabemos quién es el experto y que debemos confiar en sus indicaciones; cuando un menor asiste a clase, la relación entre el profesor y el alumno también es complementaria. En estos casos, es preciso que uno de los miembros ejerza un grado de «poder», de «jerarquía» sobre el otro para cubrir unos objetivos. En ocasiones, la persona que está en la posición inferior puede llegar a desarrollar dependencia hacia el otro, o la que se encuentra por encima puede ejercer sometimiento y abuso.

Ninguna de estas dos formas de relacionarse es peor que la otra. De hecho, cualquier persona normal elige usar ambas según el momento que le toque vivir, como forma de adaptarse a cada

218 | MUY SENSIBLES

situación. El riesgo surge cuando una relación se vuelve crónicamente simétrica o complementaria. Te lo explico mejor.

Cuando se produce lo que se ha venido a denominar una *escalada en lo simétrico*, una de las personas intentará siempre quedar por encima de la otra («ser más que...») y, si la segunda reacciona para tratar de restablecer el equilibrio inicial —lo que seguramente sucederá—, el individuo que ha iniciado la escalada responderá con más agresividad para evitar perder la batalla.

Cuando es la relación complementaria la que tiende a enraizarse, las personas que están en la posición de superioridad se posicionan cada vez más arriba, y las que están sometidas, cada vez más abajo. Imagina lo que puede suceder. Abusos de poder, violencia, sometimiento y un sinfín de atrocidades.

Por tanto, la simetría y la complementariedad son intercambios comunicacionales, no conllevan benevolencia o malignidad de por sí, y lo saludable es que fluctuemos entre ellas según el momento y el contexto, sin quedarnos atrapadas en ninguna, sin caer en lo crónico, donde se podría desembocar en lo patológico.

Las dificultades que presentan las parejas en las que uno de los miembros es altamente sensible pueden derivar de la posición de inferioridad que asume la persona PAS. Y resalto el término *inferioridad* en el sentido de que se tienden a evitar las confrontaciones y los conflictos, porque sobreestimulan. El malestar que nos provoca la estimulación excesiva contribuye a que se genere una pauta de interacción en la que ambos asumen que, llegado el momento, uno de los dos cederá. Una vez se integra esta dinámica, se convierte en una regla inconsciente, y no suele ser premeditado, por norma general, que el otro miembro de la pareja aumente de manera gradual el grado de disputa hasta conseguir que la persona más sensible se sienta sobrepasada y claudique. En algunas circunstancias sí, pero no siempre. Lo normal es que se convierta en una forma de interacción «normal» en la pareja, y entonces la persona altamente sensible termina por ser cada vez más sumisa y encontrarse, poco a poco, en una posición más desventajosa.

¿Qué podemos hacer para que nuestra relación funcione mejor, para encontrarnos más satisfechas, más plenas? Te propongo unos ejercicios propuestos a principios de la década de 2000 por John Gottman, un psicólogo especializado en relaciones de pareja. A diferencia del resto de actividades planteadas hasta el momento, deberás ponerlos en práctica con otra persona. ¿Con quién? Pues sí, efectivamente, tal y como estabas pensando, son ejercicios para hacer junto a tu pareja. ¿Cómo si no vamos a conseguir mejorar nuestra comunicación, la forma de relacionarnos, encontrar la manera de afrontar y salir ventajosos de nuestros conflictos, si no es en equipo? Pues vamos allá.

El mapa del amor. Con esta actividad, que es realmente un juego muy divertido, conseguiremos un «conocimiento geográfico» de nuestro/a compañero/a sentimental. En primer lugar, acordad un momento adecuado para dedicarle tiempo sin interrupciones. Si se comienza a jugar y el contexto no es el apropiado, si tenemos otras obligaciones que atender, nos van a llamar por teléfono, los niños están despiertos y quieren que los atendamos, etc., el objetivo que pretendemos se malogra, y la sensación es agridulce. Así que, en la medida de lo posible, intentad que el medio sea favorable. Citaros para jugar.

Coged bolígrafo y papel. Pensad y después anotad individualmente 20 números comprendidos entre 1 y 60. Haced una columna en la parte izquierda del papel y colocad los números escogidos.

Vais a encontraros una lista de 60 preguntas, numeradas del 1 al 60 y cada una tiene una puntuación entre paréntesis. Trasladad a vuestra hoja de papel las preguntas que coincidan con los números que habéis escogido y que, previamente, habéis anotado en una columna.

El tercer paso es el más interesante: comenzad a haceros las preguntas pertinentes, por orden.

Reglas

- Si el/la otro/a acierta, recibe los puntos asignados entre paréntesis **Y** quien pregunta recibe 1 punto.
- Si no acierta, recibe 0 puntos, **Y** quien pregunta recibe 0 puntos.
- Gana quien consiga más puntos al final de la partida, es decir, cuando se han terminado de responder las veinte preguntas de los dos miembros de la pareja.

Estas son las preguntas del mapa:

1. Nombra a dos de mis mejores amigos/as (2)
2. ¿Cuál es mi grupo musical favorito, compositor/a o instrumento musical? (2)
3. ¿Qué ropa llevaba cuando nos conocimos? (2)
4. Nombra una de mis aficiones (3)
5. ¿Dónde nací? (1)
6. ¿A qué tensiones o retos me enfrento actualmente? (4)
7. Describe con detalle lo que he hecho hoy, o ayer (4)
8. ¿Cuándo es mi cumpleaños? (1)
9. ¿Cuándo es nuestro aniversario? (1)
10. ¿Quién es mi familiar preferido? (2)
11. ¿Cuál es mi mayor sueño no realizado? (5)
12. ¿Cuál es mi flor favorita? (2)
13. Nombra uno de mis mayores miedos (3)
14. ¿Cuál es mi hora del día favorita para hacer el amor? (3)

15. ¿Qué me hace sentir más competente? (4)

16. ¿Qué me excita sexualmente? (3)

17. ¿Cuál es mi plato favorito? (2)

18. ¿Cómo prefiero pasar una tarde? (2)

19. ¿Cuál es mi color favorito? (1)

20. ¿En qué quiero mejorar personalmente? (4)

21. ¿Qué regalos me gustan más? (2)

22. Nombra uno de mis recuerdos de la infancia (2)

23. ¿Dónde prefiero ir de vacaciones? (2)

24. ¿Cómo prefiero que me tranquilicen? (4)

25. ¿Quién es mi mayor fuente de apoyo, aparte de ti? (3)

26. ¿Cuál es mi deporte favorito? (2)

27. ¿Qué es lo que más me gusta hacer en mi tiempo libre? (2)

28. Nombra una de mis actividades favoritas los fines de semana (2)

29. ¿Cuál es mi lugar preferido para una escapada? (3)

30. ¿Cuál es mi película favorita? (2)

31. Nombra algunos de los sucesos importantes que están ocurriendo en mi vida. ¿Cómo me siento con respecto a ellos? (4)

32. Nombra alguna de mis formas favoritas de hacer ejercicio (2)

33. ¿Quién era mi mejor amigo/a en la infancia? (3)

34. Nombra una de mis revistas favoritas (2)

35. Nombra uno de mis mayores rivales o enemigos/as (3)

36. ¿Cuál sería para mí el trabajo ideal? (4)

37. ¿Qué me da más miedo? (4)

38. ¿Cuál es el familiar que menos me gusta? (3)

39. ¿Cómo son mis vacaciones favoritas? (2)

40. ¿Qué clase de libros me gusta leer? (3)

41. ¿Cuál es mi programa favorito de televisión? (2)

42. ¿Qué lado de la cama prefiero? (2)

43. ¿Qué me pone triste? (4)

44. Nombra una de mis preocupaciones (4)

45. ¿Qué problemas médicos o de salud me preocupan? (2)

46. ¿Cuál fue el momento en que pasé más vergüenza? (3)

47. ¿Cuál fue la peor experiencia de mi infancia? (3)

48. Nombra a dos de las personas que más admiro (4)

49. Nombra a mi mayor rival o enemigo/a (3)

50. De todas las personas que los dos conocemos, ¿quién me cae peor? (3)

51. Nombra uno de mis postres favoritos (2)

52. ¿Cuál es mi número de DNI o NIE? (2)

53. Nombra una de mis novelas favoritas (2)

54. ¿Cuál es mi restaurante favorito? (2)

55. Nombra dos de mis aspiraciones, esperanzas o deseos (4)

56. ¿Tengo alguna ambición secreta? ¿Cuál es? (4)

57. ¿Qué platos aborrezco? (2)

58. ¿Cuál es mi animal favorito? (2)

59. ¿Cuál es mi canción favorita? (2)

60. ¿Cuál es mi equipo deportivo favorito? (2)

El posterior trabajo reflexivo, ya es para ti, en solitario.

- ¿Qué tal la experiencia? ¿Cómo te has sentido? ¿Habíais jugado a algo similar en pareja alguna vez? ¿Te esperabas las respuestas que tu pareja ha proporcionado? ¿Ha habido algo que te haya sorprendido gratamente? ¿Y alguna respuesta que te haya defraudado?

_____

_____

_____

_____

_____

¿Cómo resuelvo conflictos estableciendo límites asertivos con mi pareja?

Es importante aclarar que no será posible eliminar los conflictos, porque forman parte de la vida. Tampoco podremos evitar la necesidad de marcar límites, especialmente si nuestra tendencia ha sido durante mucho tiempo a aceptar, a asumir, a callar. Si ahora cambiamos y pretendemos posicionarnos, el rechazo será evidente. Es pura física. Los demás no están preparados para recibir ese «choque» y reaccionarán poniendo todo su empeño para intentar que el equilibrio se restablezca. Sin embargo, si estás completamente segura de que tu postura es adecuada y es lo que quieres, te animo a que trates de soportar estos primeros vaivenes, que la calma llegará.

En lo sucesivo, te expondré formas de trabajar los límites con los demás, desde lo más suave (límites delgados y sutiles) hasta los más rotundos, contundentes y determinantes (límites gruesos y robustos). Sería, a nivel icónico, como una flecha que va señalando el aumento concreto, de menos a más.

Un ejercicio para trabajar los límites, al mismo tiempo que la empatía por los sentimientos de la otra persona, consiste en pensar en eso que queremos, escribirlo en un papel y adjudicarle una puntuación del 1 al 10 según el grado de importancia que le conferimos. A continuación, separamos con una línea vertical y puntuamos nuevamente nuestro deseo, pero según la dificultad que tendría para nuestra pareja el concedérnoslo.

Modelo de cuadro:

DESEO	Importancia para mí 0-10	Dificultad para el/la otro/a 0-10

Por ejemplo: Irene, una chica altamente sensible, desea con todas sus fuerzas cambiar de vivienda y marcharse a una ciudad junto al mar. El motivo es que el mar la tranquiliza, la relaja y le «da vida». Después de conversar con su pareja durante un tiempo para barajar posibilidades, decide puntuar su deseo con un 9 de importancia para ella. Respecto a lo que le costaría a su pareja, le pone un 8, pues él tendría que dejar el trabajo y a su familia, y no se ve preparado para dar ese paso. Este conflicto, en el momento actual, no podría solucionarse de la manera que Irene plantea, porque los costes para uno son tan altos como los beneficios que recibiría el otro, y el intercambio no resultaría equilibrado. Sin embargo, Irene puede buscar otras soluciones. En primer lugar, valorar si a los motivos que ella aporta les confiere la misma importancia que a los de su pareja. A veces estamos tan acostumbradas a dejarnos para el último lugar que, aunque veamos con claridad que necesitamos algo que será positivo para nuestra salud y que hará que nuestra vida futura se convierta en eso que queremos, no nos consideramos dignas de llevar el timón y cambiar el rumbo del navío. Si aun así, decidimos que nos conformamos y que el cambio no es posible por el momento, ¿se podría buscar una alternativa?, ¿un término medio?, ¿qué buscamos realmente en esa nueva ciudad junto al mar?, ¿puedo encontrar algo de aquello en el lugar donde me encuentro?, ¿puedo viajar a la ciudad como turista, dos veces al año?, ¿sería viable?, ¿qué otras opciones se me ocurren?

El objetivo es no conformarse porque sí, porque si lo hacemos, con el paso del tiempo nos invadirá la sensación amarga de que nos hemos dejado arrastrar por la corriente y de que no tenemos ningún control sobre nuestras acciones. Porque contra algunas cosas no se puede hacer nada, por más que luchemos, pero con las que sí se puede, está en nuestras manos y en nuestra condición humana exprimir todo el jugo de la naranja.

Verás qué pedazo de vaso de zumo. ¿No se te hace la boca agua?

Las personas altamente sensibles a veces evitamos afrontar los conflictos porque el solo hecho de imaginarlos ya nos sobreestimula. Esto no quiere decir que no sepamos defendernos en un momento dado. Se trata más bien de una tendencia a la acumulación, porque pensamos que «no es para tanto», «mejor dejarlo pasar», «en otro momento que suceda algo más grave, ya se lo digo». Pero los resentimientos se van guardando como en un saco, y cuando ya no hay más espacio, un último conflicto puede terminar por romperlo, dejando salir todo su contenido acumulado. Y entonces sí que hay un problema, porque habremos perdido el control, se mezclarán los asuntos (el de hoy, el del mes pasado y el de hace un año) y haremos un gazpacho que nos provocará una inmensa sobreestimulación muy desagradable. Esto provocará que nos inclinemos a evitar, nuevamente, el afrontamiento de conflictos, y el ciclo comienza, así, una vez más.

Como sugerencias: si existen dificultades que sea necesario plantear en pareja, escoged un momento en que estéis tranquilos, que no sea al final de un día de intenso trabajo o después de una riña con otra persona. En resumen, que ninguno de los dos se encuentre sobreestimulado. Estableced, de antemano, unas reglas para discutir los conflictos. Este reglamento no debe quebrantarse bajo ningún concepto. Sería como en un partido de fútbol: si un jugador quebranta una regla, viene el árbitro y tarjeta roja. En este contexto no hay árbitro, pero sí compromiso por parte de dos personas que quieren un futuro común y una vida más armoniosa. Así que, como mínimo, yo propondría las siguientes:

REGLAS
No se puede insultar.
No se puede etiquetar ni diagnosticar.
Hay que ceñirse a lo que se está discutiendo y no traer a colación asuntos del pasado, aunque no estén resueltos. Si hay que solucionar otro asunto se busca otro momento para ello, no se aprovecha la tesitura.
Si alguno se siente saturado, se puede posponer la conversación quince o veinte minutos e intentarlo de nuevo. Si llegado el momento la sobreestimulación continúa, se concertará una nueva cita, al día siguiente.
...

A esta pequeña lista podéis añadir las reglas que consideréis que redundarán en un mejor funcionamiento de vuestra comunicación y en un buen acuerdo final. Pensad que, cuando elegís vosotros mismos las reglas, las decidís, las escogéis, las debatís y las seleccionáis, os posicionáis desde una perspectiva de «equipo», no de individualidad. Comenzar desde ahí es un buen punto de partida para resolver un conflicto. ¿No es así?

¿Qué ocurre cuando una persona siempre cede, aun sin quererlo? Estaríamos ante una postura de completa sumisión, de escasez de regulación emocional y falta de habilidades para afrontar el conflicto. Esto genera sentimientos de incompetencia, de falta de autoeficacia percibida, de percepción de que el control de nuestra vida no lo llevamos nosotras sino los demás o, a lo sumo, las circunstancias. Puede suceder que un día, debido a un evento aparentemente irrelevante, se desate la tormenta. Y en ese caso nuestra respuesta se producirá de formas insospechadas. Está comprobado que cuando acumulamos mucho resentimiento porque somos incapaces de afrontar situaciones que nos producen malestar y frustración, podemos llegar a reaccionar de manera agresiva y fulminante. Seguro que alguna vez te ha sucedido o has conocido a alguien que, pese a parecer una persona tranquila y sosegada, en un momento determinado ha explotado como si fuera dinamita sin que nadie entendiera el motivo, ya que «no era para tanto». Se trata de la dificultad para ajustar las emociones y la acumulación de las mismas, que han rebosado el vaso. Otra manera de manifestar nuestra frustración es en forma de victimismo, lo que se conoce como una actitud «pasivo-agresiva». En ese caso nuestra respuesta será más suave (aquello de «pasivo»), pero se percibirá un matiz de intención de culpabilidad hacia la otra persona (lo de «agresivo») creando un ambiente turbio y desagradable.

Todos aprendemos de las contingencias que nos señala la vida, es decir, a asociar la probabilidad de que ocurra aquello que nos proporciona beneficios cuando está ligado a otra situación determinada. Y en este aprendizaje nos quedamos con lo que nos hará más sencilla y más cómoda la existencia; es ley de vida y biología. Por remontarnos a los orígenes, si de pequeñas tocamos la plancha caliente que nuestros adultos están utilizando, enseguida recibimos un estímulo muy desagradable: nos quemamos los dedos. Esta consecuencia no nos gusta, nos desagrada y se reduce la probabilidad de que, en el futuro, cuando veamos esa misma plancha o algo que se le parezca, acerquemos nuestras manos a ella.

Del mismo modo, más adelante, podemos «aprovechar» la coyuntura de nuestro rasgo y utilizarlo para evitar colaborar en un trabajo que bien podríamos hacer sin dificultad. Por ejemplo, les pedimos a nuestros familiares que no nos exijan que colaboremos en las tareas de casa argumentando que nos sobreestimulamos, que nos sentimos muy mal, que se pueden desencadenar un episodio de ansiedad o un ataque de pánico. De este modo comprobamos que nuestra estrategia «funciona» y que ellos nos respetan porque no quieren que nos pongamos «enfermas».

Como en todo, la conducta pasivo-agresiva tiene grados de intensidad, y se puede convertir en algo irrespirable que es difícil de demostrar.

La importancia de hablar y comunicar los malestares

Este puede ser un tema que, de tan usado, resulte manido. Aun así, no puedo pasarlo por alto, dada la importancia que tiene por ser los humanos seres con capacidad lingüística. La gente no tiene una bola de cristal en la que visualizar nuestros pensamientos y nuestros deseos para poder actuar en consecuencia. Por mucho que nos conozcan, es necesario que expresemos lo que nos pasa si queremos conseguir buenos resultados en las relaciones que establecemos. Así pues, te propongo unos pasos que puedes seguir cuando sientas que surgen un problema o un conflicto entre tú y tu pareja (amistades/familiares):

1. En primer lugar, hazlo explícito de la forma más neutra posible, sin introducir elementos subjetivos o detalles de tu pensamiento que reflejen que esta persona lo ha hecho con una finalidad ruin.
2. Después expón cómo te sientes en relación con esa conducta, la emoción que experimentas en sí misma. (Te remito de nuevo al apartado «El universo de las emociones»).

3. Por último, trata de buscar una solución al conflicto o problema preguntando a la otra persona qué opciones se le ocurren para solventar la situación, sin olvidar que tú formas parte del remedio y que también puedes hacer (y ofrecer) lo que esté en tu mano.

Por ejemplo, Pilar y Saúl mantienen una gran amistad desde hace muchos años y comparten piso. Ayer por la tarde Pilar explicó a Saúl que al día siguiente no tendría trabajo y que quería aprovechar para descansar en casa tranquila, porque llevaba un tiempo demasiado acelerada y muy fatigada. Mientras esto sucedía, Saúl tenía mucha prisa porque llegaba tarde a su trabajo, le estaban escribiendo en WhatsApp y parece que no le prestó demasiada atención. Al día siguiente, cuando Pilar esperaba dedicar el tiempo al descanso, los planes se vinieron al traste porque Saúl, sin recordar lo que Pilar le había dicho y pensando que ella estaría trabajando, había invitado a un grupo de amigos a jugar a la videoconsola y beber cervezas en el salón de su casa, lo cual disgustó enormemente a su compañera de piso.

Posible conversación de Pilar

Saúl, ayer te expliqué que hoy tendría el día libre y que necesitaba descansar en casa porque llevo un tiempo sobreestimulada y solo contaba con este día. Tú ibas muy acelerado y quizás no comprendiste bien mi mensaje o no supe expresarlo en el momento más oportuno. Aun así, cuando hoy han llegado tus amigos, lo que en otra circunstancia no me hubiera importado, y eso ya lo sabes, me he sentido frustrada, triste y poco respetada. ¿Hay algo que yo pueda hacer para mejorar nuestra comunicación en el futuro? Si vuelve a suceder algo parecido y necesito pedirte algo así, ¿prefieres que te lo haga saber de otra manera, en otro momento, desde otro canal? ¿Recordártelo, quizás?

Intuimos que si nuestra pareja (amigo/a o familiar) tiene interés en continuar la relación con nosotras tratará de mejorar, aunque en un primer momento pueda molestarle ser señalado. Y esto sucede aunque la forma en que hayamos expuesto el conflicto sea lo más amable posible y nos hayamos esforzado por ser asertivas. Piensa que le estamos diciendo a la otra persona que se ha equivocado y que nos ha hecho sentir mal. Aunque, finalmente, seguro que terminará por comprender nuestra postura y mostrar empatía, al principio sentirá un cierto grado de dolor me atreveré a llamar «egoico» y puede ponerse a la defensiva. No deja de formar parte de un repertorio normalizado si la respuesta no sobrepasa ciertos límites y si no se alarga demasiado en el tiempo.

Sin embargo, hay circunstancias en las que no es suficiente con manifestar lo que nos hace sufrir y pedir lo que necesitamos apelando a la buena fe de la otra persona. Cuando comprobamos, a fuerza de ensayo y error, que nuestras necesidades no son tenidas en cuenta, quizás nos toque cambiar de estrategia y establecer unos límites algo más tajantes. En este caso, el procedimiento sería el siguiente:

> *Expón el <u>conflicto</u>, los <u>derechos</u> que crees que se están viendo vulnerados y lo que tú harás cuando vuelva a suceder.*
> *Y hazlo.*

Por ejemplo: «Cada vez que tú me levantes la voz yo me marcharé a casa de mis padres». Y, a continuación, coges tu bolsa y te marchas. No se perdona la mala conducta, porque ya estaba avisado. Puede que te parezca muy exagerado, pero piensa que es una estrategia cuando las primeras (la de la asertividad y la comunicación de los malestares) se han intentado varias veces y no han funcionado.

2.3. ÁMBITO LABORAL

Este punto tiene mucha similitud con el anterior, porque cuando trabajamos nos solemos relacionar con personas que presentan una salvedad importante: por lo general, nuestros compañeros/as de trabajo o superiores no están comprometidos con nosotros personalmente, y es muy probable que no se adapten a nuestras necesidades como lo hacen nuestras amistades o nuestros familiares.

Puede que sientas que no estás en el sitio adecuado, que lo que haces no tiene sentido para ti, que no aportas nada al mundo, que tus sentimientos y tus necesidades no son respetados, que no te entienden ni te incluyen, que, de alguna manera, te presion a hacer tareas con las que no te sientes en consonancia, o que has cambiado de trabajo varias veces y no sabes realmente a qué quieres dedicar tu vida…

Nuestro lema podría ser «hacer que nuestro trabajo nos funcione», porque le dedicamos una parte verdaderamente importante de la vida (hay estudios sobre esto, sobre el porcentaje de horas que pasamos en el trabajo en relación con otros menesteres; si te interesa, busca en Google, te sorprenderá), y de lo mejor o peor que nos percibamos como profesionales, de las satisfacciones que nos genere nuestra vida laboral, depende en cierta medida una buena parte de nuestro nivel de bienestar psicológico general.

Es habitual que se produzca en muchas de nosotras una disonancia cognitiva, ya que nos invade el deseo, una necesidad psicológica y casi física de dedicar la vida a empleos que nos llenen, nos satisfagan y estén relacionados con la creatividad, el desarrollo de nuestras potencialidades sin limitaciones de tiempo y espacio, que nos permitan marcar nuestras propias reglas. Sin embargo... (y aquí viene lo de la disonancia), se produce un choque con la realidad material, algo que debemos de algún modo aceptar para poder llevar un sueldo a casa a final de mes. Esos empleos que, por lo general, se nos presentan y que, aunque cubrirían nuestras necesidades básicas, no nos satisfacen emocional ni espiritualmente.

A continuación vamos a exponer tres aspectos en los que las personas altamente sensibles pueden verse atascadas y algunas posibles soluciones para ayudarlas a transitar esta vertiente importante que a todos los seres humanos, en mayor o menor medida, se nos presenta en algún momento de la vida: el área laboral.

2.3.A. Encontrar mi elección vocacional

En este capítulo indagarás qué factores están incidiendo en el hecho de que te sientas perdida para, a partir de ahí, reinventarte profesionalmente. Considero necesario destacar que, si te encuentras en un período de crisis emocional profunda, las líneas que prosiguen solo podrán ser tomadas como sugerencias, y en ningún caso sustituyen a un consejo profesional personalizado.

Parece que tradicionalmente las profesiones más humanitarias, así como las creativas (empleos relacionados con la asistencia médica, enfermería, agricultura, educación, arte, etc.) fueron desempeñadas por personas altamente sensibles. Sin embargo, el paso del tiempo, la llegada y el asentamiento de la industria y las nuevas tecnologías han modificado las condiciones sociales de manera extraordinaria, de modo que el ámbito laboral se ha convertido en un entorno mucho más exigente, en el que se requiere que el trabajo se realice de manera más mecánica, más rápida, más exacta, menos humanizada al fin y al cabo. Y estas condiciones no se ajustan bien al funcionamiento de la minoría altamente sensible, pues corremos peligro de saturación por sobreestimulación y estrés. Tampoco son óptimas para el resto, pero estamos teniendo en cuenta en este caso a un porcentaje poblacional con unas particularidades biológicas concretas, a las que la estimulación ambiental le afecta en mucha mayor proporción.

Con esto no pretendo buscar un pretexto para que las personas que se sientan identificadas se autojustifiquen y se paralicen. Todo lo contrario. De hecho, vengo hablando de la importancia de no circunscribirse a un concepto y quedar ancladas, porque limita el batir de nuestras alas y, por ende, nuestro vuelo. Precisamente, partiendo de la base de que existe una realidad biológica que nos predispone y una realidad social que posiblemente tampoco ayude en demasía, ¿qué podemos hacer nosotras para adaptarnos y hacer de nuestra vida laboral algo significativo?

He aquí la cuestión.

Me gustaría que pensaras (y anotaras en tu cuaderno):

- ¿En qué soy buena? ¿Qué cualidades han destacado de mí otras personas a lo largo de mi vida? ¿Quiénes han verbalizado de mí esos detalles? ¿Por qué lo han hecho? ¿Estoy de acuerdo con ellas? ¿Tengo algo positivo que añadir y de lo que nadie se haya percatado?

  _____

  _____

  _____

  _____

- De los trabajos que he desempeñado hasta ahora, ¿cuáles se me han dado mejor? ¿Cuáles no me gustaría repetir?

  _____

  _____

  _____

  _____

- De aquellos a los que sí estaría dispuesta a volver, ¿habría algún aspecto que modificaría?

  _____

  _____

  _____

  _____

- De aquellos a los que por nada del mundo regresaría, ¿puedo rescatar algo positivo?

  _____

  _____

  _____

  _____

- Si pudiera pedir un deseo al genio de la lámpara y me concediera mi trabajo ideal, sin importar otras cuestiones: ¿cuál sería ese trabajo?; ¿cómo se llamaría el puesto?; ¿a qué se dedicaría la empresa?; ¿sería una institución pequeña, una compañía grande, una sociedad familiar, un proyecto mío…?; ¿cuáles serían la «política de empresa», la «ética» o el modo de trabajar?; ¿dónde se ubicaría el lugar de trabajo?; ¿quién sería mi jefe/a?; ¿a quién tendría que rendirle cuentas cada día?; ¿cómo sería esta persona?; ¿cuáles serían mis funciones?; ¿cómo serían mis compañeros/as?; ¿qué tipo de relaciones habría?; ¿cuál sería mi sueldo a final de mes?

_____

_____

_____

_____

Si eres una persona altamente sensible (lo que es más o menos probable si estás leyendo este libro) presumo que, si además cuentas con antecedentes que añadan estrés a tu historia vital, puedes haber experimentado dificultades, a la hora de hacer una elección vocacional, para decidir basándote en tus preferencias en lugar de hacerlo según las de tus seres queridos. También es posible que, una vez elegido el camino profesional, te hayas encontrado con alguna que otra piedra que haya contribuido a que abandones ese sendero, que comiences otro que tampoco se ajuste a lo que esperabas, y que finalmente te sientas defraudada y desmotivada. Entiendo perfectamente que puedas experimentar una percepción de ineficacia respecto de ti misma, pensar que no vales, que no encajas, que no sirves, que eres mediocre, y los consecuentes sentimientos de tristeza, desazón y rabia contra tu persona..

Todo este compendio de emociones es absolutamente normal, pero puede llegar a ser paralizante y devastador si no se trabaja adecuadamente y si una no entiende de dónde procede lo que está experimentando.

Aun así, no quiero dejar la oportunidad de destacar que el conocimiento por sí solo, sin acción, no sirve de mucho. Lo he comprobado por mí misma en muchas ocasiones, por boca de las pacientes otras tantas, y me apoyo en estudios que se realizaron en esta línea. Si no pones en práctica lo que aprendes, no lo estás aprendiendo de verdad.

Mi (desagradable pero útil) experiencia con las prácticas de conducir

La primera vez (que yo recuerde) que tuve que enfrentarme en mi realidad a esta regla verbal («el conocimiento sin acción no sirve de mucho») y plantarle cara, fue cuando empecé las clases prácticas de conducir.

Tenía unos preciosos 18 años y, a excepción de momentos puntuales, no había tenido problemas para memorizar. Confieso que yo estudié según el plan de EGB y recuerdo que el aprendizaje era meramente teórico. Cuento esto para que se entienda que había tenido pocas oportunidades de practicar aquello que, supuestamente, aprendía.

Volviendo al examen de conducir, el teórico lo aprobé a la primera. No tenía duda de que iba a ser así. A lo largo de mi trayectoria escolar había tenido muchas oportunidades de exponerme a este tipo de desafíos: estudiar un material, «vomitarlo» y vuelta a empezar. Cero experimentación. El problema llegó con las clases de conducir y el examen práctico en sí mismo. Mi dificultad a la hora de ser observada, al descubierto. Si ya me costó acostumbrarme a la figura de un señor sentado todos los días en el asiento del copiloto, dándome indicaciones y órdenes sobre cómo debía ejecutar las maniobras, qué decir de «los días» de examen.

Los días, porque fueron tres.

Tres veces, hasta que conseguí aprobar.

En resumen, que la teoría la conocía, pero poner en práctica todas aquellas normas, y salir a circular, con toda aquella estimulación (interna y externa), eso eran palabras mayores. Y mucho más importante para mí: hacerlo bajo la presión de la observación y las condiciones que supone estar siendo examinada. Qué te voy a contar, ¿verdad?

En definitiva, que es importante conocer en qué se basan nuestros problemas, pero si no pasamos a la acción, el saber queda en eso, en simple teoría.

¿A que no te mentía cuando te advertí de la utilidad de mi mala experiencia?

Si estás en un momento vital en el que tienes dudas sobre a qué dedicar tu vida, eres joven, no tienes cargas familiares o de otro tipo y/o puedes permitirte probar varias opciones, hazlo. La experimentación es la única herramienta capaz de asegurarnos que vamos por buen camino. Entiendo que es posible que este consejo no sea para todo el mundo y que, si tu situación actual te exige seguir ingresando un sueldo a final de mes para sobrevivir, es altamente improbable que abandones lo que tienes y te dediques a buscar otros empleos. Sería deshonesto que yo te propusiera lo contrario, además de un disparate.

Sin embargo, si cuentas con la posibilidad y, como te comentaba anteriormente, puedes permitírtelo materialmente, te animo a que no te dejes atrapar por los miedos, por los deseos ajenos o por tu propia tendencia a adaptarte y dejarte arrastrar por la corriente; tampoco a esa reflexión infinita que te paraliza. No se trata de que abandones por completo tu vida y te embarques en una loca aventura, que cambies noventa grados tu forma de ser y tu patrón de comportamiento. La idea es ir pensando en tus horizontes, reflexionando sobre tus valores, y en la forma de ir ajustando poco a poco tus acciones para que se vayan acercando cada vez más a lo que es bueno para ti.

La historia de Celia

Celia tiene 37 años y ha pasado buena parte de su vida tratando de adaptarse a lo que los demás querían de ella. Su padre siempre deseó que estudiara Medicina, pues quería que tuviera una buena posición económica y social.

Con mucho esfuerzo para conseguir una nota alta que le permitiera la admisión, Celia consiguió matricularse en la Facultad de Medicina de su ciudad y, a pesar de que en lo más profundo de su ser no le terminaba de llenar lo que allí aprendía ni el futuro que podría tener como médica, intentaba que su padre estuviera orgulloso de ella, le hacía ver que estaba muy contenta y que aquello era su vocación.

Fue transcurriendo el tiempo entre clase y clase, terminaron varios cursos que fue aprobando con algunas dificultades y, un día, la desgracia cayó sobre la familia: el padre contrajo una enfermedad muy grave y ella se convirtió en su cuidadora principal, entregando cuerpo y alma a esta labor. Desgraciadamente, su progenitor falleció meses después, y Celia sufrió el consiguiente duelo. Abandonó la carrera de Medicina con la intención de recuperarse y meditar, pues sus energías estaban bajo mínimos.

Sin embargo, dos años después, ya más repuesta, Celia decidió que no iba a volver a la universidad. No quería ir a clases con tantas personas, no quería estudiar manuales infinitos, no quería trabajar exponiéndose, día a día, a la enfermedad. Esa no era la vida que deseaba para ella. Comenzó, entonces, a pensar cuáles eran sus puntos fuertes y cómo podía afianzarlos. También con qué disfrutaba y si habría alguna profesión que combinase ambos aspectos. No fue sencillo, pero encontró lo que buscaba, y fue a por ello. Sabía que tenía buenas dotes para la comunicación, era empática, le gustaba ayudar y hacer sentirse mejor a otras personas, a las familias más desfavorecidas, quería colaborar para mejorar la sociedad… y quería hacer todo esto desde una perspectiva práctica.

Decidió que buscaría en internet información sobre posibles estudios relacionados con sus intereses y acudiría a un servicio de orientación laboral. Después de transitar estos pasos, con más datos sobre los que apoyarse y más segura de lo que hacía, decidió que estudiaría integración social, un ciclo de grado superior bastante práctico y alineado con sus valores.

Ese ha sido el proceso de Celia. Si te encuentras en una situación similar, en la que estás luchando contigo misma, contra la sociedad, contra tu familia, contra tu propio empleo, porque a lo que dedicas la mayor parte del tiempo no confiere significado a tu vida, es tu turno. Deja de luchar y…

Diseña tu propia estrategia

- Reflexiona sobre tus potencialidades, sobre aquello que se te da bien y en lo que puedes lograr un buen nivel de eficacia. Si te cuesta trabajo concretar, apóyate en momentos del pasado en los que hayas sido reforzada verbalmente.
- Dedica tiempo a pensar en aquello con lo que disfrutas y con lo que se te pasa el tiempo volando. Algunas personas lo llaman *flow*, o «estado de *flow*». Esos momentos en los que estás tan centrada en la tarea que pierdes la noción del tiempo y, cuando te percatas, no te has acordado ni de beber, ni de comer, ni de cubrir ninguna necesidad básica... solo de tu tarea. Pueden ser, básicamente, actividades que te llenan de energía. ¿Te viene a la mente algo?
- Traza dos líneas verticales en una hoja de papel, creando tres columnas. Te puedes apoyar en el cuadro que te adjunto más abajo. En la primera, anota tus fortalezas. En la segunda, tus gustos. La tercera será la dedicada a pensar posibilidades de combinación de ambas. Puedes crear una mezcolanza verdaderamente interesante.
- Con el resultado de la tercera columna, comienza el trabajo de investigación y acción: busca información, pregunta a personas que ya estén trabajando en el sector, acércate a comprobar el ambiente, pide entrevistarte con alguien responsable que te pueda aportar más datos, acude a un servicio de orientación y explica tus pesquisas, ofrécete como voluntaria temporal en un espacio relacionado... como ves, podría estar detallando opciones hasta el día del juicio final, pero seguro que las tuyas son más interesantes, porque se ajustan a tu vida, a tus necesidades y a tu contexto concreto.

¿Te apetece comenzar?

DISEÑANDO MI PROPIA ESTRATEGIA		
MIS FORTALEZAS	MIS GUSTOS	POSIBILIDADES DE COMBINACIÓN

Por qué, cuándo y cómo meter un palo en la rueda

Una persona con alta sensibilidad puede tener muchos talentos, muchos sueños, muchas pasiones, muchas expectativas que terminen en fracaso o en frustración. Te lo explico mejor con un ejemplo.

He comentado en varias ocasiones que los estudios no han supuesto para mí una gran dificultad a lo largo de mi vida académica. De hecho, he aprendido qué necesito y he desarrollado con el tiempo un método para conseguir una alta concentración. Por otro lado, soy una persona concienzuda, y eso me ayuda a cumplir mis propósitos. De esta manera, cuando ingresé en la Facultad de Psicología, el plan de estudios estaba estipulado en cinco años, lo que era una licenciatura. Sin embargo, para mí era muy complicado vivir en una ciudad diferente, en un contexto tan distinto y confiaba en mi capacidad para terminar la carrera en cuatro años.

El primer año me matriculé en más asignaturas de la cuenta para conseguir este objetivo. Imagina lo que sucedió. Se sumaron la adaptación a la nueva situación vital, el estrés que llevó aparejado, el sistema de estudios completamente distinto de la universidad (yo procedía de colegios concertados, religiosos, muy familiares y muy cercanos con el alumnado). Un cóctel explosivo que provocó que, por primera vez en mi vida, suspendiera cuatro asignaturas. Puede parecer algo sin mayor importancia para otras personas, pero, para mi autoconcepto, mi capacidad de creer en mí misma y en mis capacidades, sí que la tuvo. Y mucha.

Finalmente, a pesar de las muchas dificultades que fueron surgiendo durante los años que duró mi paso por la universidad, logré terminar mis estudios en cinco años, tal y como estaba establecido en el plan de estudios. El último año, sin embargo, lo recuerdo como muy intenso, aunque mucho menos estresante emocionalmente que los anteriores (por razones que en esta ocasión no vienen al caso).

¿Qué hice para conseguirlo? Planificar, organizar muy bien mis horarios, asistir a clases de mañana y clases de tarde… Un conjunto de medidas que me sirvieron en aquella situación, aunque fueran temporales, porque un estilo de vida tan agotador no puede, ni debe, mantenerse durante demasiado tiempo.

No obstante, a pesar de tener un futuro prometedor, unos inicios tempranos y, en mi opinión, cualidades para llevar a cabo de manera eficiente la labor para la que me estaba preparando, la realidad no fue tan idílica. Me visitaba el síndrome de la impostora, prácticamente vivía conmigo. Y yo le había hecho un hueco al lado de mi cama. Así que desayunábamos juntas, comíamos juntas y dormíamos juntas. Una simbiosis total. Esta unión tóxica hizo que no fuera capaz de dar el salto hacia proyectos que me resultaban interesantes, pero para los que me veía incapaz, menos que los demás, más mediocre. Así que, mientras observaba cómo otros compañeros/as ascendían vertiginosamente en sus carreras y conseguían puestos que yo anhelaba, yo seguía anquilosada, sin atreverme a exponer mis ideas por miedo a que fueran estupideces, estudiando (eso sí) obsesivamente porque sentía la necesidad de seguir aprendiendo, de seguir mejorando, porque nunca era suficiente. Y este camino, créeme, no termina nunca. Es como la rueda de un carro, que seguirá rodando hasta que tú decidas introducir un obstáculo que termine con esa dinámica.

Así que, hace aproximadamente dos años, decidí que quería modificar mi trayectoria, e introduje, de manera sutil y progresiva, un pequeño palo en la rueda en que se había convertido mi vida. Vislumbré la posibilidad de comenzar un proyecto por mi cuenta. Cuando lo tuve algo más claro, comencé a investigar la forma de ponerlo en la práctica, qué necesitaría, a qué personas estaría destinado, cómo lo enfocaría, a quién debería preguntar, dónde informarme... Esta primera decisión me sirvió de soporte para ir poniendo las primeras piezas de mi nuevo puzle. Sigo construyéndolo, paso a paso, pero ya empiezo a verle forma y figura, y mi satisfacción vital ha mejorado de manera considerable.

- ¿Cuál es la rueda que no funciona en tu vida laboral?

_____
_____
_____
_____

- ¿Por qué, exactamente, no funciona?

_____
_____
_____
_____

- Imagina que puedes introducir un palo que permita que la mala rueda deje de girar y tu vida, entonces, comienza a mejorar. ¿Cuál podría ser ese primer «palo», que dé pie a que las cosas empiecen a cambiar?

_____

_____

_____

_____

- ¿Qué será lo primero que notarás cuando todo empiece a mejorar? ¿Alguien más lo percibirá? ¿En qué lo advertirá?

_____

_____

_____

_____

- ¿Cuáles serán los posibles siguientes pasos? Recuerda que has introducido un palo en la rueda y que, si no encajas un nuevo elemento, el circuito quedará paralizado. Así que, teniendo en cuenta esto, piensa en distintas alternativas para seguir caminando.

_____

_____

_____

_____

Además, ten presente la posibilidad de que surjan distintos escenarios. Uno, que todo fluya adecuadamente, tal y como lo has planeado, sin más contrariedades que las habituales de la vida cotidiana. Otro, que necesites caminar más despacio de lo que, en principio, desearías. No es un indicador de que seas menos capaz, o menos inteligente, sino de que estás manejando más información, otras dificultades incluso, que requieren que los avances se vayan consolidando en un terreno más estable. Sé autocompasiva contigo misma, y permítete avanzar a tu propio ritmo, con tus retos particulares, con mimo hacia tu propia persona, tal y como harías con alguien a quien quieres y valoras.

Unos últimos apuntes antes de terminar este apartado:

Mi boda, las elecciones y Mafalda

En mi cocina tengo una imagen de madera tallada con una viñeta de Mafalda. Es una frase que siempre me llamó la atención y cuyo significado hace años me costó comprender. En mi viaje de boda la encontré en una cafetería, y no tuve más remedio que traerla a casa. Dice así: «Que lo urgente no te impida ocuparte de lo importante».

Una vez que la mente se abre, todo se ve muy claro, y no entiendes cómo no has podido vislumbrarlo antes. Y es que, aunque en el mundo ideal quisiéramos ser perfectas y llegar a todo, la realidad es bien distinta y exige que establezcamos prioridades. En muchas ocasiones tu cerebro puede pensar muchas más opciones que las que la vida, materialmente, te va a permitir poner en práctica. Porque nuestro tiempo es limitado, nuestra vida es limitada y, si queremos que sea satisfactoria y con sentido, hemos de saber elegir con cuidado. Elegir bien. Pero elegir. De lo contrario, estaremos permitiendo que nos arrastre la corriente, y eso ya es una (mala) elección.

2.3.B. Elegir un buen ambiente de trabajo también implica adaptarse a lo que no se puede cambiar

Al finalizar este capítulo:

- Distinguirás cuáles son los aspectos de tu alta sensibilidad que pueden aportar valor a tu trabajo y cómo mostrarlos de forma correcta.
- Aprenderás cómo declarar tus necesidades como forma de apoyo a la empresa.
- Entenderás la diferencia entre reducir la estimulación ambiental y el problema que puede suponer «retirarse demasiado».
- Conseguirás encontrar el equilibrio entre el trabajo y el resto de tu vida.

Imaginemos que tu trabajo sí que te gusta, te satisface, te llena, pero te deja tan exhausta, tan cansada, que no sabes cómo gestionarlo. En ese caso, la estimulación te estará sobrepasando, y será preciso valorar los elementos que aparecen en tu contexto laboral, desmenuzarlos y sacar de la paella, si es posible, todo aquello que no te está permitiendo exponer todo tu potencial.

¡Vamos a ello!

Para no abrumarte con demasiada teoría, te propongo comenzar con un ejercicio en seis pasos: necesitarás una hoja de papel (el cuaderno bonito) y bolígrafo o lápiz para escribir.

1. **El primer paso** es que reflexiones sobre tu experiencia laboral y anotes las áreas que creas que es preciso detenerse a calibrar. Por ejemplo:

- Las funciones que desempeño.
- La relación con mi jefa/e.
- La relación con mis compañeras/os.
- La filosofía empresarial.
- La remuneración que recibo.
- El reconocimiento que percibo por mi trabajo.
- …

Estos son algunos ejemplos, date la oportunidad de ser creativa y detallar lo que mejor se adapte a ti.

2. **El segundo paso** consiste en que puntúes de 0 a 10 cada una de estas áreas, según te sientas más o menos satisfecha con tu situación actual.
3. **Como tercer paso**, dibuja un círculo grande. A partir de ahí, debes incluir hacia el interior nueve círculos cada vez más pequeños, a modo de «muñecas matrioshkas», de manera que crees una circunferencia grande que va incluyendo nueve más pequeñas, cada cual más pequeña que la anterior.
4. **Cuarto paso**: divide el círculo en tantos «quesitos» como guiones hayas anotado previamente en el paso 1.

Algo como lo que te muestro en la imagen. →

5. **Quinto paso**: asigna un «quesito» a cada una de las áreas que has escogido y señala con un punto grueso la numeración que has otorgado en el paso 2.

6. **Sexto paso**: une cada uno de los puntos. De esta manera, podrás ver un diagrama que te indicará, de forma muy gráfica, cómo está funcionando, de forma general, tu vida laboral.

Te dejo un ejemplo de cómo podría quedar el ejercicio, una vez terminado y unidos los puntos.

Si te fijas bien, puedes conocer con mayor exactitud cuáles son las partes que no te permiten avanzar o que necesitan mejorar. Cuanto más redondito y abierto sea el círculo resultante, más satisfechas nos sentiremos. Cuanto más pequeño o «raro», más necesidad de enfocar e investigar qué está ocurriendo.

- ¿Qué conclusiones sacas de este ejercicio? ¿Cómo está funcionando tu vida laboral? ¿Qué áreas necesitan mejorar? ¿Qué sectores funcionan bien y, por tanto, podríamos continuar fomentando, ampliando?

_____

_____

_____

_____

Cuando algo funciona en la vida es importante seguir utilizándolo, así que, si compruebas que para ti es útil, te sirve (y es legal, ético, moral…), sigue aplicándolo.

Es bastante común que las personas altamente sensibles se encuentren con problemas o dificultades a la hora de manejar las interacciones sociales con el resto de miembros de su equipo. Esto sucede porque surgen impedimentos a la hora de hacer valer los propios puntos de vista, las opiniones, los derechos incluso. Comportarse así puede tener repercusiones efectivas y contraproducentes al mismo tiempo. Efectivas porque la persona evita exponerse a la situación temida y, con ello, disminuye de manera temporal su malestar. La efectividad, estarás de acuerdo conmigo, es muy escasa, además de altamente nociva a largo plazo (los llamados _beneficios secundarios_). Por otro lado, dejar de exponer tus puntos de vista te coloca en una posición de inferioridad, de vulnerabilidad y de sumisión, casi. Seguramente habrás podido comprobar que la mayoría de las personas saben expresar lo que quieren y lo que sienten, y que parecen entenderse bien mientras hablan en ese «lenguaje». Quizás tú no lo haces así porque no te sentirías cómoda.

Déjame decirte que necesitas hacerte un favor: mide, a nivel cognitivo, mental, cuál es el volumen en el que el resto del equipo interacciona, del 1 al 10; y a continuación cuál es el volumen en el que tú te comunicas. Es preciso que, a partir de la fecha en la que tú decidas (pero pon la fecha, que no se quede en el aire) comiences a elevar un punto el volumen de tus comunicaciones.

¿Cómo se hace eso de subir el volumen en las comunicaciones?

- Siendo más clara y más directa a la hora de pedir lo que necesitas. Por lo general, solemos «dejar caer» lo que queremos comunicar mediante insinuaciones, miradas, gestos, indirectas… A partir de ahora, expresa con claridad y naturalidad lo que necesitas.

- Tomando como modelo o referente a alguien de tu elección y ajustando tus peticiones a la forma en que esta persona las ejecuta.

- Mirando a los ojos cuando te diriges a otra persona, sin ser intimidante pero sin mostrar temor o titubeos.

- Si te cuesta trabajo hacer lo que te planteo, puedes usar la estrategia de las «aproximaciones sucesivas», es decir, ir paso a paso como si estuvieras subiendo una escalera. Por ejemplo, la primera vez que quieras exponer tu opinión en tu puesto de trabajo, colócate a una distancia de tu interlocutor/a algo más cercana; la siguiente, dirige tu mirada hacia sus ojos, sin bajarla aunque te sientas temerosa o insegura. Después, expresa solo una parte de tu opinión y, por otro lado, alaba una característica de esa persona o del puesto de trabajo en sí. A continuación, explica que sería una mejor opción para ti y para tu desempeño que la tarea se pudiese realizar de tal o cual manera, o si el espacio en el que se desarrollara fuera X y no Y. Y así sucesivamente. La forma de subir los escalones dependerá de la situación en sí y de tus circunstancias particulares. Por eso tendrás que adaptarlo a cada caso concreto.

Otro de los aspectos que suelen causar malestar en el trabajo son las diferencias en lo referente a la ética y los valores. Puede que no comulgues con lo que se conoce como «la filosofía» de la empresa, la forma de llevar a cabo el trabajo o la finalidad última del mismo. Es legítimo que tengas sentimientos encontrados en este caso, porque, por una parte, necesitas seguir llevando un sueldo a casa y, por otra, percibes que estás siendo «cómplice» o partícipe de algo que no te hace sentir bien. En este punto tendrás que saber elegir y, a riesgo de volver a repetirme, creo necesario, imprescindible más bien, hacer especial énfasis en este aspecto:

> *No elegir también es elegir. Es elegir seguir tal y como estás.*

Elegir el cambio no siempre implica dejarlo todo y empezar de cero. De hecho, en pocas ocasiones sucede así. Lo natural, y lo saludable, sería planificar cómo hacerlo (y en esto de pensar y planificar somos bastante expertas, ¿verdad?). Así que, aprovechando las fortalezas que ya de por sí tenemos (recordemos: coger lo que nos sirve, utilizarlo y amplificarlo), podemos idear un sistema para alcanzar ese horizonte.

Si, por otra parte, piensas que las diferencias son salvables, en ese caso deberás prestar atención a otros detalles, y potenciar aquello que sí te ayuda y te hace sentir satisfecha dentro de la empresa.

Al igual que sucede en otros ámbitos de la vida, es posible que no seas la persona del equipo que más habla, que más participa o que más ideas aporta. Y no suele ser porque no tengas nada con lo que contribuir; lejos de eso, al contar con una mente reflexiva y observadora, es habitual que tus soluciones a posibles problemas sean óptimas o que tengas visiones más amplias ante dificultades que aún no se han llegado a manifestar. Pero... no das el paso de exponerlas públicamente, y este hecho puede hacer que el resto de compañeras/os lo atribuyan a factores que no coinciden con la realidad. Por ejemplo: que no te interesa lo que se está debatiendo; que eres menos capaz, menos inteligente; que no estás escuchando, que estás «en Babia», aburrida; que no tienes nada que aportar... Una vez más, la recomendación pasa por la exposición. No una exposición a lo loco, sino una exposición preparada, poco a poco, con mesura, una exposición al estilo PAS. Seguro que sabes a lo que me refiero.

La historia de Carlota

Carlota acude a la consulta porque se encuentra, según sus propias palabras, «devastada». Explica que lo que se suponía que iba a ser una catapulta hacia una vida mejor ha terminado convirtiéndose en una auténtica condena de la que no sabe cómo escapar. Ni siquiera sabe si cualquier movimiento provocará un desastre aún mayor, así que lleva un tiempo «paralizada». Cuenta que trabaja en el Departamento de Administración de una empresa multinacional. Aterrizó allí hace unos años y su primer puesto fue de administrativa. Sin embargo, gracias a su formación (es licenciada en Administración y Dirección de Empresas) y a su buen hacer, fue ganando posiciones hasta convertirse en la coordinadora del departamento. Cuando le anunciaron el ascenso se sorprendió: por una parte le resultó halagador ser escogida para desempeñar esas funciones, pero por otra significaba que debería dedicar más tiempo al área laboral, estar pendiente del resto de la plantilla, organizar su propio trabajo y el de sus compañeros/as, estar disponible ante cualquier emergencia o problema... No obstante, aceptó el cargo, y los primeros meses fueron, más o menos, manejables. Recibió apoyo y ayuda de sus superiores directos, quienes le aseguraron que «hasta que se hiciera al puesto», estarían ahí para acompañarla. Transcurrido un tiempo, se sintió preparada para dejar de tener tutores, y comenzó su andadura en solitario. Organizaba su agenda y preparaba las tareas de su equipo de manera eficiente, lo que la hacía sentir satisfecha. A pesar de esto, empezó a intuir que los que antes eran sus compañeros, sus iguales, ahora la miraban de manera diferente. Por ejemplo, cuando llegaba se hacía el silencio, enturbiándose el ambiente. Ya no la invitaban a salir con ellos a desayunar, y el problema más grande llegó cuando un compañero de su equipo se insubordinó ante sus indicaciones. Carlota se sintió sorprendida, incluso experimentó vergüenza, porque nunca había tratado de hacer sentir a su equipo que ella era «superior». Más aún, procuraba hablarles de la misma forma que antes, de tal manera que no advirtieran que su relación había cambiado. A partir de este momento otros compañeros se sumaron al «sublevado», imitaron su conducta y comenzaron a ignorar las tareas que su coordinadora les encomendaba. Esta nueva situación la sumió en una enorme tristeza. Pasaba el tiempo en el trabajo dominada por un gran sufrimiento, se escondía en su despacho para ser «lo más invisible posible», padecía ansiedad y mucho estrés, y pensó en dimitir, aunque todavía no había dado el paso porque, como ella misma explicó, se encontraba «paralizada».

Carlota no quería modificar su conducta cuando ascendió a coordinadora de su departamento. Quería actuar «como si nada hubiera cambiado», pero la realidad era que todo había cambiado, porque era ella quien se encontraba ahora en una posición de superioridad jerárquica, por llamarlo de alguna manera, algo que el resto debía entender y asumir. Su labor debía pasar por actuar según lo que su puesto exigía, comportarse como una coordinadora y no como la antigua compañera que tiene miedo de expresar su opinión y que pide permiso para hablar.

Es usual que las personas altamente sensibles sean reacias a adoptar conductas que impliquen imperativos hacia su equipo o que sientan como algo inmoral ejercer algún tipo de poder sobre otros. Pero si nos encontramos en una disyuntiva similar, la solución implica, nuevamente, adaptar la forma en la que nos comportamos en nuestra nueva realidad como jefas, coordinadoras, líderes, o como queramos llamarlo. Podemos ser ejemplo y modelo de líder sensible, empática, cercana, comprensiva, capaz, efectiva, eficaz, pertinaz. El trasfondo de lo que intento transmitir es que podemos usar las fortalezas que ya de por sí tenemos como bastón y apoyo para lograr la seguridad que necesitamos a la hora de ejercer nuestras funciones recientemente estrenadas. Por ejemplo, ensanchar nuestra capacidad de empatía y de escucha activa cuando tenemos que dar órdenes a un miembro de nuestro grupo haciéndole ver que entendemos su postura, que valoramos su opinión y que estamos abiertas a posibles modificaciones si fuera oportuno, siempre bajo nuestra previa aprobación. Hacer saber al grupo que seremos democráticas hasta el punto en que podamos serlo. Firmeza y cercanía al mismo tiempo. Constituir, de manera simultánea, un modelo de líder sensible e influyente. ¿Existe una jefa mejor?

¿Qué otros aspectos del ámbito laboral pueden afectar a una PAS?

Efectivamente, no todo lo que nos afecta proviene de las relaciones con otros seres humanos. El espacio que habitamos tiene mucha influencia en nuestro rendimiento y en nuestro bienestar en general.

En el primer lugar donde trabajé como psicóloga, cada uno de los despachos destinados al personal técnico estaban dotados del mobiliario necesario para llevar a cabo la tarea, además de una ventana con vistas, o bien a la calle, o bien a un patio empedrado coronado por unos naranjos que constituía la entrada del centro en sí. El barrio donde estaba ubicado era un lugar tranquilo casi en la periferia de la ciudad y la contaminación acústica era escasa. Había mucha luz y las paredes eran blancas. Recuerdo una sensación muy agradable por trabajar en un ambiente diseñado de esa manera.

Con el transcurso del tiempo, he pasado por otros lugares (más sombríos, más pequeños, más grandes, más diáfanos, con mucho o poco ruido, u otros donde se acostumbraba a tener la radio encendida mientras se trabajaba, con teléfonos sonando ininterrumpidamente, con ínfima iluminación, con muebles oscuros...), he tenido la oportunidad de conocer tantos espacios que hoy aprecio con bastante claridad la importancia de las diferencias ambientales, porque me afectan en demasía. De hecho, hoy sé diferenciar, con poco margen de duda, qué necesito de un entorno para que me permita trabajar lo más centrada posible y rendir de manera eficaz. Algunos detalles son: vistas al exterior —a la naturaleza, a ser posible—, nada de música (en su defecto, sonido ambiental muy bajito o ruido blanco), bastante luz —preferiblemente natural—, orden a mi alrededor, limpieza, olor neutro o procedente de vaporizador con aceites esenciales, quietud.

Sin embargo, todo esto puede parecer idílico, casi irreal, si no trabajas para ti misma, en tu propio proyecto. Cuando tu ocupación es por cuenta ajena, no siempre es posible elegir tu espacio laboral (para mí no lo ha sido tampoco) y debes enfrentarte, en muchas ocasiones, a estresores que no sabes cómo evitar. Por ejemplo, puede que eches en falta más luz en tu zona; o que tus compañeras/os acostumbren a conversar mientras trabajan, o a poner vídeos musicales con demasiado volumen y energía, y eso te exaspera; o que estés ubicada en una parte donde percibes todo lo que ocurre en el ambiente exterior: las bocinas de los coches, los gritos de la gente que transita por la calle, los ruidos estridentes de las obras del edificio anexo..., y todo esto te hace desconcentrarte, estresarte, te produce ansiedad y te hace terminar las jornadas cansada y de mal humor.

Si te sientes identificada con alguno de los ejemplos anteriores o piensas que algo que forma parte del medio externo está dificultando que te sientas bien en tu trabajo, te sugiero que dediques unos minutos a reflexionar y anotar por escrito en tu cuaderno:

- ¿Qué es lo que me molesta de mi trabajo?

_____

_____

_____

_____

- ¿Cuánto, del 1 al 10, me abruma lo que sucede en mi trabajo?

_____

_____

_____

_____

- Cuando me siento mal, ¿estoy sola o alguien más está presente? Si hay alguien más, ¿se percata de mi incomodidad? ¿Cómo puedo saberlo?

_____

_____

_____

_____

- ¿Qué sucede antes de que empiece a sentirme mal? ¿Y durante? ¿Qué hago después?

_____

_____

_____

_____

- ¿Hay alguna ocasión/momento en el que me sienta mejor? Si es así, ¿por qué me siento mejor (o no tan mal) en esos momentos?

_____

_____

_____

_____

- ¿Me ocurre algo similar fuera del trabajo? ¿Dónde? ¿Con quién? ¿Cómo?

  _____

  _____

  _____

  _____

- ¿He tratado de ponerle solución de alguna forma? ¿Algo de lo que he puesto en práctica me ha servido?

  _____

  _____

  _____

  _____

Meditar sobre el contenido de estas cuestiones te puede ayudar a concretar qué es, exactamente, lo que te sobrepasa, te sobreestimula y hace desbordar tus niveles de energía. Y saber a qué nos referimos exactamente puede ser relevante a la hora de dar el siguiente paso.

Por ejemplo, si descubro que termino agotada después de las jornadas de trabajo porque, además de todas las tareas, demandas y exigencias, paso el día en una habitación con poca iluminación, quizás pueda idear el modo de concertar una cita con mi superior/a directo/a, explicarle lo que me sucede y pedirle que aumenten los puntos de luz o que piense en la posibilidad de añadir una lámpara exclusiva para mí.

Si el problema es que trabajo en una oficina con muchas otras personas y el ir y venir, las conversaciones y las llamadas telefónicas no me permiten concentrarme y ofrecer todo mi potencial, puedo solicitar un cambio a otro espacio menos ruidoso, o en su defecto, ajustar el horario laboral para no coincidir siempre con el grueso del equipo. Como siempre digo, estas soluciones no son aptas para todo el mundo, en primer lugar porque parten de realidades supuestas e inventadas, y porque cada uno vive en su propio contexto y con sus vivencias particulares. En segundo lugar, porque cada una de las decisiones que tomamos, de los caminos que escogemos, implica una renuncia y también un riesgo, y aunque voy a animarte siempre a que des el paso y elijas, en todo momento me gustaría que lo hicieras a tu ritmo, sin presión y teniendo en cuenta todas las alternativas. Pero lo dicho: hay que seguir caminando.

Siguiendo el hilo de lo referido en el apartado anterior, hemos de tener cuidado con lo que puede suponer la tendencia al aislamiento. Puede que pensemos que, trabajando en un horario distinto que el resto del equipo, o incluso, teletrabajando, podemos llevar a cabo la tarea encomendada con mucha más precisión. Y, en cierto modo, no estamos equivocadas. Cuando la estimulación excesiva nos abruma, nos inclinamos por buscar un alivio, que a veces pasa por evitar la interacción social. Puede resultar un remedio práctico cuando la retirada tiene un principio y un fin, es decir, cuando se trata de un descanso, de una reducción o de un ajuste. Sin embargo, cuando la persona altamente sensible ha estado expuesta durante largos períodos de tiempo a mucha estimulación o a altos niveles de excitabilidad, es probable que tienda a la reclusión, al encierro como solución a «sus problemas». Esto constituye evitación más que afrontamiento, y a estas alturas conocemos de sobra los riesgos que conlleva la evitación. A corto plazo, satisfacción inmediata. A medio y largo plazo, empeoramiento.

Dicho esto, hay ocasiones en las que, por más que quisiéramos, no es posible solicitar que la empresa haga cambios por nosotras, o quizás no nos veamos en un momento vital adecuado para pedirlo. Quizás más adelante, pero no ahora. En circunstancias así, aconsejo el autocuidado. Cambia lo que puedas cambiar y adapta tu entorno de forma que lo que ahora tienes sea lo más útil y beneficioso para ti.

Te propongo una actividad que puede servirte como botiquín de autocuidado:

Mi frasco de los remedios

Busca un frasco de cristal ya vacío (esos de espárragos o de legumbres pueden servir) y prepáralo de forma que quede bonito, adornado o a tu gusto. Recorta unos trozos de papel en los que anotarás las siguientes preguntas con sus respuestas:

¿Qué me puede servir para encontrarme mejor después de un día muy estresante?	
¿Qué he utilizado en el pasado que fue provechoso, aunque ahora no lo sea?	
¿Puedo hacer algo en el trabajo para reducir por mí misma la estimulación ambiental?	
¿Qué actividades me llenan de energía, me hacen sentir satisfecha?	

Puedes responder a cada una de las preguntas con varias respuestas. Eso sí, cada respuesta deberá ser escrita en un papel individual. Después, dóblalos todos hasta hacerlos chiquitos, e introdúcelos en el frasco. Puedes ir ampliando este material conforme pase el tiempo y encuentres más herramientas que te sean útiles. Cuando necesites respuestas, búscalas aquí. Son tuyas, únicas e intransferibles. Es tu frasco de tus remedios.

La importancia del equilibrio

Por último, me gustaría aprovechar la ocasión, ya que estamos hablando de autocuidado, para que pienses cómo podrías llevar a cabo un buen trabajo sin que se te vaya la vida en ello. Incido en esta cuestión porque solemos querer realizar bien las tareas, perfectas si fuera posible, pero la perfección no existe, y aunque existiera y pudiera ser capaz de tomar forma y cuerpo, sería tremendamente aburrida. Nos colocaría en una posición en la que la motivación para mejorar desaparecería, dejaríamos de intentar avanzar, pues cuando se ha llegado a alcanzar el culmen, la meta, el objetivo, perdemos el punto de referencia. Dejando a un lado esta reflexión mía, que puede parecer más filosófica que otra cosa, en el plano material tratar de alcanzar la meticulosidad más rigurosa nos sobreestimula, nos resta tiempo para disfrutar de la compañía de otras personas, aumenta considerablemente nuestros niveles de estrés, disminuye la posibilidad de que tomemos decisiones con más calma, nos cansa física y mentalmente... no nos es útil.

Entonces, ¿cómo practicar el autocuidado cuando, de manera simultánea, quiero hacer correctamente mi trabajo?

Algunos consejos que puedes adaptar, según tu caso concreto.

- Tómate el **tiempo necesario** para realizar las tareas. A veces intentamos realizar el trabajo a la perfección y en un espacio de tiempo muy escaso. Ambas cosas suelen ser incompatibles. Una tarea bien hecha exige tiempo y, si no dispones de él, tendrás que aceptar que la calidad se verá mermada. Como venimos diciendo, con los datos que tenemos, se trata de elegir. Pero elegir bien, no dejándonos llevar por la marea de la mayoría.

- Ajusta tu forma de trabajar en la medida en que puedas hacerlo. Utiliza esa cualidad que te permite asociar ideas y conceptos para crear algo nuevo. Eso es, me estoy refiriendo a la **creatividad**. Esto a veces supone cambiar determinadas rutinas fuera del trabajo. Como muestra, yéndote a la cama por la noche media hora antes para levantarte más descansada. O salir a dar un paseo de quince minutos al sol durante el descanso para reponer energía y volver después al trabajo. Aquí estoy utilizando mi creatividad y estoy segura de que la tuya es mucho más acertada para establecer ideas válidas en tu vida.

- Trata de **estar presente y unida** a tu grupo de trabajo. No hay nada que se perciba con más aprobación que un miembro del equipo que se preocupa del resto de sus compañeros/as, que se involucra, que se interesa, que pregunta con curiosidad genuina acerca de las vicisitudes de la vida de los demás, que quiere formar parte. Esto, además de fomentar un mejor clima laboral, aumentará tus niveles de oxitocina, y disminuirá el estrés y la probabilidad de padecer ansiedad.

3

AFIANZAMIENTO
Y HORIZONTE VITAL

**Consolidación de lo aprendido para que los cambios
sean perdurables en el tiempo**

*Ya tengo todos los datos, poseo el conocimiento, la teoría, he comenzado
a poner en práctica nuevos hábitos, pero, ¿cómo fortalezco estos progresos para interiorizarlos en mi estilo de vida?*

Llegadas a este punto, tengo dos mensajes para ti.

En primer lugar, darte la enhorabuena. No es nada fácil diseñar, paso a paso, las coordenadas de una vida mejor, y esto es lo
que has conseguido hasta ahora:

- Autoconocerte sin caer en el error de circunscribirte a un
  concepto.
- Comenzar a darle al autocuidado la importancia que requiere.
- Aprender cómo funcionan las emociones, cómo gestionarlas para que estén al servicio de tus necesidades e intereses
  y no se hagan con el control de tu vida.

- Descubrir la forma de ser autocompasiva y permitírtelo, quizás, por primera vez.
- Establecer relaciones mejores y más significativas con los demás.
- Otorgar un nuevo sentido al trabajo, entendiendo que puede adecuarse a nosotras y que existen muchas opciones disponibles, no solo las que se acomodan a los deseos de los otros, a lo que nos han dicho que debemos ser, o a nuestras creencias antiguas y caducas, esas que ya no nos sirven.

El segundo mensaje es que quiero hacerte patente mi reconocimiento, porque transitar todo este recorrido no ha debido ser fácil, estoy segura. Me refiero a que, además de dar importancia y sentido a la introspección, a la reflexión, al «darse cuenta», hemos hecho verdadero hincapié en lo imprescindible que es pasar a la acción. Y ahí es donde está el verdadero aprendizaje, permíteme que me repita, pero este es casi el mensaje más importante de todo el libro. Cualquier pequeño paso, por pequeño que sea, te estará ayudando a diseñar tus coordenadas para conseguir delinear la vida que realmente quieres tener.

Este último apartado lo dedicaremos a apuntalar todo aquello que nos ha servido, para que no se desvanezca, y esto se logra estableciendo sistemas que nos ayuden a hacer perdurables en el tiempo los nuevos hábitos.

¿Preparada? ¡Vamos allá!

Organiza tu entorno para que los nuevos hábitos sean cómodos de llevar a cabo

Pongamos por caso que te has propuesto salir a hacer deporte media hora todas las mañanas antes de comenzar la jornada laboral. Debes saber de antemano que, transcurridos los primeros momentos en que la motivación es más alta, lo que suele suceder es que el propio cuerpo ofrece resistencias. Podría ocurrir algo similar a esto: suena el despertador y tienes mucho sueño, tu mente piensa que hace mucho frío en la calle, que puedes hacer ejercicio en otro momento, que no pasa nada por saltarse la rutina un día, que vaya mala idea lo de poner el reloj a esta hora, que está lloviendo, que ahora a ponerte a buscar la ropa, que cómo se te ocurrió tan siquiera... y apagas el despertador malhumorada. Cuando llega el momento de levantarte para el trabajo, es posible que no hayas podido volver a conciliar el sueño, y comienzas el día con peor ánimo, enfadada, y con algo de frustración por no haber hecho lo que te habías propuesto.

Si esto sucede un día aislado no debería representar un problema. Reflexionamos sobre lo que ha pasado, indagamos qué podemos modificar para el día siguiente y seguimos con nuestra vida como de costumbre. Sin embargo, ocurre a menudo que las circunstancias se repiten y que día tras día comprobamos que no somos capaces de cumplir con nuestros objetivos. Una buena solución, que suele funcionar por simple y sencilla, pasa por hacer que el medio que nos rodea casi nos empuje hacia el cumplimiento de nuestros objetivos. Y esto se consigue organizando las contingencias previas. En nuestro ejemplo, teniendo en cuenta lo que podemos hacer desde, quizás, el día anterior.

¿Qué necesito hacer para que al día siguiente pueda levantarme y practicar media hora de deporte antes de ir al trabajo? Depende de cada caso; ahí van algunas sugerencias:

- Voy a poner varios letreros o pósits en mi zona de trabajo o en distintos lugares de mi casa para recordarme que mañana comienza mi nueva rutina.

- Necesito irme a la cama media hora antes para dormir un poco más.
- Para poder acostarme antes, tengo que cenar antes, es decir, debo organizar las tareas de la tarde-noche anterior de manera que comience a realizarlas media hora antes de lo acostumbrado.
- Podría servirme utilizar una alarma en el móvil, que me recuerde que es el momento de comenzar a prepararme para dormir.
- Necesito, además, preparar la ropa que utilizaré para salir a hacer ejercicio y dejarla en un lugar visible y accesible.
- Me puede ser útil también dejar el despertador lejos de la mesita de noche, pues de este modo, si tengo la tentación de apagarlo cuando suene, no tendré más remedio que levantarme de la cama. Así, ya habré dado el primer paso.

¿Qué más podríamos añadir? Piensa que he utilizado un caso concreto para ilustrar un hábito específico que puede que nada tenga que ver con tu experiencia o tus necesidades. Sin embargo, el alcance de estos consejos es adaptable a cualquier rutina.

Lo que suele ocurrir cuando comenzamos a practicar algo nuevo es que estamos muy motivadas, y esa motivación es la que hace que llevemos a cabo la actividad sin demasiado esfuerzo. No obstante, con el paso de los días es posible que vayamos encontrando más excusas para dejar de practicar la actividad, que veamos que ya no nos gusta tanto como al principio, que nos cuesta más trabajo de lo que imaginamos, que podemos hacer otras cosas más importantes... ¿por qué pasa esto? Porque la motivación alcanza un nivel y después remite. Y solemos hacer caso a nuestra poca motivación, al malestar que nos provoca tener que hacer la actividad X en lugar de sentarnos en el sofá a ver nuestra serie favorita de Netflix o zambullirnos en la lectura del libro del momento. Eso sí que nos calma la angustia, pensamos que «nos hace bien» y, en cierto modo, nuestro cuerpo no nos está engañando al enviarnos estas señales: cuando sucumbimos a este tipo de actividades estamos más relajadas, no tenemos que esforzarnos, no tenemos que salir de la zona de confort... a corto plazo, sí que «nos hace bien». Y en este punto, tengo que volver a recordar la importancia de visualizarnos a medio-largo plazo, porque es la única manera de conseguir estar satisfechas con nuestra vida.

Viajando en el DeLorean

¿Recuerdas aquella película de la década de 1980, *Regreso al futuro*, en la que aparecía una máquina del tiempo (un coche) que permitía viajar hacia delante y hacia atrás a lo ancho y largo de la línea espaciotemporal? (Si no es así, te animo a que la busques y la veas. No pierdas la oportunidad de disfrutar de esta historia de ciencia ficción maravillosa y tierna). Por otro lado, me gustaría que imaginaras que tienes la oportunidad de viajar en el DeLorean sin ningún tipo de riesgo, será un paseo agradable y seguro. Cuando aterrices, podrás observarte a ti misma en una época que todavía no ha existido. Tómate un par de minutos para imaginarlo y sentirlo. Después piensa:

- Voy a hacer una parada tal día como hoy, pero cinco años después. ¿Cómo me gustaría verme?

_____

_____

_____

_____

- Para conseguir verme así en cinco años, ¿qué tendría que estar haciendo tal día como hoy, cuando hayan transcurrido tres años?

_____

_____

_____

_____

- Y el año que viene, ¿qué tengo que estar haciendo? ¿Cómo veo mi vida si hago la parada a un año de distancia?

_____

_____

_____

_____

- ¿Y dentro de seis meses?

_____

_____

_____

_____

- ¿Y si la distancia es de tres meses? ¿Qué estoy haciendo?

_____

_____

_____

_____

- ¿Y el mes próximo?

_____

_____

_____

_____

- ¿Qué estaré haciendo la semana próxima para acercarme a esa vida?

  _____
  _____
  _____
  _____

- ¿Hay algo que esté en mi mano y que pueda hacer justo hoy? (Permíteme decirte que esta es, quizás, la cuestión más importante. Que nuestras ambiciones, nuestros deseos, guarden cierta conexión con nuestra realidad actual, constituye una mayor posibilidad de conseguir el futuro anhelado. Empezar por el hoy).

  _____
  _____
  _____
  _____

- ¿De qué forma lo voy a implementar?

  _____
  _____
  _____
  _____

¿Cómo hacer de la identidad algo útil?

La Real Academia de la Lengua Española define la identidad como un «conjunto de rasgos propios de un individuo o de una colectividad que los caracterizan frente a los demás», y también como la «conciencia que una persona o colectividad tiene de ser ella misma y distinta a las demás».

Estas acepciones implican dos aspectos: por un lado, especifi-
can que se trata de un significado que la persona (o el colectivo) se
otorga y, por otro, que este significado la hace diferente del resto.

Cuando me dirijo a las mujeres altamente sensibles pretendo
hacerlo desde una concepción amplia del rasgo y en ningún caso
restrictiva. Identificarse con la característica PAS o de alta sensibilidad puede predisponer a que la persona sea más amable consigo misma y más autocompasiva. Sin embargo, también puede
convertirse en un arma de doble filo: una identificación excesiva
comporta el riesgo de sentir por una misma lástima, pena, conmi-
seración, y posicionarse en una actitud de víctima en lugar de
tomar las riendas con proactividad y buena disposición. Porque
una persona con alta sensibilidad no es una persona débil, ni enferma, ni menos capaz, ni que merezca o necesite la aprobación
constante de los demás o un trato diferencial. Tampoco es una
persona que no pueda ejercer el trabajo que quiera, que no pueda
vivir en el ambiente que prefiera, o que no sea capaz de cumplir
con sus propias expectativas y con la vida que ambicione. En absoluto se trata de eso.

Ser altamente sensible es un rasgo de personalidad, es algo
biológico, y debemos contar con ello, por supuesto. Con esto quiero transmitir la idea de que «predispone a», pero no determina.
Puedes necesitar más espacio para ti, más tiempo en silencio, más
pausas, más descansos, adaptar tu medio para sentirte mejor, organizar tu agenda para no sobreestimularte, elegir qué ves y qué no
ves en la televisión, o cuándo vas a apagar el telediario, en qué
momentos te vas a reunir con tus amistades y familiares, y cuándo
vas a estar o no disponible en las redes sociales… Es decir, tienes
un margen de acción muy amplio y puedes diseñar el medio para
que las condiciones que te rodean sean lo más ajustadas posible a
tus necesidades.

Quiero dejar claro que tengo presente que en tu caso concreto es posible que, además de ser altamente sensible, tengas dificultades y/o estés sufriendo otras coyunturas personales o familiares. En tales circunstancias, es probable que necesites ayuda profesional personalizada, al igual que también la requeriría una persona que no compartiera el rasgo PAS. Después de todo, los problemas que nos acechan a los seres humanos no nos hacen tan distintos a unos de otros.

Por otro lado, podemos aprovechar la identidad a nuestro favor y esto se hace, una vez más, identificando cómo sería una vida satisfactoria para nosotras.

- ¿Cómo querré yo verme al final de mi vida?

_____

_____

_____

_____

- ¿Qué habré logrado?

_____

_____

_____

_____

- ¿Hay una palabra (o conjunto de palabras) que me sirva para definir al tipo de personas que consiguen ser así?

_____

_____

_____

_____

Una vez que tengamos respuesta a estas cuestiones, podemos utilizar esta identidad deseada en los momentos de duda, de tensión, de debilidad, en las circunstancias en que la pereza llama a la puerta. Por ejemplo, si me visualizo al final de mi vida como alguien que ha desarrollado una gran capacidad de organización, porque ser organizada es algo importante para mí, en los momentos en que sienta la tentación de dejar las cosas desperdigadas de cualquier manera, podría recordar esta pregunta: ¿cómo se comportaría en este momento una persona que es organizada? Porque ser organizada, en este ejemplo, es mi horizonte, es lo que quiero para mí, y otorgarme esa identidad, de manera flexible, será útil para conseguir mis objetivos.

Además, convertir la nueva práctica en una identidad personal va a contribuir a que la considere como algo intrínseco a mí y no como algo externo e impostado que debe ser introducido a la fuerza.

- A partir de ahora, no seré una persona que escribe; seré escritora (en ciernes).
- No seré alguien que hace ejercicio; seré deportista.
- No seré una mujer a quien le gusta cocinar a veces; seré una buena cocinera.
- Seré: _____

Huelga decir que cada una de las elecciones estará sujeta a las preferencias personales, y que lo que aquí se describe son meros ejemplos. En definitiva, adquirir nuevos hábitos es importante no por la consecución del hábito en sí, no porque consiga leer un libro a la semana, caminar diez mil pasos cada día o escribir durante una hora por las mañanas, que también. Los nuevos hábitos me ayudan, en primer lugar, a identificar qué necesito yo de la vida, qué me gustaría lograr, y me instan a trabajar por aquello que es importante para mí, por mis valores. Una vez que voy descubriendo que puedo y que soy capaz, mi pensamiento acerca de mí misma también varía, para mejor.

¿La biología determina la identidad?

Buena pregunta, ¿verdad? Pues mira, te respondería de manera categórica, pero prefiero ofrecer algunos argumentos y reflexiones para que juntas vayamos encontrando la respuesta.

Es cierto que no todas contamos con las mismas cualidades y que muchos de los atributos se pueden trabajar y mejorar con la práctica. Aun así, conocer mis límites y dónde está mi rango de actuación me puede ayudar a centrarme en lo que realmente me satisface, que además es aquello para lo que estoy más preparada biológicamente. Y trato de explicarme algo mejor.

Ya he repetido hasta la saciedad (espero no estar siendo un tostón) que estoy incorporando en mi rutina el hábito del ejercicio, porque es un valor para mí encontrarme saludable y enérgica. Sin embargo, nunca he sido buena practicando deporte: jamás me ha gustado, lo he practicado por obligación y mis marcas han resultado, claramente, mediocres. Reconozco que, por más que lo intentase, yo no conseguiría ser campeona de las Olimpiadas, porque no disfruto haciendo ejercicio y porque no cuento con dotes como la buena coordinación o la rapidez, por poner un ejemplo. Sin embargo, sí que puedo incorporar esta rutina de manera menos exigente pero constante, eligiendo un tipo de ejercicio que me suponga un desafío diario, pero que, al mismo tiempo, no resulte tan complicado como para paralizarme y empujarme a abandonar. Me esfuerzo por acercarme hacia mi horizonte (la buena salud), reconociendo quién soy y con qué cuento. Ahora, a fuerza de repetición continua, mi cuerpo me pide actividad, y aunque día tras día debo seguir esforzándome, los beneficios superan a los inconvenientes. En mi estado actual, es más fácil seguir haciendo ejercicio que dejar de practicarlo.

¿Qué piensas tú sobre la biología? ¿Se puede modificar por completo, consiguiendo convertirnos en quienes queramos ser, o hemos de tener en cuenta otras variables?

En mi experiencia, te diré que es de extrema importancia que, además de contar con buenas o suficientes cualidades, disfrutes realizando la actividad (o busques la manera de que te resulte más agradable). Es una de las claves para mantener el equilibrio y continuar en el camino.

Rodéate de personas que sumen y que estén en sintonía con tus nuevos hábitos

«Eres el promedio de las cinco personas que te rodean» es una de las frases más populares de Jim Rohn, empresario estadounidense, autor y orador motivacional.

A diferencia de otras frases bonitas que se hacen populares y empiezan a compartirse por doquier, algunas sin mucho sentido, considero que esta en concreto está cargada de una gran sabiduría.

- ¿Te has parado a pensar quiénes son tus cinco personas más cercanas?

_____

_____

_____

_____

- ¿Qué te aportan y qué les aportas?

_____
_____
_____
_____

- ¿Qué tenéis en común y en qué disentís?

_____
_____
_____
_____

- Estas cinco personas, ¿son para ti personas que suman?

_____
_____
_____
_____

Buscar a personas de apoyo con las que comprometerse para seguir avanzando y a las que tener que «rendir cuentas» en un momento concreto sobre los progresos conseguidos es una manera de comenzar a asentar las raíces de una vida mejor. Y si estas personas, tal y como advierto en el titular, también están interesadas en practicar estas actividades, en colaborar contigo, tendrás un punto extra para lograrlo. Tener un/a «compañero/a de fatigas» (hoy se habla mucho de los beneficios de formar un equipo *mastermind*) puede llegar a convertirse en un pilar de apoyo tremendamente importante, un bastón con el que aligerar la carga, un hombro amigo en el que descansar cuando aparecen baches en el camino, una sonrisa empática que nos haga saber que no estamos solas.

Si has conseguido empezar a realizar una nueva rutina, elige a una persona de confianza con la que puedas compartir tus avances, y que esté dispuesta a escucharte cuando la informes de estos detalles. La simple manifestación de que, en determinado momento, vamos a realizar una acción concreta, constituye un elemento de motivación para cumplir con nuestro propósito. Porque ya no solo estamos nosotras involucradas en el desempeño de la tarea, sino que, al haberlo manifestado de forma abierta, hemos implicado a esta otra persona y ahora, en cierto modo, nos lo debemos a nosotras y también a un/a tercero/a.

Pongamos el caso de Marina: quiere escribir un libro y se propone redactar durante el próximo mes, todos los días, mil quinientas palabras. Una vez que lo tiene claro, informa de su intención a su amiga Clara y se compromete a enviarle un mensaje para mostrarle las frases que ha conseguido escribir al final de cada día, durante el próximo mes. Ahora Marina tiene una responsabilidad consigo misma y también con su amiga Clara. Su motivación para cumplir su objetivo es aún mayor.

Únete a grupos, ambientes o espacios en los que se practiquen las actividades que estás comenzando a integrar en tu vida. De esta manera, el nuevo elemento se incorporará de forma natural, sin movimientos forzados, sin presiones, porque todo el mundo lo comparte y practicarlo es un modo más de pertenencia.

Refuerza tus logros de formas saludables

Pensemos que afianzar esos hábitos que queremos mantener en el tiempo equivale a apuntalar las tablas de una barquilla por todos sus posibles huecos de forma que, si en alguna ocasión la marea sube, se avecina una marejada de dimensiones importantes o el agua del mar trata de colarse por entre las rendijas de nuestra barca de las maneras más inverosímiles, nos encontremos lo suficientemente seguras de que no naufragaremos.

Y en este apartado, una de las puntillas que nos ayudarán a consolidar las paredes de nuestra barca, será el anticipar posibles recompensas que autorregalarnos cuando cumplamos con nuestros pequeños propósitos. Y enfatizo «pequeños» porque quiero otorgar significado a lo imprescindible de cada mínimo alcance. En muchas ocasiones minimizamos lo valioso de los pequeños pasos y solo valoramos el logro final, sin percatarnos de que este éxito no tendría lugar sin el esfuerzo «insignificante», mínimo y constante de la rutina diaria. Tal como dijo el poeta romano Ovidio: «La gota horada la roca, no por su fuerza sino por su constancia».

Dicho esto, todas sabemos que para ser constantes no basta con proponérselo. La predisposición puede ser útil al principio, tal y como explicábamos unos párrafos más arriba, pero transcurrido el tiempo inicial hemos de servirnos de otras herramientas, de otros bastones. Y esto es así porque aparecen más factores (la frustración, por ejemplo) que van a colaborar para que mantengamos una posición más pasiva y que crearán resistencias destinadas a mantener la homeostasis, el equilibrio. Recordemos que introducir un nuevo elemento en nuestro estilo de vida puede resultar molesto hasta que se convierte en habitual, y que nuestra tendencia a evitarlo es, hasta cierto punto, normal y saludable. No obstante, adquirir una rutina novedosa y que favorece la salud a largo plazo es una elección inteligente y, por supuesto, conveniente.

Una vez que adquiera mi hábito diario de escritura, ¿con qué puedo recompensarme? Por ejemplo, si pretendo ser una persona saludable (identidad), puedo decidir que practicaré ejercicio tres veces por semana. Este ejercicio consistirá en coger mi bicicleta estática durante 20 minutos cada vez. Para recompensarme, practicaré una lluvia de ideas que me ayuden a decidir las distintas formas:

- Crear un cuadro de progresos e ir anotándolos. Después compartirlos con otra persona que me apoye.
- Darme un baño de espuma justo después.
- Dedicar treinta minutos a, simplemente, «no hacer nada», mirar por la ventana y permitirme sentir.
- Ver un capítulo de mi serie favorita.
- Sentarme en un banco o una cafetería durante veinte minutos a ver pasar a las personas.
- Hacer un ejercicio de *mindfulness*.
- Llamar por teléfono a una amiga o familiar.
- Reservar media hora (para leer/dibujar…) cada día que lleve a cabo mi nuevo hábito.
- Introducir en una hucha 1 € por entrenamiento, y cuando transcurra un mes (por ejemplo) emplear ese dinero en algo para mí.
- Compartir en redes sociales mis entrenamientos y avances.

¿De qué maneras voy a recompensar mis pequeños hábitos? Mi lluvia de ideas:	
HÁBITO	**RECOMPENSA**

Como ves, dependiendo de la actividad en cuestión y de tu contexto en particular, podrás crear posibilidades infinitas; todo depende de tu creatividad. Ten en cuenta que la gratificación no debe ser contradictoria con la finalidad que persigue el hábito en sí mismo. En el caso que citábamos anteriormente, no sería beneficioso recompensarnos con un premio que vaya en contra de una vida saludable, como, por ejemplo, «después de llevar a cabo mi actividad deportiva, me gratificaré conduciendo hasta el supermercado y comprando varias bolsas de patatas fritas y bollería/botellas de alcohol». En principio no tengo nada en contra de este tipo de comida y/o bebida, pero siendo consecuentes con la finalidad que perseguimos, entraría en contraposición y crearía en nosotras más frustración que provecho.

¿Cómo evitar la sobresaturación y que nuestra vida no sea un mero listado de obligaciones que cumplir y tachar?

Durante mucho tiempo me encontré bastante perdida, desenfocada y sin saber decidir qué camino elegir. Me atraían muchos derroteros, y probé varios subterfugios para tratar de entender qué quería pedirle a la vida, cuál sería la manera en la que entendería mi existencia como digna de ser vivida. Sé que a muchas personas esta intensidad emocional puede parecerle fuera de contexto, incluso abrumadora. Para mí también, al fin y al cabo mi capacidad de raciocinio sigue estando intacta a la fecha presente.

Más adelante comencé a transitar esos primeros pasos que me han ido acercando a este nuevo horizonte. ¿Y sabes cuáles son algunas de las razones por las que reconozco que lo que hago está alineado con mis valores? Que al final del día me siento bien; que cada jornada me supone un desafío, no tan grande como para paralizarme y no tan pequeño como para aburrirme y desmotivarme; que percibo con la misma ilusión los lunes, los martes, los miércoles, los jueves y los viernes que los sábados y los domingos. Trabajo cualquier día de la semana y el campo en el que trabajo me llena tanto, me satisface de tal manera, que me siento plena.

Sin embargo, he tenido que andar con pies de plomo por estas nuevas arenas movedizas, porque mi tendencia obsesiva y perfeccionista me inclinaba a proponerme más tareas de las que podía cumplir, marcarme más objetivos y en menor cantidad de tiempo de los que mi salud mental y física podría soportar sin resquebrajarse. Entonces empecé a investigar, y conocí un recurso que me ha servido bastante, que es muy básico y creo que puede serte de utilidad.

Se trata de la **técnica pomodoro**, llamada así porque es de procedencia italiana, y en su versión original es un temporizador de cocina con forma de tomate. Fue creada en la década de los ochenta por Francesco Cirillo y su objetivo es la administración del tiempo en bloques. Si eres una apasionada de la organización, te seducirá este sencillo pero potente sistema.

Los pasos son simples: tienes que planificar tu mañana (o tu tarde) de trabajo con todo lo que necesites hacer en ese tiempo concreto. Después, dividir las tareas en bloques y decidir por cuál vas a empezar. Cada bloque temporal se compone de veinticinco minutos de tiempo de concentración (un *pomodoro*) y después el temporizador te avisa de que toca un descanso. Cuando se suceden cuatro períodos de trabajo (cuatro *pomodoros*), el descanso será de 15 o 20 minutos, a tu elección.

Te cuento cómo lo hago yo: durante los períodos de concentración, solo me centro en la actividad en la que estoy trabajando (no atiendo llamadas, ni contesto wasaps, ni miro el correo… es momento de foco). Después, descanso caminando cinco minutos y vuelvo al siguiente pomodoro. Si necesito dedicar tiempo a responder correos o mensajes de algún tipo, empleo uno de los pomodoros para ello y termino con ese «pendiente» con el objetivo de no acumular en mi mente esa angustiosa bolsa de los inconclusos. Cuando transcurren cuatro pomodoros, me tomo un descanso de quince minutos en el que, o bien sigo caminando al aire libre, o bien me tomo un café o desayuno. Y vuelta a seguir con lo que sea.

Para llevar la cuenta de los pomodoros, puedes utilizar cualquier temporizador de cocina que tengas por casa o, en su defecto, bajar una *app* gratuita. La última opción es la que yo tengo y me funciona a las mil maravillas (yo uso *Focus To-Do*). Además, al final de la semana me indica el tiempo total de trabajo real y, en mi caso, es satisfactorio y fortalecedor contar con estos datos reales. ¿Te animas a probar esta técnica del pomodoro?

Cuando comencé a aplicar esta técnica se originaron diferentes cambios en mis rutinas y en el modo en que terminaba las jornadas laborales. Los más importantes fueron que descubrí que lograba terminar las tareas con menos esfuerzo porque mi mente estaba mucho más enfocada y evitaba cualquier estímulo distractor. Lo que antes me llevaba seis horas pude terminarlo en cuatro, y me quedaban dos horas libres para seguir avanzando en otros menesteres o para descansar. Huelga decir que, como no pretendo engañar a nadie, mis períodos de descanso de los últimos tiempos han sido escasos, porque crear un proyecto desde cero requiere de mucha intensidad y dedicación. Aun así, estoy tranquila porque lo disfruto y porque entiendo que esta intensidad que ahora utilizo no será eterna, y llegará la calma. Hecho este paréntesis, necesario para no faltar a la verdad, sí me gustaría hacer referencia a un concepto de gran importancia, que quizás hayas escuchado nombrar en alguna ocasión o quizás no, pero que contiene una enseñanza que puede ser positiva para todo el mundo y, más en concreto, para nosotras las PAS. Me estoy refiriendo al **principio de Pareto** (sí, también italiano, hoy va de Italia la cosa), llamado también «la regla del 80-20»:

> *«El 20 % del esfuerzo produce el 80 % de los resultados».*

Vilfredo Pareto descubrió de forma casual lo que fue el inicio de esta teoría que más tarde desarrollaría. De manera resumida, cuentan que tenía un huerto en el que cultivaba guisantes y comprobó que, del 100 % de su cosecha, el 20 % de sus vainas le proporcionaba el 80 % del total de guisantes. El hallazgo le pareció interesante, y trató de extrapolar esta idea a otros derroteros más amplios, más sociales, hasta que poco a poco llegó hasta nuestros días. En lo que aquí respecta, para que nuestro ambiente constituya un eje más propicio que distractor, sobreestimulante o perjudicial, podemos aplicar este principio de Pareto teniendo en cuenta algunos detalles:

- Agrupar el tiempo de trabajo de manera que nos enfoquemos en la tarea y evitemos desviaciones. Podemos dejar el móvil en otra habitación; ponerlo en «modo avión»; silenciarlo y colocarlo hacia abajo para que no podamos ver la pantalla si se ilumina; eliminar las notificaciones…
- Hacer que nuestro espacio vital y de trabajo esté libre de objetos que no nos hacen falta. Solemos acumular elementos que sirvieron en el pasado, pero que ahora no son útiles, otros a los que nos apegamos por su significado emocional, otros a los que «nos acostumbramos» porque es más complicado

buscar tiempo para seleccionarlos y deshacernos de ellos que seguir adelante con nuestra vida y en esta zona de confort... Sin embargo, el almacenamiento de objetos produce una estimulación visual alta y constante que puede convertirse en un acumulador de estrés sin que seamos conscientes de ello. Recordemos que, la mayoría de las veces, el 20% de nuestras cosas sería suficiente para vivir el 80% del tiempo. Con el resto de objetos mantenemos una relación similar a las tarjetas de crédito *revolving*, esas que parece que nos proporcionan muchos beneficios inmediatos y tranquilidad relativa, pero que contienen en letra pequeña intereses claramente abusivos.

¿En qué aspectos de tu vida puedes aplicar la regla del 80-20? Examina, haz un listado y empieza a eliminar lo que te sobra. Te lo agradecerás; ya me contarás.

Aplicando el principio de Pareto en mi vida. («El 20% del esfuerzo produce el 80% de los resultados»).	
Elementos que me ayudan y quiero mantener	Elementos que me sobreestimulan y me gustaría eliminar o reducir

A continuación, te invito a realizar un ejercicio de visualización, al estilo de los que hemos estado practicando a lo largo de este mi-tu programa-libro. En esta ocasión, vamos a pensar en nuestro próximo reto, nuestro próximo objetivo, y cómo planificarlo para que sea exitoso. ¿Preparada?

Te insto a que utilices el código QR y disfrutes del ejercicio en formato audio.

Busca un momento en que puedas estar tranquila y sin distracciones, adecúa el ambiente para que así sea (luz tenue, vaporizador con aceites esenciales, incienso...). Toma asiento en una butaca o túmbate cómodamente, eso lo dejo a tu elección.

Toma aire por la nariz, percibiendo cómo el oxígeno penetra sin dificultad, inunda tus fosas nasales y se introduce en tus pulmones y en el resto de tu cuerpo, llenándolo de vitalidad. Retén el aire unos segundos y expúlsalo después. Repite este proceso cuatro o cinco veces.

Ahora me gustaría que imaginases que te despiertas por la mañana, sin prisa, que no tienes que correr para llegar a tiempo a ninguna parte y puedes detenerte a pensar en un deseo muy importante para ti. ¿Cuál es tu mayor deseo en la vida, para el siguiente mes, para la próxima semana o, incluso, para el día de hoy? Esto es importante: tú decides el marco temporal, solo enfócate en decidir cuál será ese deseo, y en verlo con la mayor claridad posible, con todos sus detalles.

Cuando lo tengas en la mente en forma de imagen conviértelo en palabras, en una frase de cuatro o cinco palabras como máximo: «mi mayor deseo es...» / «me gustaría...» / «quiero...». No tienes que hacer nada con él, solo llevarlo al

centro de tu mente, como si se tratase del anuncio de una pe-
lícula de la Metro-Goldwyn-Mayer (aquel en el que aparecía
el famoso león). Mantén tu frase-deseo ahí, en el centro de tu
mente, durante unos minutos, y sigue respirando de manera
relajada.

Imagina que han transcurrido algunas horas y ya te has
levantado de la cama. Has comenzado a realizar otras activi-
dades de tu vida cotidiana y ahora tienes tiempo para volver
a enfocarte en tu deseo, ese que has imaginado antes con tanta
fuerza. Piensa: «Si pudiera hacerlo realidad, ¿cuál sería el me-
jor resultado posible?». Vívelo, piénsalo, siéntelo. Después
ponlo en palabras, cuatro o cinco, y ubícalas en el centro
de tu mente, otra vez como si una película fuera a proyec-
tarse a continuación.

El día continúa, sigues con lo habitual de una jornada
ordinaria y, al cabo de un rato, te tomas un descanso para
imaginar los posibles obstáculos que entorpecerían el logro de tu
deseo. ¿Qué impedimentos podrían complicar la consecución de
este objetivo?; ¿son trabas externas, o internas propias?; ¿for-
man parte de mí o pertenecen a otra persona?; ¿quizás a algún
factor del medio externo, del contexto?; ¿a alguna creencia?
Sea como fuere, imagínalo y, una vez más, ponlo en palabras.
Tres, cuatro o cinco serán suficientes para definir las dificulta-
des a la hora de conseguir el éxito. Sigues el mismo proceso:
cuelgas esas letras en el centro de tu cerebro, y te concentras en
ellas, las experimentas, las sientes, las vives. Y respiras tran-
quilamente.

Ahora es el momento de pensar la forma de solventar esos
obstáculos y crear un plan, una estrategia. ¿Qué puedo hacer
para solucionar este problema? ¿Qué me puede ayudar? Tal
como venimos practicando, elijo cuatro o cinco palabras que

me sirvan para definir un plan de actuación y lo coloco en el centro de mi mente. Lo visualizo y lo siento. Por último, me detengo a reflexionar acerca de cada uno de los remedios que implementaré para cada uno de los problemas que puedan surgir. De este modo, para cada condicional («si sucede X...»), tendré una solución concreta destinada a ponerla en práctica («entonces, yo haré Y...»). Me permito conectar con estos remedios, me tomo mi tiempo para hacerlos visibles en mi mente. Y sigo respirando con naturalidad, con relajación, con tranquilidad.

Cuando me sienta preparada, puedo ir moviendo las extremidades con suavidad: el cuello, la cabeza, los hombros y, si los he cerrado, abriendo los ojos.

Lo que acabas de practicar, además de una visualización, es una técnica creada por Gabriele Oettingen, profesora de Psicología de las universidades de Nueva York y de Hamburgo. Como dato curioso, te contaré que es hija de un príncipe y una condesa y, por consiguiente, ostenta el título nobiliario de princesa. Detalles de prensa rosa aparte, y en lo que aquí nos concierne, la herramienta que ha concebido y que has tenido la oportunidad de experimentar (con algunos matices de cosecha propia), ha sido denominada como *técnica WOOP* debido a que constituye el acrónimo de *Wish* (Deseo), *Outcome* (Resultados), *Obstacle* (Obstáculos) y *Plan* (Plan). Es un recurso muy potente para practicar a diario y entre sus beneficios destaca que se puede interiorizar con rapidez y puede reforzar nuestro autoconcepto y nuestra sensación de autoeficacia. La doctora Oettingen propone que, por las mañanas, al despertar, dediquemos cinco minutos a realizar el ejercicio. Adelanta que, al principio, resultará difícil, pero que, una vez que aprendamos el funcionamiento, será sencillo de utilizar y puede convertirse en una forma de resolver cualquier problema, de decidir qué camino elegir cuando lo que vislumbremos sea una encrucijada.

Este ejercicio solo requiere reservar un cierto espacio de tiempo y, si acaso, anotar algunas ideas en un papel. Te dejo un cuadro que he preparado para que puedas guiarte e ir realizando tus prácticas.

TÉCNICA WOOP	
DESEO	
RESULTADOS	
OBSTÁCULOS	
PLAN	

No obstante, si prefieres lo digital contamos como apoyo con una *app* que podemos instalar en nuestro móvil y que nos va a facilitar el trabajo en gran medida. Se llama también WOOP. Así de simple. La instalas y sigues los pasos. Podrás comprobar que divide los objetivos en tres áreas: laboral, salud e interpersonal. De este modo, tendremos mucha más claridad mental a la hora de tomar una elección.

Si te interesa seguir indagando en el trabajo de la profesora Oettingen, te remito a su libro *Rethinking Positive Thinking. Inside the New Science of Motivation*. Lo puedes leer en inglés si dominas el idioma; desgraciadamente, no lo he encontrado traducido al español.

No puedo terminar este apartado sin conceder la importancia que merece el título que lo encabeza: cómo evitar la sobresaturación. Suele ser habitual que queramos avanzar presurosas en la práctica de las nuevas rutinas, pero no debemos olvidar que la incorporación de las mismas y el cambio real nunca serán inmediatos. Se requiere mucha práctica para integrar en nuestra vida costumbres diferentes y convertirlas en automáticas. No asumir este extremo contribuye a la frustración y a la paralización a mitad de camino. Por eso, es preferible dar pasos lentos y de manera constante. Esta aseveración, que puede parecer una obviedad, en la práctica no lo es tanto, pues tendemos a dejarnos llevar por el deseo de conseguir avances rápidos, por la excitación inicial, y los resultados de esta actitud pueden resultar muy negativos, y en nuestro caso, más aún.

¿Qué hacer si comienzo a desviarme? El alcance de la revisión

En ocasiones comenzamos a caminar por un sendero que parece el adecuado. Nuestra vida es más armoniosa, estamos en sintonía con el medio y nos sentimos satisfechas. Nos confiamos, nos relajamos y esperamos que nada cambie («Virgencita, que me quede como estoy», como dice el refrán). Sin embargo, lo que suele suceder es que la existencia no es un camino estable y a veces se convierte en algo similar al tránsito movedizo de una acróbata caminando sobre una cuerda. En otras ocasiones, simplemente se cruzan en el camino factores que contribuyen a que no podamos continuar al pie de la letra nuestra rutina.

Cómo el COVID malogró mi rutina

En el mes de enero de 2022 me contagié de COVID. Mi experiencia fue similar a otras gripes que he pasado en otros momentos: fiebre, dolor de cabeza, malestar general, escalofríos... Recuerdo que empecé a notar los primeros síntomas mientras trabajaba sentada ante el ordenador. Traté de no prestarles demasiada atención, pero fueron aumentando de manera paulatina y en un par de horas el malestar era tan grande que no me permitía concentrarme en la tarea. Ya estarás aburrida de leer que desde hace muchos meses practico ejercicio a diario y soy una persona más saludable. Sin embargo, ese día, a pesar de que intenté hacer ejercicio (lo reconozco, a veces soy tremendamente bruta), me resultó imposible. Mi cuerpo no pudo ejercitarse en absoluto durante, exactamente, seis días. Al séptimo comencé a retomar el hábito empezando por respetar el ritmo que mi salud me iba permitiendo, y el decimotercer día la rutina había vuelto a la normalidad.

¿Qué quiero transmitir con esta historia? Por supuesto, no deseo centrarme en mi experiencia con el COVID, sino en que por motivos diversos se puede (y no tienen por qué ser exclusivamente de salud, a veces suceden otras circunstancias más livianas, y también es lícito) dejar a un lado la conducta que nos beneficia sin que tengamos que sentirnos culpables. ¿Cómo? Teniendo presente que, en el primer momento en que sea posible, volveré a la carga, cogeré los remos y seguiré mi camino. Hoy puedo fallar si es necesario; mañana (elige momento temporal) ya no.

Otro de los errores comunes en los que solemos caer es pensar que si fuera necesario tendremos una gran capacidad para controlarnos, que podremos soportar cualquier estímulo que nos llame la atención apelando a nuestra firmeza y a nuestro deseo de que así sea. Pero nada más lejos de la realidad. Conseguir nuestros objetivos no es algo sencillo, y nuestro cuerpo, como el sabio ser con memoria filogenética que es, tenderá a la evitación del gasto excesivo de energía y a la búsqueda del placer. Si no contamos con sistemas que faciliten la consecución de nuestros propósitos, supeditarlo todo a la mera fuerza de voluntad suele terminar en fracaso y en frustración.

Comencé mi andadura como psicóloga con personas con problemas de adicciones. En esta área dábamos mucha importancia a lograr que cada uno/a de los/as pacientes entendiese que, en contra de lo que pensaba la mayoría, la fuerza de voluntad no era una herramienta útil para solucionar su adicción. El tratamiento utilizado, superada la primera fase de ingreso hospitalario a cargo de los profesionales médicos cuando era necesario, se denomina *deshabituación*: «des-habituarse», deshacer los hábitos. Y, como seguramente ya estarás imaginando, guardaba mucha más relación con la modificación del ambiente que con ponerse a prueba y resistir la tentación.

Sin tener que llegar a esta tesitura, adecuar el medio para facilitarme mis objetivos es lo más inteligente que puedo hacer si quiero fomentar mi propio progreso. Si observo que perjudica a mi concentración que el teléfono esté enviando notificaciones constantemente puedo tratar de ignorarlas, pero no será muy productivo. Aumentaré mi ansiedad y, seguramente, el estímulo constante produzca en mí el impulso de mirarlas. Tal vez pueda encontrar mejores soluciones en las que no tenga que poner a prueba mi voluntad a cada instante.

Establecer unos hábitos nuevos y más saludables, poner fechas para cumplir con determinados objetivos, ampliar mi círculo social con actividades interesantes, modificar mi rutina programando la alarma veinte minutos antes por las mañanas y dedicar ese tiempo a aquello que no consigo terminar a lo largo del día... todo esto me puede servir en un momento de mi vida, pero permanece atenta si comienzas a experimentar que la vida que llevas no te dirige hacia tu horizonte, si ves que no está alineada con tus valores. Hay cosas que son útiles en un tiempo, y dejan de serlo después. Por eso no quisiera terminar este libro sin recordar la importancia que tiene la revisión. Y para poder llevarla a cabo, antes tengo que haber aprendido cómo reacciona mi cuerpo, ser paciente para percibirlo, para oírlo y estar abierta a escuchar qué tiene que decirme. Esto pudiera parecer una contradicción, teniendo en cuenta que llevamos muchas páginas aclarando que evitar el sufrimiento no implica solucionarlo. Lejos de ello, lo incrementa. Mi reflexión va algo más lejos. Si sientes que tus días han pasado a convertirse en una secuencia de imágenes grises; si todos parecen iguales; si experimentas un abanico emocional que se inclina vertiginosamente hacia la rabia, la tristeza, la desilusión, la desolación, la irritabilidad...; y, sobre todo, si esto se mantiene en el tiempo, más allá del plazo preciso de adaptación que cada organismo necesita para acomodarse a las circunstancias sobrevenidas, entonces habrá llegado el momento de detenerte, de preguntarte si lo que estás haciendo te acerca hacia tus valores, hacia lo que te hace sentirte satisfecha, hacia el jardín que quieres cultivar.

¿Cómo se lleva a cabo este proceso?

Ya hemos dicho anteriormente que, en primer lugar, es preciso tomar tierra, detenerse a observar. Escuchar lo que el cuerpo tiene que contarme porque el cuerpo habla. Y no podemos escuchar cuando andamos sumergidas en una vorágine de acciones, en un sinfín de ruidos que nos rodean y que, a lo sumo, solo pueden desconcentrarnos y sobreestimularnos. Y de sobreestimulación, a estas alturas, ya sabemos un rato, ¿no es así? De modo que, detente, porque te voy a contar lo que me sucedió hace unos días y cómo lo solucioné.

Una impresora a punto de explotar, un barrido sin escoba y qué tiene que ver con la psicología

Mi impresora-escáner multifunción comenzó a dar problemas. Intentábamos escanear un documento y saltaban varias señales de alarma que avisaban de que algo no iba bien. Por supuesto, de escanear, ni flores... Mis sensores de peligro, evidentemente, saltaron. ¡Otra vez a configurar la impresora, no! ¡Qué tortura, por favor!

Ni corta ni perezosa, comencé a preguntar posibles respuestas al señor Google porque en otras circunstancias me había ayudado, me había sido útil y, por tanto, era una opción más. Sin embargo, me ofrecía tantas opciones, para tantas impresoras-escáner multifunción diferentes, que mi cerebro parecía dinamita a punto de estallar. (Y mis nervios, ya ni te cuento).

De repente, se me ocurrió algo muy simple, muy tonto, muy «elemental, querido Watson». Podía solventar el problema o resultar una pérdida completa del poco tiempo de que disponía, pero después de probar tantas cosas, ya qué más daba.

O eso, o tirarla por la ventana.

Así que, pensando en mi mísera economía, elegí quedarme con «eso»: desenchufaría la máquina y volvería a intentarlo desde el principio.

Dar un paso atrás, dejar de repetir acciones que no están sirviendo, dejar de actuar como un hámster en la rueda, probar cosas nuevas, aunque parezcan absurdas, aunque resulte raro.

Después de unos minutos, el aparato se encendió, y la aplicación que lo dirige fue haciendo un barrido por todas sus funciones, señalándome paso a paso cada uno de sus componentes y los posibles fallos que, de entrada, intuía. Con esta mecánica, el paso a paso, el barrido, fuimos (la máquina y yo) identificando qué podía estar sucediendo, en qué secciones y a qué niveles, y pudimos encontrar una solución bastante satisfactoria.

Fíjate qué simple: escanear, punto por punto, cada una de las partes que componen la totalidad de la multifunción (para lo que nos compete en este caso, el cuerpo humano), ver cómo se encuentran, qué experimentan, los posibles malestares, cuáles son las sensaciones… y actuar en consecuencia.

Una técnica similar que se aplica en psicología y que está basada en el *mindfulness* es lo que se conoce como *body scan*, «barrido corporal» o «escaneo corporal», y que sirve, entre muchos más beneficios, exactamente para lo mismo que yo logré el otro día con mi impresora.

Te invito a que practiques el *body scan*, y para ello te facilito un ejercicio «base».

Antes de nada, aclarar que el *body scan* no es una actividad para relajarse en sí misma o para provocar el sueño, sino una forma de tomar la temperatura al momento presente, de prestar atención a nuestro aquí y nuestro ahora. Igual que con la impresora: para realizar un escaneo por todas las partes del cuerpo. Bien, comencemos.

También tienes el código QR, para que sea más sencillo:

Colócate en una posición en la que te sientas cómoda. No es absolutamente necesario que estés tumbada, pero puedes tumbarte si así lo prefieres. También puedes sentarte cómodamente hasta que adoptes la postura más conveniente para ti. Si te apetece, puedes cerrar los ojos, pero tampoco es obligatorio. Una vez más, es tu elección. Si decides no cerrarlos, busca un punto concreto en el horizonte y fija tu vista en él, con la mirada ligeramente entornada.

Toma aire por la nariz con mucha suavidad y nota cómo entra el oxígeno por las fosas nasales. Experimenta lo que este aire produce en tu cuerpo. Sin prisas, percibiendo cada partícula de aire atravesando la nariz, el pecho, los pulmones, y llenando tu interior. ¿Dónde puedes sentirlo con más intensidad?, ¿qué experimentas exactamente? Permanece unos instantes percibiendo las señales de tu cuerpo, respirando pausadamente, permitiéndote sentir el momento presente.

Centra ahora tu atención en la forma en que tu cuerpo toma contacto con la superficie en la que está apoyado, ya sean la silla, la cama, una butaca, el sofá... siente cómo cada respiración provoca cambios en el cuerpo y allí donde se apoya: cada vez que respiramos, el espacio donde estamos colocadas nos recoge como si de unos brazos amorosos se tratase, nos hundimos en él un poco más.

Continúa respirando pausadamente y céntrate ahora en cómo llega el aire hasta los dedos de los pies y en la forma en que el pie está sostenido en la superficie que lo recoge. Centra tu atención aquí y observa, sin juicios, qué tipo de sensaciones experimentas. Si no sientes nada, no te preocupes, es parte del proceso. No te anticipes y tampoco te salgas de la senda.

Cuando lo consideres oportuno y mientras sigues respirando con tranquilidad, desvía el foco de atención de los pies hacia el resto de la pierna, de manera que puedas observar las sensaciones que experimentas en los tobillos, los gemelos, las rodillas, los muslos, los glúteos, la pelvis, las caderas. Si en algún momento sientes malestar, calor, frío, dolor, picor, cosquilleo... te sugiero que no actúes para evitarlos. Muy al contrario, te invito a que sigas respirando, observes esas sensaciones, las recibas con amabilidad y las despidas de la misma manera, al mismo tiempo que expulsas el aire. Con relax.

Puede suceder que alguna vez percibas que la mente viaja hacia el pasado, hacia el futuro, hacia otro lugar; no te preocupes. Observa adónde se ha marchado, trátala con amabilidad y tráela de regreso al punto exacto del cuerpo en el que se quedó. Esto no es un fracaso, es normal. Es lo que hace la mente de una persona viva: pensar y divagar. Tu trabajo no consiste en juzgar, sino en observar y devolverla al sendero.

Respira... Inspira... Espira...

Y a continuación, céntrate en cada una de las partes del tronco y en las sensaciones que surjan. Cómo se apoya la espalda en la superficie donde estás colocada, cómo la columna vertebral, con cada una de sus vértebras, recorre tu espalda y la mantiene erguida, qué sientes en la parte de las cervicales. ¿Experimentas tensión, malestar, incomodidad? Observa cómo se siente, no lo modifiques, solo dirige la respiración al punto exacto de inquietud. Mantente presente, inspira y despide el malestar a través del vehículo de la espiración.

Ahora centra la atención en la parte delantera del tronco: el pecho, el abdomen, las manos, los brazos, los dedos de las manos. Fíjate en qué tipo de sensaciones experimentas en cada una de las partes, cómo se sujetan y se apoyan en la superficie que los recoge. Siente las muñecas, los antebrazos, los codos, la parte superior del brazo hasta que termina en el hombro... percibe todas las sensaciones que surjan, solo observa sin juicio.

Guía tu conciencia hacia el cuello, las orejas, el cabello y el cuero cabelludo, la frente, las cejas, los ojos, la nariz, las mejillas, los labios, los dientes, el paladar, la lengua, las mandíbulas... experimenta las sensaciones que surjan y respira, expulsando el aire con naturalidad y tranquilidad.

Hemos realizado un escaneo, un barrido por todo el cuerpo, de la misma manera que lo haría la aplicación de la impresora.

Permanece unos minutos centrando la conciencia en el cuerpo al completo, porque del mismo modo que la impresora está compuesta por partes, pero no se define por sus partes por separado, el cuerpo humano también es una totalidad y como tal vive, se expresa y se manifiesta. Permítete sentirlo como un todo, experimentarlo, respirarlo, digerirlo.

Con tranquilidad, con relajación, sin juicio, sin modificaciones. Solo permanece en el momento presente.

Cuando hayan pasado unos minutos y te sientas preparada, puedes ir comenzando a movilizar muy lentamente los dedos de los pies, los tobillos, los dedos de las manos, las muñecas y, poco a poco, puedes ir abriendo los ojos para terminar el ejercicio desperezándote.

Una vez que le hemos tomado la temperatura al cuerpo, lo hemos escuchado y hemos tomado conciencia del presente a través del escaneo corporal, toca seguir el camino, esta vez por medio de otro tipo de ejercicios.

Existen multitud de posibles tareas para trabajar la revisión, y en este caso te propongo aprovechar algo ya conocido: retomar el ejercicio de la rueda que realizamos en el apartado del ámbito laboral, pero con ciertas variaciones y para lograr otro objetivo, evidentemente.

Dibuja un círculo grande que contenga otros nueve círculos más en su interior, cada uno más pequeño que el anterior. A continuación, divide la figura resultante en tantos «quesitos» como aspectos vitales desees revisar. Por ejemplo, un quesito será la esfera intrapersonal, otro, la interpersonal o social, los siguientes, la esfera laboral, la de pareja, la de salud, la de ocio... anota todo lo que pienses que necesita un chequeo. Considera estas opciones solo como ejemplos, pues quizá lo que tú necesitas y deseas es hacer una revisión de cómo te relacionas con diferentes personas (por ejemplo, mi amiga Pepita, mi vecina de la puerta de enfrente, mi pareja y mi hermana...), porque ese aspecto es el que en este momento te interesa. Úsalo a tu conveniencia.

Dicho esto, puntúa cada una de las partes que hayas elegido según los números del 1 al 10, con arreglo a cómo te sientas de satisfecha con tu situación actual, y coloca una cruz en el quesito adecuado y en la circunferencia que corresponda al número que has marcado. Si puntúas con un 7 el ámbito «ocio», la cruz estará dibujada en el quesito reservado para el ocio, y en el círculo número 7, empezando a contar desde el más pequeño.

Una vez dibujadas todas las cruces, une los puntos, y comprueba el dibujo resultante. Recuerda que una figura más cercana a una circunferencia (una rueda) implicaría un balance positivo, mientras que una representación con desniveles estaría señalando la necesidad de actuar en consecuencia. Aclarado lo anterior,

- ¿Qué áreas necesitas y quieres modificar?

_____

_____

_____

_____

- ¿Por qué piensas que ha dejado de funcionar lo que antes era efectivo?

_____

_____

_____

_____

- ¿Qué podrías modificar para que volviera a ser provechoso? (Recuerda que cambios pequeños mantenidos en el tiempo producen resultados impresionantes).

_____

_____

_____

_____

- ¿Qué aspectos continúan funcionando y puedes seguir aprovechando? ¿De qué forma lo vas a hacer?

_____

_____

_____

_____

Estamos de acuerdo en que, cuando hablamos de partes por mejorar no nos estamos refiriendo a áreas completas de la vida. No necesitamos cambiar íntegramente la forma en que nos relacionamos con nuestra pareja, por poner un ejemplo. Lo que sí es necesario es saber qué la está complicando, qué fragmentos han dejado de ser útiles y por qué, para poder ajustar la posición de nuestra brújula.

Mientras escribía este libro tuve que modificar algunos hábitos para poder seguir en el camino hacia mis valores, en concreto hablo del valor de la salud-bienestar físico, que para mí es importante, y por eso camino en esa dirección. Lo que me pasó es que empecé a sentir calambres en el pie izquierdo y que el dolor se acrecentaba a medida que caminaba. Esto me impedía realizar la actividad física que venía practicando desde hacía casi un año (lo de los famosos 10.000 pasos). Tampoco quería dejar por completo el deporte, así que me detuve a pensar qué otra alternativa podría sustituir a las caminatas. Puede parecer baladí, pero para una mente algo obsesiva como la mía modificar rutinas, aunque sean simples, se vive casi como una transgresión. Después de detenerme, tomar contacto con la realidad (hacer escaneo), acepté que había cosas que, de momento, no podían seguir siendo como hasta entonces y que podría elegir otras opciones. Por tanto, decidí actuar, y comencé a practicar bicicleta estática.

Hay días que hago ejercicio dentro de casa y cuando me apetece saco la bici plegable al sol, mientras la brisa de la primavera revuelve mis cabellos y refresca mi cara. De fondo, escucho el trinar de los gorriones desde sus nidos, dejando constancia de su existencia, abriéndose a la vida. Algunos hace poco que rompieron sus cascarones, y pronto comenzarán a dar sus primeros pasos para alzar el vuelo. En el horizonte, el cielo es de un profundo color azul, intenso, salpicado con alguna nube blanca y casi etérea.

Los árboles mecen sus ramas al ritmo del viento, incrustando sus copas de esperanza en el inicio del firmamento. Casi casi, puedo percibir el olor salobre de ese mar que tanto sueño, aunque permanezca a muchos kilómetros de distancia.

Me atrevería a decir que el paraíso debe de ser algo similar a esto.

Y tú, ¿eres capaz de sentirlo, tanto como yo?

Córdoba, abril de 2022.

Agradecimientos

A este manual le faltaría una pata, la más importante, si olvidara dar las gracias a quienes, de una manera u otra, han colaborado en este proyecto y han hecho posible que mi ilusión se materialice.

A mi **madre, Santi**, y a mi **padre, Teo**, por creer en mí incluso cuando yo misma dejé de hacerlo. Por estar a mi lado en mis momentos complicados, que no han sido pocos. Por ofrecerme, con todo el cariño del mundo, la mejor educación, y por proveerme de todo lo que tuvisteis a vuestro alcance, incluso en coyunturas de precariedad y de crisis. Por ser trabajadores incansables siempre y por inculcarnos la importancia de luchar por los sueños. Gracias por seguir siendo incondicionales, siempre. Gracias porque la palabra «casa» me colma de tranquilidad.

A mi **tía Amparo**, la mejor madrina que una persona puede desear. Artista, bailaora, pintora, cuidadora. Alegre por naturaleza. La mejor pastelera del mundo, la que se esfuerza por adaptarse a tus horizontes morales y crear una tarta cien por cien vegetal (o un roscón de Reyes, o unas tortas, o unas palmeras de chocolate…) para hacerte feliz. Mi referente durante la infancia y adolescencia (hasta que yo decidí volar; cuestiones evolutivas…). La mujer que me acompañó en tantos momentos importantes y decisivos y que me transmitió tal cantidad de valores. Me atrevería a decir (y esto es opinión personal, claro está) que soy la hija que nunca tuvo; de ahí su empeño. Gracias, tita, por ser pilar, por estar siempre ahí cuando te necesito.

A mis **hermanas, Belén** y **Cristina,** por ser mujeres fuertes, inteligentes, valientes, feministas, independientes, creativas, diferentes, empáticas. Gracias por ser tan buenas personas. Gracias por confiar en mí, por ser siempre mis primeras confidentes y por constituir un verdadero sostén. Con vosotras el mundo es, sin lugar a dudas, un lugar mejor.

A mi **hermano Rubén,** por ser ejemplo de autonomía y autodeterminación, por no dejarse llevar por lo que se espera de él y caminar siempre en la línea de lo que le dicta su intuición. Por ir varios años por delante de las tendencias.

A **Violeta, Jara, Iria** y **Laia**: mis niñas del presente; mis mujeres del futuro. Mis **sobrinas queridas**. En vosotras tengo puestas todas mis esperanzas. Gracias, simplemente, por existir.

A mi **cuñado, Miguel Ángel Lucena,** por interesarse por mi trabajo, por tratar en todo momento de ayudarme, por poner a mi disposición su red de contactos. Por sugerirme ideas, por ser una mente inquieta y trasladarme su energía, que es altamente contagiosa.

A mis **cuñados/as Raúl, Meme, Gema y Jose.** Por formar parte de mi vida, cada uno/a a su manera especial y particular.

A mi **suegra, Toñi,** y a mi **suegro, Emilio.** Porque en vosotros, la palabra «generosidad» se hizo verbo, y habitó entre nosotros. No os cabe el corazón en el pecho.

A mi **abuelo Tomás,** figura de hombre tierno donde los hubiera por enseñarme que, a pesar de la cultura de la época y las circunstancias que le tocaron vivir, las tendencias biológicas existen, y están presentes y latentes siempre. Gracias por tus paseos al arroyo Pedroches, por las escapadas «a ver escaparates» y por las mañanas de sábado en la plazoleta. Por ser el más afanado agricultor y el Popeye más fuerte con el corazón más noble.

A mi **abuela Amparo**, otra madre para mí. Porque estuve rodeada de un amplio elenco de mujeres que supieron inculcarme la importancia de la formación y la preparación personal que me dieran el empuje necesario para ser independiente. Gracias por dirigirte a mí siempre como si fuera una adulta, aunque tuviera cinco años. Contigo siempre me sentí importante. El olor de la hierbabuena me recordará, eternamente, a ti.

A mi **abuela Upe**, modelo de mujer de carácter fuerte, que desprendía por donde pasaba un aura de poder y gallardía. La señora de los pies bonitos y los ojos de mar. Ojalá yo los hubiera heredado. Gracias por todos los consejos que supiste darme, sobre todo, en tus últimos años, cuando tu carácter se fue dulcificando. Tus agujas de coser lana, de las que emergían las mejores bufandas del mundo, confeccionadas con tanto mimo. «Santa Elena, mueve la melena…», imploraba tu voz en aquellas asfixiantes noches de verano, en el patio de casa, bajo la luz de la luna…

A mi **abuelo Aquilino**. No te recuerdo, abuelo. Solo he visto tu imagen en fotos. A veces te he soñado y me decías que estabas bien. Me cuentan que cuando partiste yo tenía tres años y preguntaba por ti. Seguro que allí donde estés velas por nosotros.

A mis **compañeros de cuatro patas**, a todos los que habéis coincidido conmigo en este espacio-tiempo que nos ha tocado vivir. Los que estuvisteis, los que estáis, los que estaréis. De todos vosotros aprendo, día tras día, el verdadero sentido de la vida, la importancia del amor con desapego, la magnitud de disfrutar de los pequeños detalles, de sonreír a las personas cercanas. Qué delicia observar cómo se os llena el alma cuando regresa a casa un miembro de la familia. Eso es, sin lugar a dudas, saber vivir la vida, y vosotros sois los auténticos maestros.

Gracias a **Emilio, mi marido y mi compañero de camino**, por ser el campeón de mi vida (y de Europa) y el mejor maestro de *kickboxing* que alguien pueda desear. Por valorarme hasta límites insospechados (e increíbles, para qué nos vamos a engañar), por entender mis encierros, mis retiradas, la cantidad de tiempo en privado que necesito para escribir y para dedicarlo a esto que, después de mucho tropezar, he querido convertir en mi profesión. Gracias por respetarlo y por contribuir a que las contingencias hayan sido siempre apropiadas para que mis objetivos se cumplan (o se pongan en marcha). Por cuidar de nuestros doce hijos de cuatro patas cuando yo no puedo hacerlo, cuando me retiro durante largas horas de silencio y concentración. Por remar conmigo en la misma dirección. Gracias siempre.

A mis amigas del alma, por estar a mi lado en cada uno de los momentos de mi vida, en los buenos y en los regulares. Por ayudarme a renacer de las cenizas tantas veces. Por no soltarme la mano nunca. Por las risas, por las tardes y noches en compañía, por las conversaciones, por la confianza compartida. Os merecéis, sin duda, un paseo en este barco.

A **Isabel Castilla**, «mi reina mora». Siempre deseé tener una hermana mayor y la vida me premió, muchos años después, poniéndote en mi camino. A veces los lazos más fuertes no son de sangre, y esta es una lección que tú me has enseñado. No puedo más que pedirle al cielo que sigas a mi lado, y poner de mi parte para que así sea.

A **Dámaris Sánchez**, por regalarme el mejor verano de mi vida, el más divertido, el más ilusionante, el que me sacó del pozo en el que estaba inmersa. Por ser el alma de la fiesta. Porque, a pesar de que pasen los años, sigues teniendo el espíritu más joven del mundo. Por enseñarme que, a pesar de que la vida te ponga a prueba día tras día, tú eres el ejemplo más claro de resiliencia.

A **Belén Marcelo**, porque en ti sé que tengo un hombro para llorar y unos brazos abiertos. Porque admiro tu capacidad pragmática y tu entereza cuando las dificultades llegan. Por ser cimiento para tu familia y para tus amistades. Porque aplaudo tu talento para conseguir tus objetivos y me enorgullece que hayas ido logrando, paso a paso, esa vida que te hace feliz y con la que soñabas.

A **Esther Ontanilla**, la psicopoeta. Por su ternura, sus poemas, sus comidas, su confianza, su perdón, sus oportunidades, su tiempo, su conocimiento, su bondad. Porque eres tan grande, que no hay palabras para definirte.

A **Rosa Mª Castilla Pérez**, la persona que me mostró de manera práctica, hace ya casi casi treinta años, en qué consistía el oficio más maravilloso del mundo: la psicoterapia. Gracias, Rosa, por seguir mi trayectoria vital y profesional, por verme crecer y convertirme en lo que hoy soy. Por enseñarme que la psicología es ciencia y que la ciencia funciona. Y esto también es poesía.

A **María Fornet**, la Capitana, por mostrarme la importancia de mirar al frente y hacia «mi Faro»; por crear el grupo «Mujeres que escriben», pieza y pilar de apoyo para retomar la motivación en la escritura hecha cuerpo finalmente en este libro; por ayudarme a creer que es posible y legítimo desear crear, ladrillo a ladrillo y con mucho esfuerzo, «mi Mansión Propia». En ello andamos, y si algún día consigo construirla, prometo invitarte a que la disfrutes junto a mí.

A las «**Mujeres que escriben**» por prestarme su sabiduría y su experiencia cuando me he sentido tan perdida. En especial a **Pilar N. Colorado** por ayudarme con sus conocimientos, por hacerme disfrutar con sus libros y por alisarme este camino que, en muchas ocasiones, se contempla pedregoso y movedizo.

A **Marina Díaz**, de Psicosupervivencia, por ser ejemplo de valentía y de creatividad. Por enseñarme que existen otros modelos de negocio (y de vida) en esto de la psicología y, a través de tu trabajo, darme el impulso que necesitaba para coger las riendas de mi vida y darle un vuelco a mi historia. Porque te admiro.

A **mis pacientes**, del pasado, del presente y del futuro, por acompañarme y por dejarse acompañar por mí. Por confiar en mi trabajo y por ayudarme, a través de la apertura de su historia personal, a seguir aprendiendo cada día. En la formación y el afianzamiento de la profesional que se dedica a la psicoterapia, vosotras sois, sin ningún atisbo de duda, mucho más importantes que cualquier libro de texto. Vosotras sois la materia prima y las protagonistas del proceso. No dejéis que nadie os convenza de lo contrario.

A mi **Grupo de Lectoras Cero: Yolanda Martínez Aranda, Nani López Gámiz, Marta Reyes** y **Margarita Anda Valdez**, por su generosidad, su tiempo, las magníficas ideas, los diferentes puntos de vista. Por su empatía a la hora de señalarme las debidas críticas, por enseñarme ángulos que yo no había sido capaz de ver. Algunas ya me conocíais; otras apostasteis por mi libro sin saber, siquiera, quién era su autora. A todas y cada una, mil millones de gracias.

A todo el equipo de Ediciones Urano, y muy especialmente a **Marta Sevilla**, Directora Editorial de Urano, por tantas cosas…: por prestar atención a mi propuesta editorial, por tomarse el tiempo necesario para leer el manuscrito y por depositar su confianza en mí. Por mucho que lo intente, jamás llegaré a poder explicar a través del lenguaje las emociones que experimenté al recibir su correo, en el que me decía, literalmente: «Me gustaría mucho poder publicar tu libro en Ediciones Urano». Todavía me emociono al releerlo.

A todas las personas que han pasado por mi vida y han dejado un pedazo de su corazón en mí. Sois tantas, que sería imposible nombraros a todas. Simplemente, sabed que habéis contribuido y que tenéis un asiento en este viaje.

Y, por último, y no menos importante, **gracias a ti,** que estás leyendo estas líneas, por confiar en mí, por apostar por mi trabajo para acompañarte en esta travesía. Espero que este proceso haya supuesto para ti lo que estabas buscando, que hayas encontrado la forma de comenzar a diseñar las coordenadas de tu alma sensible, de hacer las mediciones necesarias que te permitan ajustar tu contexto para conseguir una vida acorde con lo que te hace sentir satisfecha y, sobre todo, con lo que te hace bien. Deseo que los vientos y la marejada no te haga sucumbir y desviarte de tu ruta. Te agradeceré que, si te apetece, me ofrezcas tu *feedback*. Las críticas constructivas siempre me ayudarán a seguir retocando mis propias coordenadas.

No podría finalizar sin incluir un poema que marcó el inicio de mi trayectoria como psicóloga. Lo recitó la madrina de mi promoción, la profesora Humbelina Robles de la Facultad de Psicología de la Universidad de Granada en el acto de graduación celebrado en el Palacio de Congresos, en abril del año 2005. Estoy refiriéndome a «Camino a Ítaca», del poeta griego Constantino Cavafis (1863-1933):

Cuando emprendas tu viaje a Ítaca
pide que el camino sea largo,
lleno de aventuras, lleno de experiencias.

No temas a los lestrigones ni a los cíclopes
ni al colérico Poseidón,
seres tales jamás hallarás en tu camino,

si tu pensar es elevado, si selecta
es la emoción que toca tu espíritu y tu cuerpo.

Ni a los lestrigones ni a los cíclopes
ni al salvaje Poseidón encontrarás,
si no los llevas dentro de tu alma,
si no los yergue tu alma ante ti.

Pide que el camino sea largo.
Que muchas sean las mañanas de verano
en que llegues —¡con qué placer y alegría!—
a puertos nunca vistos antes.

Detente en los emporios de Fenicia
y hazte con hermosas mercancías,
nácar y coral, ámbar y ébano
y toda suerte de perfumes sensuales,
cuantos más abundantes perfumes sensuales puedas.

Ve a muchas ciudades egipcias
a aprender, a aprender de sus sabios.

Ten siempre a Ítaca en tu mente.
Llegar allí es tu destino.
Mas no apresures nunca el viaje.

Mejor que dure muchos años
y atracar, viejo ya, en la isla,
enriquecido de cuanto ganaste en el camino
sin aguantar a que Ítaca te enriquezca.

Ítaca te brindó tan hermoso viaje.
Sin ella no habrías emprendido el camino.
Pero no tiene ya nada que darte.

Aunque la halles pobre, Ítaca no te ha engañado.
Así, sabio como te has vuelto, con tanta experiencia,
entenderás ya qué significan las Ítacas.

Lo importante no es tanto el final, sino el camino. Siempre el camino.

Gracias de nuevo, mil gracias, kilos de amor, de sensibilidad y mucha psicología útil para la vida diaria.

María.

Bibliografía

Acevedo, B. P., Aron, E. N., Aron, A., Sangster, M. D., Collins, N., Brown, L. L. (2014). «The highly sensitive brain: an fMRI study of sensory processing sensitivity and response to others' emotions». *Brain and Behaviour*, 4(4), 580-594. https://doi.org/10.1002/brb3.242.

Acevedo, B. P., Jagiellowicz, J., Aron, E., Marhenke, R., & Aron, A. (2017). «Sensory processing sensitivity and childhood quality's effects on neural responses to emotional stimuli». *Clinical Neuropsychiatry: Journal of Treatment Evaluation*, 14(6), 359-373.

Andresen, M., Goldmann, P., Volodina, A. (2018). «Do Overwhelmed Expatriates Intend to Leave? The Effects of Sensory Processing Sensitivity, Stress, and Social Capital on Expatriates' Turnover Intention». *European Management Review*, 15, 315-328. https://doi.org/10.1111/emre.12120.

Aron, E. N. (1996). «Counseling the highly sensitive person». *Counseling and Human Development*, 28, 1-7.

Aron, E. N., Aron, A. (1997). «Sensory-processing sensitivity and its relation to introversion and emotionality». *Journal of Personality and Social Psychology*, 73, 345-368.

Aron, E. N. (2000). «High sensitivity as one source of fearfulness and shyness: Preliminary research and clinical implications». En L. Schmidt & J. Schulkin (eds.), *Extreme fear, shyness, and social phobia: Origins, biological mechanisms, and clinical outcomes* (pp. 251-272). Nueva York, Oxford University Press.

Aron, E. N. (2000). *The highly sensitive person in love: understanding and managing relationships when the world overwhelms you.* Nueva York, Broadway Books.

Aron, E. N. (2004). «The impact of temperament on intimacy and closeness». En D. Mashek, A. Aron (eds.) *The Handbook of Closeness and Intimacy* (pp. 267-283). Mahwah, Erlbaum.

Aron, E. N. (2004). «Revisiting Jung's concept of innate sensitiveness». *Journal of Analytical Psychology*, 49, 337-367.

Aron, E. N., Aron, A., Davies, K. (2005). «Adult shyness: The interaction of temperamental sensitivity and an adverse childhood environment». *Personality and Social Psychology Bulletin*, 31, 181-197.

Aron, E., (2006). «The clinical implications of Jung's concept of sensitiveness», *Journal of Jungian Theory and Practice*, 8, 11-43.

Aron, E. (2006). *El don de la sensibilidad.* Barcelona, Ediciones Obelisco.

Aron, A., Aron, E., Jagiellowicz, J., Xu, X., Cao, G., Feng, T., Weng, X. (2010). «The trait of sensory processing sensitivity and neural responses to changes in visual scenes», *Social Cognitive and Affective Neuroscience*, 6, 38-47.

Aron, A., Ketay, S., Hedden, T., Aron, E. N., Markus, H. R., Gabrieli, J. D. E. (2010). «Temperament trait of sensory processing sensitivity moderates cultural differences in neural response». *Social Cognitive and Affective Neuroscience*, 6, 38-47.

Aron, E. N. (2012). «Temperament in psychotherapy: Reflections on clinical practice with the trait of sensitivity». En M. Zentner, R. Shiner (eds.), *Handbook of temperament* (pp. 645-670). Nueva York, Guilford.

Aron, E., Aron A., Jagiellowicz, J., «Sensory processing sensitivity: A review in the light of the evolution of biological responsivity». *Personality and Social Psychology Review*, 16, 262-282.

Bakker, K., Moulding, R. (2012). «Sensory-Processing Sensitivity, dispositional mindfulness and negative psychological symptoms». *Personality and individual differences*, Elsevier, agosto.

Bas, S., Kaandorp, M., De Kleijn, Z. P. M., Braaksma, W. J. E., Bakx A. W. E. A., Greven, C.U. (2021). «Experiences of Adults High in the Personality Trait Sensory Processing Sensitivity: A Qualitative Study», *J Clin Med*, oct 24, 10(21), 4912.

Belsky, J. (1997). «Theory Testing, Effect-Size Evaluation, and Differential Susceptibility to Rearing Influence: The Case of Mothering and Attachment». *Child Development*, 68(4), 598-600. https://doi.org/10.2307/1132110.

Belsky, J., Jonassaint, C., Pluess, M., Stanton, M., Brummett, B., Williams, R. (2009). «Vulnerability genes or plasticity genes?». *Mol Psychiatry*, 14(8). 746-754.

Benham, G. (2006). «The highly sensitive person: Stress and physical symptom reports». *Personality and Individual Differences*, 40(7), 1433-1440. https://doi.org/10.1016/j.paid.2005.11.021.

Beyebach, M. (2014). *24 ideas para una psicoterapia breve*. Barcelona, Herder Editorial.

Beyebach, M., Herrero de Vega, M. (2010). *200 tareas en terapia breve. Individual, familiar y de parejas*. Barcelona, Herder Editorial.

Boyce, W. T., Ellis, B. J. (2005). «Biological sensitivity to context: I. An evolutionary-developmental theory of the origins and functions of stress reactivity». *Dev Psychopathol*, primavera, 17(2), 271-301.

Brindle, K.; Moulding, R.; Bakker, K, Nedeljkovi, M. (2015). «Is the relationship between sensory-processing sensitivity and negative affect mediated by emotional regulation?». *Australian Journal of Psychology*, 67:4, 214-221, DOI: 10.1111/ajpy.12084.

Clear, J. (2021). *Hábitos atómicos. Cambios pequeños, resultados extraordinarios*. Barcelona, Planeta.

Darley, J., Latané, B. (1968). «Bystander intervention in emergencies: Diffusion of responsibility». *Journal of Personality and Social Psychology*, 8, 377-383.

David, S. (2021). *Agilidad emocional. Rompe tus bloqueos, abraza el cambio y triunfa en el trabajo y la vida*. Málaga, Sirio.

Deutsch. M., Gerard, H. B. (1955). «A study of normative and informational social influence upon individual judgment». *Journal of Abnormal and Social Psychology*, 51, 629-636.

Drndarević, N., Protić, S., Mestre, J. M. (2021). «Sensory-Processing Sensitivity and Pathways to Depression and Aggression: The Mediating Role of Trait Emotional Intelligence and Decision-Making Style-A Pilot Study». *International Journal of Environmental Research and Public Health* 18(24), 13202.

Feldman Barret, L. (2018). *La vida secreta del cerebro. Cómo se construyen las emociones*. Madrid, Espasa.

Festinger, L. (1954). «A theory of social comparison processes». *Human Relations*, 7, 117-140.

Figley, R. (1995). «Compassion Fatigue as Secondary Traumatic Stress Disorder: An Overview». En Figley, R. (ed.), *Compassion Fatigue. Coping with Secondary Traumatic Stress Disorder in Those Who Treat the Traumatized*. (p.5). Nueva York, Routledge.

Fornet, M. (2018). *Feminismo terapéutico. Psicología empoderadora para mujeres que buscan su propia voz*. Barcelona, Ediciones Urano.

Fornet, M. (2021). *Una mansión propia. Feminismo terapéutico para crear abundancia*. Barcelona, Ediciones Urano.

Gearhart, C. G., Bodie, G. D. (2012). «Sensory-Processing Sensitivity and Communication Apprehension: Dual Influences on Self-Reported Stress in a College Student Sample». *Communication Reports*, 25:1, 27-39.

Greven, C. U., Lionetti, F., Booth, C., Aron, E. N., Fox, E., Schendan, H. E., Pluess, M., Bruining, H., Acevedo, B., Bijttebier, P., Homberg, J. (2019). «Sensory Processing Sensitivity in the context of Environmental Sensitivity: A critical review and development of research agenda». *Neurosci Biobehav Rev*. Mar, 98, 287-305. doi: 10.1016/j. neubiorev.2019.01.009. Epub 2019 Jan 9. PMID: 30639671.

Hayes, S. C.., Strosahl, K. D., Wilson. K. G. (1999). *Acceptance and Commitment Therapy*. Nueva York, The Guilford Press.

Homberg, J. R., Schubert, D., Asan, E., Aron, E. N. (2016). «Sensory processing sensitivity and serotonin gene variance: Insights into mechanisms shaping environmental sensitivity». *Neurosci Biobehav Rev*, Dic, 71, 472-483.

Jagiellowicz, J., Aron, A., Aron, E. N. (2012). «Relationship between the temperament trait of sensory processing sensitivity and emotional reactivity». *Social Behavior and Personality: an international journal*, 44(2), 185-199.

Jonassen, R., Landrö, N. I. (2014). «Serotonin transporter polymorphisms (5-HTTLPR) in emotion processing: implications from current neurobiology». *Prog Neurobiol*, Jun, 117, 41-53.

Kelly Jefrey, A. (2002). *Entrenamiento de las habilidades sociales*. Bilbao, Desclée de Brouwer, S.A.

Latané. B., Darley, J.M. (1970). *The unresponsive Bystander: Why doesn't he help?*. Nueva York, Appleton Century Croft.

Lionetti, F. *et al.* (2018). «Dandelions, tulips and orchids: evidence for the existence of low-sensitive, medium-sensitive and high-sensitive individuals». *Translational psychiatry*, 8,1 24. 22 Jan. doi: 10.1038/s41398-017-0090-6.

Lionetti, F., Pastore, M., Moscardino, U., Nocentini, A., Pluess, K., Pluess, M. (2019). «Sensory Processing Sensitivity and its association with personality traits and affect: A meta-analysis». *Journal of Research in Personality*, 81, 138-152.

Lyubomirsky, S. (2011). *La ciencia de la felicidad. Un método probado para conseguir el bienestar*. Barcelona, Ediciones Urano.

Lyubomirsky, S. (2014). *Los mitos de la felicidad. Descubre las claves de la felicidad auténtica*. Barcelona, Ediciones Urano.

McCann, I. L., Pearlman, L. A. (1990). «Vicarious traumatization: A framework for understanding the psychological effects of working with victims». *Journal of Traumatic Stress*, 3(1), 131-149. https://doi.org/10.1007/BF00975140.

McGonigal, K. (2012). *Autocontrol. Cómo funciona la voluntad, por qué es tan importante y qué podemos hacer para mejorarla.* Barcelona, Ediciones Urano.

Naumann, F.V., Acevedo, B.P., Jagiellowicz, J., Greven, C.U., Homberg, J.R. (2020). «Etiology of sensory processing sensitivity: Neurobiology, genes, and evolution». En Acevedo, B.P. (ed.) *The Highly Sensitive Brain.* (pp. 109-134). Academic Press. https://doi.org/10.1016/B978-0-12-818251-2.00005-9.

Neff, K. (2012). *Sé amable contigo mismo. El arte de la compasión hacia uno mismo.* Madrid, Espasa.

Piliavin, J.A.; Piliavin, I.M., Broll, L. (1976). «Time of arousal at an emergency and likelihood of helping». *Personality and Social Psychology Bulletin*, 2, 273-276.

Pluess, M., Assary, E., Lionetti, F., Lester, K., Krapohl, E., Aron, E., Aron, A. (2017). «Environmental Sensitivity in Children: Development of the Highly Sensitive Child Scale and Identification of Sensitivity Groups». *Developmental Psychology*. 54. 10.1037/dev0000406.

Pluess, M. (2021). «Here's Everything Researchers Know About High Sensitivity, As Of 2021: We know more about the trait of sensitivity than at any time in history — and the breakthroughs keep on coming». Sitio web de Highly Sensitive Refuge.

Pluess, M., Belsky, J. (2013). «Vantage sensitivity: Individual differences in response to positive experiences». *Psychological Bulletin*, 139, 901-916.

Salovey, P., Mayer, J. D., Rosenhan, D. L. (1991). «Mood and helping: Mood as a motivator of helping and helping as a regulator of mood». En M. S. Clark (ed.), *Prosocial behavior* (pp. 215–237). Sage Publications, Inc.

Seligman, Martin E. P. (2017). *La auténtica felicidad.* Barcelona, Ediciones B.

Seligman, Martin E. P. (2012). *La vida que florece.* Barcelona, Ediciones B.

Sobocko, K., Zelenski, J. M. (2015). «Trait sensory-processing sensitivity and subjective well-being: Distinctive associations for different aspects of sensitivity». *Personality and Individual Differences,* 83, 44-49. https://doi.org/10.1016/j.paid.2015.03.045.

Thomas, A., Chess, S. (1977). *Temperament and Development.* Nueva York, Brunner/Mazel.

Van den Boogert, F. *et al.* (2022). «Sensory Processing, Perceived Stress and Burnout Symptoms in a Working Population during the COVID-19 Crisis». *International journal of environmental research and public health,* 19(4), 2043. 11 Feb., doi: 10.3390/ijerph19042043.

Wachs, T. D. (2013). «Relation of maternal personality to perceptions of environmental chaos in the home». *Journal of Environmental Psychology,* 1-9, ISSN 0272-4944, https://doi.org/10.1016/j.jenvp.2012.11.03. (https://www.sciencedirect.com/science/article/pii/S0272494412000709).

Wilson, K. G., Luciano Soriano, M. C. (2002). *Terapia de aceptación y compromiso (ACT). Un tratamiento conductual orientado a los valores.* Madrid, Ediciones Pirámide.

Zegers de Beijl, K. (2016). *Personas altamente sensibles. Descubre si lo eres y aprende a gestionar el día a día en tus relaciones, el trabajo, con tus hijos...* Madrid, La Esfera de los Libros.

Zubin, J., Spring, B. (1977). «Vulnerability: A new view of Schizophrenia». *Journal of Abnormal Psychology,* 86 (2), 103-126.

Nota de la autora

Después de muchos años navegando a la deriva —como buena PAS y neurodivergente— en 2021 ideé un proyecto que poco después pude materializar en algo realmente tangible. Psicosensibles es hoy mi modo de vida, mi hogar y también una ventana amable desde la que puedo divulgar mis experiencias y conocimientos. Desde Psicosensibles acompaño a personas PAS y neurodivergentes de todo el mundo, para que puedan entenderse, validarse y tratarse con la autocompasión que merecen.

Si quieres saber más sobre mí puedes seguirme en @psicosensibles en Instagram, o suscribirte a mi boletín en https://psicosensibles.com/ y así unirte a los cientos de personas que ya reciben mis reflexiones, anécdotas y vivencias.